成熟的江户时代

江户时代后期的日本社会进一步走向成熟，庶民的文化生活也日益繁荣。

《文学万代之宝》局部，一寸子花里绘 （东京都立中央图书馆藏）

以寺子屋为代表的庶民教育是江户时代的标志之一。寺子屋自 18 世纪开始增加，在 19 世纪 30 年代的天保时期迎来爆发式繁荣。寺子屋接收学生不问贫富，也不问男女。

▲《菱垣新棉番船川口出帆之图》含粹亭芳丰绘 （大阪市立图书馆藏）

每年秋天有大批货船从大坂出发驶向江户，争做抵达的第一艘船。上图所绘为满载新棉的货船在大坂的安治川岸准备出帆的场景。

菱垣
菱垣問屋九軒

国门洞开

嘉永六年（1853），美国佩里提督率领舰队出现在浦贺海面，打破了德川家族通过平定内乱、闭关锁国建立的两百余年的“泰平盛世”。

《黑船来航》威廉·海涅绘
嘉永七年（1854），佩里再次来到神奈川海面，日本与美国签订《日美亲善条约》，开放下田、箱馆两个港口为通商口岸。

《横滨交易西洋人荷物运送之图》五云亭贞秀绘 （横滨开港资料馆藏）

日本随后开放横滨为通商口岸，据当时的英国公使所说，横滨贸易“远超上海作为通商口岸初期的发展，可谓前所未有的蓬勃”。

《长崎海军传习所绘图》（锅岛报效会藏）

安政二年（1855）七月，幕府在长崎设立海军传习所，向荷兰军人学习，培养幕府海军的士官。

动乱的幕末

一连串激烈的变动引发了天皇、朝廷、幕府、各藩之间的角力，将日本一步步推向更大的变革。

《安政五戊午年三月三日于樱田御门外水府脱士之辈会盟于雪中袭击大老彦根侯之图》月冈芳年绘 （日本国立国会图书馆藏）

安政七年（1860）三月，主张开国的彦根藩藩主井伊直弼被主张攘夷的水户藩浪士暗杀。

《生麦之发杀》早川松山绘 （横滨中央图书馆藏）

文久二年（1862）八月，萨摩藩藩主之父岛津久光的队伍于横滨生麦村与英国人发生摩擦，斩杀其中一人，重伤两人。该事件导致翌年发生萨英战争，英军的强大让萨摩藩放弃攘夷，转而主张开国。

表现禁门之变的瓦版

元治元年（1864）七月，尊皇攘夷的长州藩派兵进入京都，与幕府联军展开激烈的巷战，烧毁京都城中两万八千栋房屋。

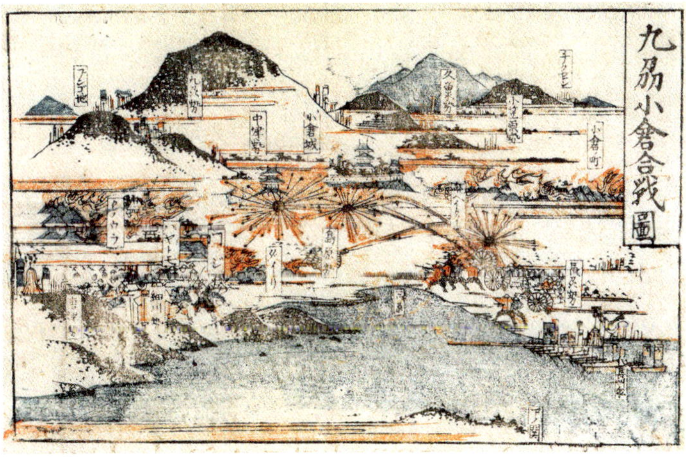

《九州小仓合战图》（萩博物馆藏）

庆应二年（1866），幕府再度讨伐长州藩，发动幕长战争。幕府军全线溃败，倒幕派获胜。

《大政奉还图》邨田丹陵绘 （圣德纪念绘画馆藏）

庆应三年（1867）十月，德川庆喜将政权交还给天皇，史称“大政奉还”。这一事件标志着德川幕府统治的结束。

讲谈社
日本的历史
09
HISTORY
OF JAPAN

开国与幕末变革

江户时代后期

[日]井上胜生 著 杨延峰 译

文匯出版社

新经典文化股份有限公司
www.readinglife.com
出　品

講談社・日本の歴史09

開国と幕末変革

“横看成岭侧成峰”

——日本人书写的日本历史

2014年，理想国出版十卷本的“讲谈社·中国的历史”中文版，引起中国读者广泛关注：有人敬佩成立已达百年的讲谈社打造学术精品的底蕴与担当，有人惊叹日本史学家对中国历史理解的深度与广度。

阅读过这套丛书的读者，体味到“从周边看中国”的观念刺激与知识冲击，继而衍生出对日本历史的好奇与兴趣。如今，新经典文化推出十卷本的“讲谈社·日本的历史”，既与前述“讲谈社·中国的历史”成双，也契合了中国读者积聚多年的阅读趣味和需要。

放眼国际史学界，“日本历史”是重要的热点之一。从东方视角观之，因独特的地缘及紧密的文化纽带，日本史与周边国家的历史互相交织，自然而然成为各国观照自身的镜鉴；以西方立场视之，从古代神秘的“黄金岛”传说到现代经济腾飞的神话，无不触发西方人的探秘欲望与破译冲动。因此，日本历史研究的热潮，无论在东方还是西方均经久不衰。

以中国为例，从3世纪末的《三国志》到20世纪初的《清史稿》，历代正史专设日本传凡十七篇，时间跨度超过一千五百年，是研究日本历史不可或缺的原始史料群。加之，日本古代多以汉文撰写史书，依托此种得天独厚的史料解读优势，以周一良等主编的“中日文化交流史大系”为标志，中国史学家的研究在中日关系史及中日文化交流史领域别开生面，颇有建树。然而，中国史学家少有人通晓日本古代“和文”系统文献，如古代的宣命体、中世的武士文书、近世的候文等，因其解读难度大，所以迄今尚无一部获得公认的日本史丛书问世。

再举欧洲的例子，在英语读书界最受追捧的无疑是马里乌斯·B. 詹森（Marius B. Jansen）等人主编的“剑桥日本史”（*The Cambridge History of Japan*）。这套集多国史学精锐撰写的六卷本，在西方史学理论框架下梳理日本历史脉络，无论其宏观视域还是研究方法，尤其是对政治史、社会史的叙述视角，都有颇多可取之处。然而，西方史学家的短板也同样存在。如第四卷至第六卷叙述近现代四百余年历史，而远古至中世数千年历史仅占全套书一半篇幅，薄古厚今的倾向明显；又如第一卷《古代日本》（*Ancient Japan*）拘泥于“成文史”的史观，将叙述重点置于弥生晚期以后，对日本历史黎明期的无土器时代、绳纹时代一笔带过。

总之，中国的日本史研究与欧美的日本史研究，属于“旁观者”书写的日本历史，虽各有建树，但存在不足。那么，作为“当事人”的日本史学家，他们书写的日本历史，又会具有什么特色呢？正如苏轼《题西林壁》中的诗句："横看成岭侧成峰，远近高低各不同。"面对名为"日本历史"的"山"，倘若从中国望去是"峰"，站在西方看到的是"岭"，那么映现在立足于本土的日本史学家眼中的，又是何种"山容"呢？

大凡了解日本图书现状的读者都知道，历史题材受到的关注从未减弱。这方面笔者有亲身体验，但凡关涉圣德太子、鉴真、阿倍仲麻吕、最澄、圆仁等历史人物，每次演讲的听众动辄数百上千，报纸专栏、杂志特辑、系列丛书等的稿约应接不暇。正因为有众多历史爱好者旺盛的需求，日本大型出版社均有底气倾力打造标志性的日本历史丛书。此次新经典文化译介的"讲谈社·日本的历史"，便是代表日本史学界水准的学术精品。

该丛书原版共二十六卷，中文版萃取其中十卷，大致展示弥生时代至明治时期约两千年的日本历史进程。大而观之，第一卷《王权的诞生》叙述弥生时代至古坟时代，第二卷《从大王到天皇》聚焦古坟时代至飞鸟时代，第三卷《律令国家的转变》起自奈良时代、迄于平安时代前期，第四卷《武士的成长与院政》重点置于平安时代后期，第五卷《源赖朝与幕府初创》大抵等同镰仓时代断代史，第六卷《〈太平记〉的时代》跨越南北朝时代与室町时代，第七卷《织丰政权与江户幕府》聚焦战国时代，第八卷《天下泰平》侧重于江户时代前期，第九卷《开国与幕末变革》框定江户时代后期，第十卷《维新的构想与开展》铺叙明治维新时期迈入近代化的进程。

前述中国学者周一良等主编的“中日文化交流史大系”与美国学者詹森等主编的“剑桥日本史”，邀约各领域专家共同执笔，因而能确保历史脉络的连贯性及叙述层面的完整性。与此相较，中文版“讲谈社·日本的历史”各卷均为单人独著，各卷时段难免偶有重叠，每位著者叙述重点不一，但这将最大限度发挥著者“术业有专攻”的优势。日本史学界专业壁垒森严，史学家大多博通不足而深耕有余，浸淫擅长领域，积淀十分深厚，对相关史料掌控无遗，对学界动态紧追不懈，这既是日本史学界的严谨风格，也是这套丛书的一大看点。

这套丛书呈现的是日本人书写日本历史的成果，既不是从中国侧视的“峰”，亦非西方人横看的“岭”，置身此山的日本人，虽然未必能俯瞰延绵起伏的山脉，纵览云雾缭绕的山势，但可以肯定的是，他们作为“当事人”，比任何“旁观者”更能对溪流的叮咚、山谷的微风、草木的枯荣感同身受。比如在第二卷《从大王到天皇》中，“治天下大王”的“治”字读作“治（シラス）”久成定论，著者则将其训读为“治（オサム）”，二者间微乎其微的差异，绝非外国学者所能体味。而著者对此的解读是：前者“强调统治者拥有绝对性的统治权”，后者“强调互酬性……的统治权”，从而定性大王具有“以人身依附关系为纽带的原始性统治权”，区别于具有“以绝对君权和国家机器为后盾的强制性统治权”的天皇。关于大王称号的前缀“天下”，在著者细致入微的考证下，此“天下”与中国语境中蕴含“德治”与“天命”要素的“天下”观迥异，是指在众神群居的“高天原”之下，王权中心的所在地，与排斥“天命”且“万世一系”的天皇观一脉相承。诸如此类，抽丝剥茧地推演日本历史的内在机理，是该丛书的又一大亮点。

相对于其他学科，日本史学界给人的印象较为刻板、固守传统，连臭名昭著的“皇国史观”也尚存一席之地，右翼学者炒作的新历史教科书便属此类。然而，“讲谈社·日本的历史”带给我们的是开放式、客观性、国际化的史学新风。还是以第二卷《从大王到天皇》为例，朝鲜半岛南部曾有一个小国林立的地区，名为加罗，日本史书《日本书纪》称该地为“任那”，大和朝廷在那里设有“日本府”。长期以来，日本史学界偏信《日本书纪》，认为任那是大和朝廷的屯仓，也有朝鲜学者愤而反驳此观点，双方论战火药味甚浓。本卷著者持论公允，指出加罗地区虽然存在倭人势力，但尚未沦为日本的殖民地，而“任那”一词暴露了“日本古代国家的政治立场”，所以史学家不应使用该词。在墨守成规的日本史学界，这些看似微弱的声音，实如惊天霹雷，让我们看到现代日本史学家的良知与果敢，值得我们赞赏。

前面说过日本史学家“博通不足而深耕有余”的特点，穷尽史料、追根问底是其优势，局限性则体现在研究古代史的绝不涉猎中世史、近世史，攻日本史的鲜少涉足中国史、朝鲜史，总体而言多在日本框架下研究日本史。然而，“讲谈社·日本的历史”向读者呈现出些许不落窠臼的气象，从“从世界史和现代角度看王权诞生”（第一卷）、“东亚世界中的倭国”（第二卷）、“国际秩序构想的转变”（第三卷）等章节标题可见，一些著者不再局限于在日本列岛之内观照日本历史，而是从东亚乃至世界的联系中洞察日本历史的脉搏，剖析文明发展的机制。虽然上述气象还比较微弱，但也是这套丛书令人耳目一新之处。

《题西林壁》下联有云：“不识庐山真面目，只缘身在此山中。”置身此山的日本史学家，能够在至近距离凝视日本历史之“山”，可以鼻闻花草之芬芳，耳听虫鸟之啼鸣，眼观云雾之聚散，手触泉水之冷暖——一切都是那么自然、真实、细腻、神奇，深耕之下或许还能发现地下的根须、山中的矿石、溪流的水源，这是日本史学家与生俱来、得天独厚的优势。但正因为置身此山，未必能看清庐山真容。比如日本古代历史以“和汉”两条主脉交织而成，近代以来则形成“和洋”交叠的结构，而这套丛书呈现的基本上是“和”之一脉，甚至对国外同行的研究成果也有所忽略。然瑕不掩瑜，此不赘言。

临近尾声，笔者突然想起禅僧青原惟信的珠玑之语：参禅之初，看山是山；禅有悟时，看山不是山；禅中彻悟，看山仍是山。这说的是参禅的三重境界，化用到本文主题，中国人侧观、西方人横看、日本人仰视的“山”，属于第一境界；领悟到山有岭峰之姿、高低之相、远近之别，大抵迈入第二境界。何谓第三境界呢？或许等我们凝聚众人之眼，阅遍千姿万态，才能彻悟“山”之真容吧！

最后附言几句：大概因为笔者是“讲谈社·中国的历史”日文原版的作者之一，又曾强烈建议早日推出“讲谈社·日本的历史”中文版，这两套精品丛书的策划人杨晓燕女士嘱我写一篇序言。自忖国内日本史专家人才济济，还轮不到笔者这般资历尚浅、学养未丰之辈担纲作序。但念及“讲谈社·日本的历史”足可填补国内日本史学界的一块空白，身为行内一员有责任和义务为之推介，故不揣浅薄，勉草一文塞责。是为序。

浙江大学日本文化研究所

王勇

辛丑槐月吉日

写于武林桃花源

目 录

序章

阿伊努的静谧大地

发现间宫海峡之前

是什么从根本上推动着日本从 18 世纪后半期走到 19 世纪的幕末？值此开篇，让我们先将目光投向北方。

聚焦于北方的理由有二：一是“经济水平的提高”，二是“俄国的动向”。这一组合乍看令人意外，但阿伊努民族独有的谋生方式将二者联系在了一起。

经济水平的提高，促使江户时代后期的日本社会进一步走向成熟。而促进经济繁荣的要素之一，就是阿伊努人和被雇用的和人渔民在虾夷地[1]生产的鲱鱼肥。日本海（朝鲜称之为东海）和鄂霍次克海的鲱鱼资源量非常庞大。18 世纪后半期的畿内和 19 世纪前半期的北陆与濑户内地区，开始广泛运用鲱鱼肥，鲱鱼渣被应用到经济作物上，鲱鱼干则被用于水稻种植，农业生产由此得到飞跃发展。近江出身的武士马场正通在其所著的《边策发蒙》一书中写道，“上国（上方）[2]的米谷应该有一半产自虾夷地。”如其所说，当时人们已经正确意识到，一连串的经济增长始自虾夷地的渔业。

虾夷地，包括千岛列岛和桦太岛[3]，在阿伊努语中被称为

---

1 虾夷地，明治以前对北海道、桦太岛、千岛的称呼，尤指对北海道的称呼。
2 上国（上方），指京都、大坂一带广阔的近畿地区。
3 中称库页岛，俄称萨哈林岛。

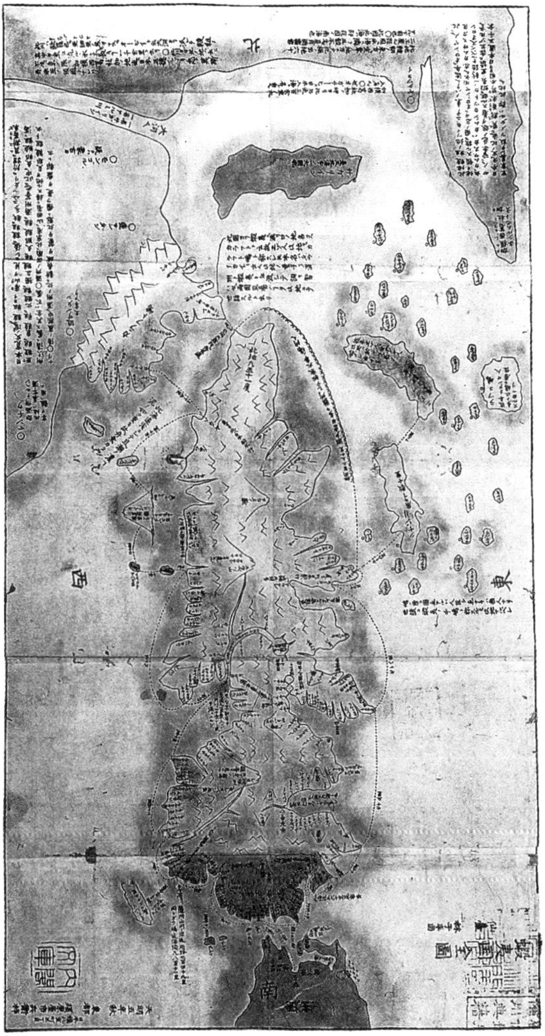

林子平《虾夷国全图》 其中绘有“两个桦太岛”（日本国立公文书馆藏，本书地图均系原书地图）

“阿伊努的静谧大地[1]”，那18世纪后半期的和人又是如何看待这片“静谧大地”的呢？

经世思想家林子平在天明五年（1785）绘出了《虾夷国全图》，他还著有《三国通览图说》和《海国兵谈》，是那个时代倡导虾夷地开发的知识分子。上页的地图大致展示了当时和人的知识水平。

如图所示，虾夷地呈纵长的异样形状，南部比实际情况要大得多。鄂霍次克海一侧从知床半岛到宗谷岬的海岸线，与太平洋一侧从襟裳岬到根室半岛的海岸线，都比实际短得多。这样看来，在19世纪之前，对于和人来说，虾夷地靠太平洋一侧和鄂霍次克海一侧的地区，是连海岸线都模糊不清的“未知大地”。另外，千岛列岛在当时被视为“群岛”，这与它其实是个又长又大的列岛这一实际情况相差甚远。桦太岛甚至被分成两部分，一部分是作为岛的“萨哈林”，另一部分是与大陆相连接的半岛“桦太岛”，也就是说，这幅地图上画了“两个桦太岛”。

关于这一点，北方古地图研究的集大成者秋月俊幸阐明了，图上向东西延伸的“萨哈林岛”（实际情况是南北走向、又细又长）的形状是受到中国18世纪初期的地图《皇舆全览图》的影响，而画得比较正确的堪察加半岛则是受到西欧18

1 这句话译自阿伊努语，“阿伊努”一词在阿伊努语中指“人、我们”。

世纪中期的法国地理学家唐维勒所绘地图的影响。实际上，不仅是林子平的地图，翻看 19 世纪之前绘成的世界上任何一幅地图，会发现桦太岛和千岛列岛以及虾夷地的形状都极其模棱两可。因此，这片北方地域被称为世界地理上“最后的混乱地带”。特别是桦太岛是“岛”还是与大陆相连的“半岛”，是世界地理学上最后的谜。

17 世纪后半期，俄罗斯人为了获得海獭皮，从西伯利亚东部进入堪察加半岛，并在不久后的 18 世纪前半期，开始南下至千岛列岛。明和八年（1771），这些俄罗斯人在南千岛群岛的得抚岛与阿伊努人发生争端，被击退回北千岛。另一方面，和人在 18 世纪中叶进入南千岛群岛的国后岛开展贸易。天明五年（1785），林子平绘制出《虾夷国全图》，五年后的宽政二年（1790），松前藩在桦太岛南端的白主设置专务贸易和渔业开发的机构——运上屋。

宽政四年（1792），俄罗斯使节拉克斯曼乘船来到根室。对北方地区有所防备、同时又深知其经济价值的幕府，也派遣最上德内、近藤重藏、间宫林藏等探险家去往北方。

文化五年（1808），间宫林藏等人乘船和徒步，沿着桦太岛西岸一直行进到南部的海峡入口附近，试图确认桦太是一个岛。第二年，间宫乘着阿伊努人的小船继续前行，由尼夫赫人做向导，到达靠近桦太岛西北端的那尼欧，看到了波涛汹涌的北海。他还试图翻山越岭到桦太岛东部，以证明桦太是一个岛，但未能成行，不得不返回间宫海峡附近偏南的诺垤道。他们在当地尼夫赫人的酋长科尼家逗留时，酋长非常清楚地告诉他们桦太是一个岛。这是间宫口述自己发现间宫海峡的过程，之后被记录在《东韃地方纪行》中。这是在北方少数民族的帮助下获得的发现。此后，间宫加入要渡往大陆的科尼一行，沿阿穆尔河[1]上溯，到达北方少数民族的朝贡和贸易地德楞。

间宫制作的桦太地图经最上德内和幕府天文方[2]高桥景保之手，交到旅居长崎、开设鸣泷塾的西博尔德手里。当时的日本法律禁止将地图带出国门，文政十一年（1828）西博尔德即将乘船出海之际，当局发现这幅地图，引发“西博尔德事件”，结果多位兰学者被处罚，高桥景保死于狱中，西博尔德被软禁在长崎的出岛，后被流放海外。二十五年后，西博尔德按照七十岁高龄的最上德内的嘱托，将自己收藏的间宫所画的桦太地图等物件在欧洲展出。世界地理学上“最后的难题”由此解决，间宫林藏的名字随之不朽。

阿伊努的静谧大地

如前述，在 19 世纪以前，这块“静谧大地”是和人、俄罗

---

1 阿穆尔河，即黑龙江。

2 天文方，负责天文、历书编制、测量、西洋书籍翻译等事务的官职。

斯人与中国人都不了解真实地理情况的阿伊努人固有的大地。

阿伊努人同桦太岛上的鄂罗克族、尼夫赫族，还有大陆上阿穆尔河沿岸的尼夫赫族、乌利奇族、赫哲族等通过山丹[1]贸易联系起来。绵延一千二百公里的千岛列岛笼罩着浓雾，刮着大风，是全世界为数不多的航海难关。在这片土地上，阿伊努人与北千岛的千岛阿伊努族、堪察加半岛上的堪察加族等互通贸易，甚至通婚。

贸易品有被称为“软黄金”的黑貂毛皮，在中国苏州织成、从阿穆尔河上游的德楞经桦太岛运到日本本州的虾夷锦，千岛列岛的高价海獭皮，被用来制作弓箭的鄂霍次克海虎头海雕的羽毛等。阿伊努人开展贸易活动时使用的是他们民族特有的板缀船。

浮冰流动的鄂霍次克海，是盛产营养盐和浮游生物的海洋。19 世纪前半期，这里是鲱鱼、鲑鱼、鳟鱼等渔业资源的宝库。陆地上，鹿、熊、驯鹿大量繁衍生息，幕末十胜平原上的鹿还被喻为落满平原的红叶。落叶松、栎树、白桦、榆树等组成原始森林，这些大自然的恩惠滋养着阿伊努族等北方各少数民族。

19 世纪中叶的桦太岛上，生活着阿伊努族约二千六百人，尼夫赫族约一千五百人，鄂罗克族约二百人，大约每二十平方

1 山丹，阿穆尔河下游流域。

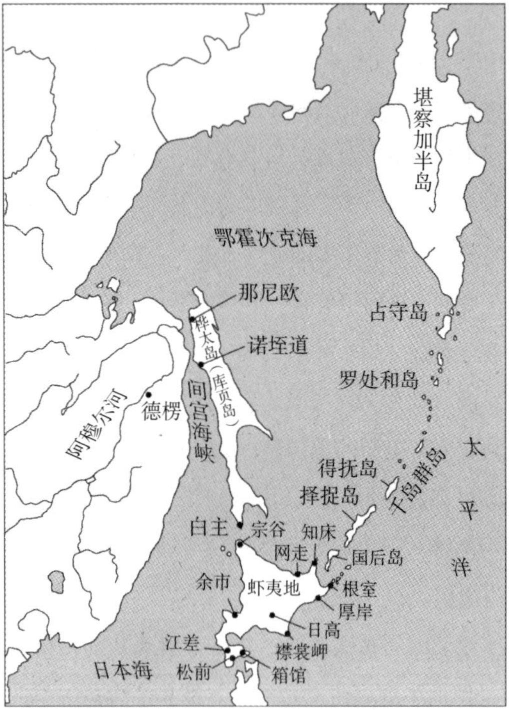

环鄂霍次克海海域图

公里才有一人。即便人口密度如此稀薄，这些少数民族之间也有一条不成文的规定：禁止非必要的狩猎活动。

生活在鄂霍次克海周边的少数民族狩猎、捕鱼、采集、游牧及贸易等文化和生活方式的共通性，最近骤然吸引了全世界的目光。之所以出现这种情况，是因为他们与自然生态和谐相处，不建造大部落而是散居，开展贸易活动时遵守固有礼仪，一边慢节奏地交流，一边发展民族固有的文化。因此，这一地区的文化，被称为“环鄂霍次克海文化”。阿伊努民族的文化处于其南端，无论从人口还是土地面积来说，占的比重都比较大。

在虾夷地，松前藩控制着其南部。正如海保领夫、榎森进、菊池勇夫等学者所极力主张的那样，近世之初，阿伊努人的势头是凌驾于松前藩之上的，他们可以自由出入松前城，贸易主导权也在阿伊努人一方。之后，虽然阿伊努人被禁止进出松前城，但和人前往虾夷地也受到严格限制，特别是在沙牟奢允之战[1]以后。“夷地之事，由夷人自决”的原则由此得到加强。

因此，人们对宽文九年（1669）沙牟奢允之战的看法也在近年发生了变化：尽管阿伊努人因首领被设计谋杀而未能击退和人的侵略，但这场战争并非简单以阿伊努人的失败而告终，而是留下了重要的遗产。战争之后，虾夷地仍然是阿伊努人的“静谧大地”。

---

1 沙牟奢允之战，1669至1672年间在阿伊努人与和人之间爆发的战争。1640年前后，西虾夷地与东虾夷地的部落因渔猎权发生冲突，松前藩介入调停，但局势恶化，部落间的冲突演变为大规模的反对和人运动，幕府之后增派兵力，杀害阿伊努人的首领，镇压动乱。

虾夷地的鲱渔业

在阿伊努人赖以为生的沿海而建的村落，松前藩主设立了专门进行贸易的“商场”。这种“商场”在18世纪末演变成大规模渔业的“场所”，之后，阿伊努人被置于新的事态之下。[1]

飞騨屋（武川家、飞騨出身）、阿部屋（村山家、能登出身）、栖原屋（栖原家、纪伊出身）、伊达屋（伊达家、陆奥出身）等豪商（当时被称为场所承包商），从松前藩承包场所的经营权，雇用阿伊努人从事捕捞鲱鱼、鲑鱼、鳟鱼等的大规模渔业。此时，鲱鱼肥在北陆、畿内和濑户内已经被当作肥料使用，生产鲱鱼肥的渔业也颇为盛行。

北海道沙流郡平取町二风谷出身的萱野茂[2]曾讲述祖父[3]的故事，展现出场所承包制之下阿伊努人的生存状况，以下将根据他的著作《阿伊努之碑》加以介绍。

祖父在安政五年（1858）十二岁时，和村里人被强行带到北海道东部的厚岸町，据说从二风谷到厚岸走了三百五十公里

---

1 藩主将领地（知行地）分发给家臣，知行地上生产的粮食便为家臣的生计来源。但虾夷地气候不宜农作，因此，松前藩将特定区域内的交易权分发给家臣，家臣通过在该地与阿伊努人交易获得收入，此为“商场知行制”。之后“场所承包制”取而代之，家臣不直接与阿伊努人交易，而是将该区域承包给特定商人，再从商人的交易额中收取手续费。

2 萱野茂（1926—2006），阿伊努语学者，曾任参议院议员，是阿伊努民族运动的领袖。

3 祖父名为“トッカラム”，在阿伊努语中意为“好好长大吧”。

以上的路，之后被分配到和人哨所的厨房打下手，负责拾柴火和打水。

为了获准回家，他决定切断手指，于是用砍刀切断左手食指，然而主家仍然不允许他回去。接着，他把挂在渔网上的河豚收集起来，挤出胆汁，再将胆汁涂满全身，假装染上恶病，这才被允许回家。

时常给萱野讲阿伊努传说和“英雄叙事诗[1]”的祖母[2]，也把祖父所经历的苦难告诉孙子，并告诫他“不能忘记”。

国后目梨之战

宽政元年（1789），阿伊努人在国后岛和虾夷地东岸的目梨郡蜂拥起义。这就是国后目梨之战。

在这场战争中，场所承包商之一的飞驒屋经理人七十一人被杀，其中绝大多数是从松前或东北地区出来谋生的和人。飞驒屋使用“大网”捕捞鳟鱼，生产鳟鱼渣和鱼油。他们用低廉到无法保证冬天家庭用度的报酬逼迫阿伊努人劳动，导致冬天出现饿死者，对阿伊努妇女施加暴行也变成家常便饭。起义结果是，三十七名阿伊努人被斩首。在对第五名起义者行刑之

1 此处专指阿伊努民族的英雄叙事诗，是和着乐器敲击的节奏吟唱的少年英雄冒险故事。

2 祖母名为“テカッテ”，在阿伊努语中意为“劳动力增加”。

后，牢内响起阿伊努人告急的叫声，松前藩士随即用矛和枪杀害了牢内的阿伊努人。

18世纪后半期，是拥有资本和武力的俄罗斯人与和人开始入侵环鄂霍次克海地区的时代。17世纪末，俄罗斯人试图在阿穆尔河流域入侵清朝的行动受阻，于是迂回北方，从西伯利亚东部沿着堪察加半岛、阿留申群岛、阿拉斯加一路侵袭，在18世纪前半期到达千岛列岛。明和五年（1768），俄罗斯人向择捉岛上的阿伊努人征收沉重的毛皮税，并在明和七年（1770）与前来得抚岛打鱼的阿伊努人发生战争。由此，在第二年，生活在择捉岛和罗处和岛的阿伊努人为了反抗向他们征收毛皮税的俄罗斯人，在得抚岛起义。数十名俄罗斯人（另据记载为二十一人）被杀，俄罗斯人撤退至北千岛。

以这一事件为契机，俄罗斯人变更毛皮税征收政策，于宽政十一年（1799）设立俄美公司，用以统辖北千岛列岛、阿留申群岛和阿拉斯加，开始合并少数民族地区。恰好在同一年，江户幕府临时收管东虾夷地，并在不久后开始趁机对整个虾夷地区实行直辖。在宽政四年（1792）和文化元年（1804），拉克斯曼和列扎诺夫分别来航要求通商，便是大国入侵环鄂霍次克海地区这一大动向的一环。

这样看来，对于阿伊努人来说，他们针对和人的国后目梨之战，同在东北方的得抚岛与俄罗斯人的战争一样，都是守卫“民族自立”之战。

放宽视野后还不难发现，占守岛上的千岛阿伊努人与在18世纪初侵入北千岛的俄罗斯人之间的激战从未停止，堪察加半岛上的堪察加人和科里亚克人从18世纪前半期便一直在对俄罗斯人发起大规模叛乱。生活在西伯利亚东北部、饲养驯鹿的游牧民族楚科奇族，也驱使着驯鹿与俄罗斯人作战，最终保卫了楚科奇半岛的独立。

国后目梨之战，也是环鄂霍次克海区域的北方各少数民族反抗侵略的象征，他们在与自然生产力和谐共生的过程中，缓慢地联合起来。接着，由于俄美公司的设立和幕府直辖的开始，这片区域的形势即将发生转变。

在审判中被证实的近世后期的阿伊努史

平成九年（1997）施行的阿伊努新法废止了“旧土人”的称呼，承认阿伊努的民族文化，就这点而言是一种进步，但并未认可“原住民”这一表达，为此后留下沉重的课题。另一方面，在同年进行的二风谷水坝审判中，札幌地方法院的判决具有划时代意义：将阿伊努民族“符合‘原住民’定义”明确写入判决中，引起极大共鸣。

在那场审判中，北海道近世史专家田端宏作证说，“开拓使[1]

1 开拓使，为开拓北海道及桦太等北方地区，于明治二年至十五年（1869—1882）设置的行政管理机构。

曾特意发出指示，要求将阿伊努人称为旧土人，即原住民。……明确承认了阿伊努人就是原住民”，“没有任何怀疑的余地”。

关于19世纪的阿伊努民族史，他还作证说，幕府及松前藩的“同化政策”，即针对阿伊努人风俗等方面的和风化政策毫无进展；阿伊努民族在江户时代尽管在经济上遭受重大侵害，但仍保有民族独立。这场审判的原告——阿伊努族的萱野茂和北海道元平取町议会议员贝泽正，以及律师团——在诉讼要点摘录中也主张，近代以前，阿伊努民族一直坚持本民族固有的社会、文化、经济传统。正如联合国相关宣言（如1986年的科沃报告等）所称，在从法律上认定“原住民”资格时，这一点非常重要。

二风谷审判也认可了原告的主张，同意江户幕府的同化政策“因阿伊努民族的强烈反抗而未贯彻”，这样一来，民族固有的文化得以维持。这一审判结果被视为认定阿伊努民族为“原住民”的根据之一。

在虾夷地，进入19世纪以后，场所承包商的场所经营得到发展，幕府直辖再次开始，对阿伊努民族的和风化政策也进一步推行。但是，在俄罗斯人入侵过的择捉岛等地，尽管幕府强行要求变风改俗、改名等，但由于阿伊努人反抗激烈，反而招致人心背离，和风化政策最终被撤回。正如田端证实的那样，同化政策“毫无进展”。

阿伊努的渔业 “自行谋生”的渔业十分兴盛，“秘密售卖”也非常盛行（出自《虾夷国渔场风俗图卷》，北海道开拓纪念馆藏）

“自行谋生”的鲱渔业

学术界迄今大多认为，18 世纪后半期，阿伊努人的历史因商场知行制转变为场所承包制而一度陷入黑暗，继而滑入明治的同化政策。然而，二风谷水坝的审判表明，这种简单的看法与阿伊努族自身的历史认识并不一致。

就在田端宏站在证人台上的同时，小林真人和田岛佳也在民间的北海道东北史研究会上发表了关于 19 世纪前半期场所承包制的最新详细研究。他们发现，直到幕末，阿伊努人一直维持着在当时史料中被称为“自行谋生”的本民族独有的经济活动。

他们的研究表明，在 19 世纪前半期的余市（小樽西面的渔村），阿伊努族有八十九户，共五百六十四人，其中值得注意的是余市的渔船数。当时和人运上屋的船只共计十三艘，而阿伊努人的阿伊努船多达一百二十艘。凭借这些船，阿伊努人不仅运营着“自行谋生”的渔业，还沿日本海沿岸北上，在增毛等大渔场从事“自行谋生”的鲱渔业。

另外，尽管被禁止向场所承包商以外的人销售鲑鱼，但阿伊努人仍经常与外来务工的和人中小规模的渔民一起，向返回江差及本州等地的船只秘密售卖。

此外还有其他新的研究发现。关于太平洋沿岸的阿伊努人，佐藤宥绍厘清了阿伊努船在有珠场所等昆布场“自行谋生”的实际情况。岩崎奈绪子等人则在北海道东部的西别河等处发现，在内河渔业方面，幕府和松前藩并没有介入阿伊努人的渔场之争，尽管他们对阿伊努人的侵略并未间断，但“夷地之事，由夷人自决”的原则大体得到贯彻。

在和人的世界，经济日渐成熟，新兴的北前船[1]登上历史舞台，给阿伊努人生活的虾夷地带来巨大变化。中西聪指出，19 世纪在越后、佐渡、越中等地诞生的中小规模的北前船大举进入虾夷地，特意避开由场所承包商控制的松前和箱馆，涌向尚无人管制的江差。

由于这一变化，场所承包商对流通的垄断逐渐被废止。天保十二年（1841），容量达二百石[2]的载鲱船获准进入虾夷地，

1 北前船，江户至明治时代的北国货运船，由船长自己购入货物后再卖出获利。
2 石，体积单位，表示船只容量时一石相当于十立方尺，约二百七十八升。

场所承包商垄断的一角就此坍塌。安政五年（1858），北前船又获准直接进入石狩，捕获物（自己的货物）也开始被允许自由买卖。当然，也发生了与这些许可相呼应的运动。到了庆应二年（1866），在石狩更靠内侧的滨益场所，外来务工的和人渔民为取得捕获物的自由贩卖权，与场所承包商发生争执，最终获得部分自由贩卖权。

这些新兴的北前船满载着鲱鱼肥向本州开去。尽管大坂[1]松前批发店垄断大坂的鲱鱼肥由来已久，但这些船并不将鲱鱼肥运给他们，而是直接运往兵库、贝冢等大坂周边地区，或阿波的抚养凑（蓼蓝产地）及越后的出云崎（大米产地）等。

接下来的第一章便会讲到，这种直接贩卖到大坂周边地区或需求地的流通路径，将逐渐构筑起 19 世纪“日趋成熟的市场”。新兴的北前船不仅收购和人的捕获物，也收购阿伊努人的，他们“自行谋生”的活动由此得以维持。

与畿内的“繁荣”相对照，人们过去普遍认为阿伊努人是“悲惨”的。然而，这两者的命运未必在所有方面都是如此相反。简单将 19 世纪前半期的阿伊努社会放在“悲惨”的框架内，与阿伊努人自身的历史认识也有很大出入。正如他们自己指出的那样，阿伊努民族历史的戏剧性转折，始自明治政府依靠“官府”之手剥夺他们的土地权和渔业权，在所有大地和海

---

1 大坂，“大阪”在明治维新前写作“大坂”，后忌于“坂”字可拆为“士反”（武士叛乱），因此于明治三年（1870）改名为“大阪”。

洋、河流都被剥夺之后，阿伊努人的悲惨命运才真正开始。这一历史的裂缝才是重要的。

小林发现，天保元年（1830）在小樽内（今小樽市）的高岛场所，阿伊努族的男人曾全体逃散，剩下女人支撑高岛场所，最终迫使承包商答应他们的要求。在内陆地区日高的阿伊努部落也是如此。这一部落在幕末盛产旱田作物，小米和稗子的收成可达一二十俵[1]，还可以摘得大量姥百合作为重要的粮食来源。村长住在九间四方[2]的大房子里，屋内装饰着“木制容器约八十个、长刀百把、矛五支”，十分受人尊敬。旭川市内的村长也十分“富裕”，从小在村长家长大的砂泽的自传《我这一代的事》便体现了这一点。如砂泽所说，村长的“富裕”在进入明治时期以后戏剧性地衰落。但19世纪前半期，阿伊努人继续着“自行谋生”的固有营生，通过“逃散”来守护民族，尽管受到幕府、松前藩和豪商的严重侵害，也未失其民族的活力。

据中西聪推测，阿伊努人和外来务工的和人渔民捕获的鲱鱼量，在19世纪中叶进一步增大，高达二十四万五千石，已经成为畿内、濑户内和北陆地区肥料的主要来源，支撑着19世纪的日本经济日趋成熟。第一章将由此展开。

---

1 一俵相当于六十千克。

2 间，原指柱子与柱子之间的距离，一间约为一点八米。九间四方，则指长三间、宽三间的四方形，约三十平方米。

第一章

日趋『成熟』

第一节 富农的发现

人口变动

江户时代初期的17世纪，日本人口迅速增长，在一个世纪内几乎增长一倍。进入江户中期的18世纪以后，人口逐渐减少，在18世纪80年代因天明饥荒而触底，后又再次逐步增长。附带说明一下，享保十一年（1726）的人口为两千六百五十四万人，一百二十年后的弘化三年（1846）为两千六百九十一万人，从18世纪前期到19世纪中叶的一百二十年时间里，人口增长三十七万人，每十年的增长率只有百分之零点一，只是微增，可见18世纪是人口增长的停滞期。

从18世纪中叶到19世纪初，全球气候处于寒冷的小冰期。在日本，气候异常对农业造成严重打击，出现天明饥荒（1783—1788）和天保饥荒（1832—1838）。但是，气候条件并不对经济起决定性作用，英国的产业革命便是在小冰期内萌芽的，导致大不列颠岛的人口爆发式增长，这是气候异常条件下的正面事例。

近年，学者试图通过计量经济史研究，重新勾勒江户时代的面貌。根据美国经济学家西蒙·史密斯·库兹涅茨的推算，庆应元年（1865）日本的人均GNP（国民生产总值）相当于五十四美元。而早一步开始工业化的西欧各国GNP的初期水平最低也有两百美元，可见日本初期水平之低，那些认为江户时代经济成就“乏善可陈”的观点的依据也在于此。

但对上述观点也有学者给出了有力批判，认为用GNP这类货币换算数值本身作为测算工具是不恰当的，物质文化、生活方式、健康和寿命等生活品质才值得关注。第二次世界大战后，亚洲新兴工业化国家韩国仅用日本三分之一的时间便实现经济增长，其起点是八十七美元的人均GNP水平。即使抛开这个例子，比较体制不同的国民经济，也不能单纯地用数值一刀切。

至于人口停滞，速水融等学者调查得知，这受到当时“晚婚”现象的影响，如西日本的男子初婚年龄为三十岁左右，女子为二十五岁左右。因此，与其说是人口停滞，认为是人口控制的观点更加引人注目。S. B. 汉利甚至认为，幕末的生活水平比工业化启动时期的西欧还高，可以和同时代的西欧比肩。正如速水和鬼头宏等学者的研究和介绍所示，计量经济史的研究可谓是百家争鸣。

历史学上最近比较有说服力的说法是，虽然人口停滞，但社会和经济迎来成熟期。笔者也基本赞成18世纪“成熟”的说法。本书论述的19世纪前半期，正是日本社会进一步走向成熟的阶段。

在社会日趋成熟的指标中，以寺子屋[1]为代表的庶民教育水平十分引人注目。寺子屋自18世纪开始增加，在19世纪30年代（天保时期）迎来爆发式繁荣。寺子（学生）不问贫富，还包括女性。延续至今的庶民文化，如人形净琉璃、歌舞伎、戏剧、曲艺场、参拜（旅行）等也开始于19世纪初的文化文政时期。此前的研究一直将19世纪理解为由18世纪的"成熟"走向"烂熟"或"挫折"的时期——烂熟意味着过度成熟，并非肯定的评价，但这种看法开始被近年的经济史研究成果所否定。

对文化文政时期的评价

进入19世纪，日本迎来所谓"文化文政时期"。这一时期从文化年间（1804—1818）到文政年间（1818—1830）持续了二十六年。在此期间，第十一代将军德川家齐在天保八年（1837）让位给亲生儿子家庆后直到天保十二年（1841）去世，一直作为大御所掌握实权。因此，这一时代也被称为"大御所时代"。另外，也有说法认为文化文政时期截止到天保改革开始的大御所时代之前。德川家齐十五岁就任将军，在位五十年，为历代最长。

---

1 寺子屋，为庶民开设的初等教育机构，由武士、僧侣、医生等担任教师，教授读、写、珠算等内容。

从宽政到文化文政这一时期是怎样的时代，对本书开篇要讲的天保时代产生了怎样的影响？

德川家齐自天明七年（1787）开始在老中[1]松平定信的辅佐下开展宽政改革，推行以“宽政异学之禁”和频频发布的节俭令为代表的紧缩政策。松平定信于宽政五年（1793）辞职之后，新任老中松平信明、牧野忠精等“宽政遗老”也继承了这一紧缩政策。此后，文政元年（1818）家齐正值四十六岁的盛年，亲信水野忠成升任老中首座之后，紧缩政策开始转而缓和，所谓“文化文政时代”由此开始。

文化文政时期的政治代表性事件是文政的货币改铸，即被称为“货币的古典”的元文金银的改铸。改铸总额达四千八百一十九万两金和二十二万余贯银，流通货币量增加了百分之四十六。总而言之，这一策略通过改铸，降低货币质量，并将差额收入幕府手中。幕府通过改铸获得的利润在从文政元年开始的九年时间里高达五百七十万两。此期间的年贡并未增收，财政约百分之五十的来源都依赖货币改铸的利润。负责天保改革的水野忠邦也沿用了这一手段，以弥补天保饥荒时年贡大幅减收的缺口。此后，幕末也时常改铸货币。

这种通过货币改铸谋求巨额利润的政策被评价为缺乏考虑、马虎，也是无可奈何之事。因此，家齐文化文政时期的

1 老中，幕府中常设的最高职位，设有数人，通过合议的方式辅佐或管理领地的政治和经济。

政治常被形容为“颓废”或“华美”。顺带一提，家齐侧室达四十人，子女有五十五个，被揶揄为“北海的鳕鱼”。

与宽政改革相比，文化文政时期幕府财政遭受的恶评更多，但近年来研究者的看法逐渐发生改变。文政的货币改铸以及之后的天保货币改铸并不能简单以“不健全的财政政策”一句话概括。

在宽政改革中，幕府卸下了整修河流堤防的重担，向大名收取“赞助费”，向农民征收“国家公务费”，还以开发荒地和儿童抚养补助的名目借贷以补充公款，获取年贡之外的巨额收入。这一系列措施被称为“露骨的财政填补政策”。

在宽政五年（1793）到文化十三年（1816）的“宽政遗老”的时代，幕府向大名和农民征收朝鲜通信使招待经费等国家公务费，总额达三十一万两。但这一时期的实际支出只有十九万两，十二万两的差额便直接进入幕府金库，挪作他用。这便是“隐形的财政填补政策”，躲藏在露骨的财政政策背后。如果压缩幕府经费，减收年贡，还可以称之为善政，但巧妙地增加年贡以外的收入，逃避整修河流堤防，将责任转嫁给大名和农民，增加幕府金库的金银，又如何称得上“健全的财政”呢？

但是，单就文政和天保时期的货币改铸来说，幕府获得的利润从另一方面弥补了年贡锐减的部分。说得极端一些，巨大的改铸收益可以抑制年贡的增收。虽然不值得赞赏，但也称不上罪大恶极。而且，改铸使货币流通量增加了百分之四，虽然带来通货膨胀，但也支撑了19世纪初的经济，带来的市场经济成长促进了国内市场的形成。而且这一时期的经济恰恰需要迅速增加的货币量。

宽政改革以后的18世纪90年代，出现了通过雇用劳动力自己经营获得利润的“中农”。自营所得的利润正是经济史学家所说的“资本主义萌芽所带来的利润”，中农也因此被称为“富农”。即使文政时期的劳动力价格和肥料价格的通货膨胀导致富农利润减少，但其经营并没有就此恶化。年贡被控制在收入的百分之二十以下，富农的持续经营成为可能，直至明治“松方通缩”的动荡时期。

19世纪的棉花种植

整个18世纪商品化水平最高的是棉花、蚕茧、蓼蓝、红花、油菜、葡蟠等衣服、油、纸等生活加工品的原料作物。其中，对19世纪经济成熟意义最为重大的事件是，除东北和北陆之外，棉花栽培在全国的普及。

棉花原本不适合在寒冷地带生长，而且在雨水较多的年份收成不好，因而被称作“晴天草”，是要么丰收要么歉收的投机性作物。它不仅需要充足的肥料和精心的照料，对土质和灌溉条件也有要求，最适合栽培的地方是沙地里掺杂有土壤、日照充分的沿河堆积土地带。

江户时代的日本和世界潮流一样，追求棉纱的“色佳、细长”。大河的冲积平原能够栽培出用来制造优质棉纱的棉花，而像奈良盆地那样沙少的土质，只能产出用来制作棉袄的纤维短粗的棉花。位于大河入海口的大坂平原一带是棉花种植中心，因大和川改道而形成的河内平原北部的新田地带栽培的河内棉花便远近驰名。关东鬼怒川流域的真冈棉花、结城棉花也是在沙地的新田地带培植的，信州的千曲川（即信浓川）沿岸的善光寺平（今长野盆地）也广泛种有棉花。濑户内的播磨（兵库县西南部）、备前（冈山县东南部）、备中（冈山县西部）、备后（广岛县东部）和四国北部的滨手等沙地混杂的新田地带都是适宜种植棉花的地区。

根据学者武部善人的估算，大坂平原发展于18世纪、延续至19世纪后半的棉花种植业中，棉花种植的平均面积占田地总面积的比例高达百分之四十三，据说农民因为田里种满棉花，连自家食用、缴纳年贡用的大米都需要购买。摄河泉、大坂平原的籽棉（带籽的棉花）平均每年产量为一千三百万贯[1]，约四万八千七百五十吨。在三河（爱知县东部）的矢作川中游地区，旱田的棉花种植面积占比达百分之五十，台地地区达百分之四五十。爱知县西部的尾张平原也是类似情况。

---

1 贯，此处为重量单位，一贯相当于三点七五千克。

关于棉花种植技术的指导书籍也出现了。大藏永常在天保四年（1833）出版的《棉圃要务》被评为江户时代最高水准的农业技术书。大藏出生于丰后国的日田（今大分县日田市），去大坂后遍访各地，精确细致地考察农业，努力研究并传播农业技术，主要作品有巨著《广益国产考》。

《棉圃要务》缜密详实地记载了棉花的历史、品种、栽培技术、产地、大坂批发商等诸多内容，还包括雄蕊和雌蕊，以及使用放大镜观察到的授粉过程等兰学知识。书中搜集了二十五种棉花的信息，如摄津（大阪府北部和兵库县东南部附近）的棉花“颜色较白”，河内（大阪府部分地区）的棉花“有些发红”，但和其他地区的相比还是偏“白”；大和棉花的纤维“粗短”，适合做棉衣，摄津棉适用于纺线，河内棉被称为最好的棉，等等。

棉花在晴天多的年份会丰收，在阴雨连绵的年份虽然树木长势良好，产出的棉花却很少。因此，灌溉排水设施“桔槔”十分必要。施三次肥所必需的肥料有油菜和大豆的油渣、干沙丁鱼，以及19世纪在虾夷地捕获并加工的鲱鱼肥。其中，干沙丁鱼由于本州岛沿岸肆意捕捞沙丁鱼而价格飞涨。

日本棉花是经由朝鲜传来的亚洲品种，亚洲棉花与埃及、美国棉花相比，致命弱点在于纤维较短，不适合机械纺织。因此，日本本土的棉花种植在明治二十三年（1890）前后开始减少，于20世纪前二十年逐步被进口棉花取代而衰亡。

“采棉”与“桔槔” 大藏永常所著的《棉圃要务》被认为是江户时代最高水平的农业技术书（出自《棉圃要务》，日本国立公文书馆藏）

上图是《棉圃要务》中的插图，描绘了采棉的情形，离采棉人略远处便是棉田的“桔槔”。

氏田家的富农经营

下面让我们看一下 19 世纪初，即江户后期日本的农业发展程度。

战前，在日本社会科学界拥有巨大影响力的名著《日本资本主义分析》的作者——经济学家山田盛太郎，在该书中用“凄惨穷苦的茅屋”这一著名表达，象征性地刻画出近代日本的农民在寄生地主制之下的困苦。当时的研究者也出于过度的进步史观认为，德川时代的农民所承受的野蛮领主的暴政远超近代农民。在年贡和共同体的双重“枷锁”之下呻吟，“凄惨穷苦的茅屋”的形象显得更加悲惨，挥之不去。

与此相对，在战后不久的20世纪50年代，武库郡（兵库县）西昆阳村氏田家经营的变迁被清晰呈现在世人面前。氏田家是从中等经营规模发展成富农的农家。对氏田家经营的分析，是改变“凄惨穷苦的茅屋”这一悲惨农民形象的里程碑式研究。而且当时和近年不同，针对“野蛮暴政”论的正面批判较为罕见，因此这一研究也可称得上具有划时代意义。

西昆阳村位于现在的尼崎市内北部、武库川的东岸。在这片屡遭洪水泛滥的土地上，自18至19世纪，百分之四十以上的耕地都种植棉花。对于适宜棉花种植的洪水泛滥地区，年贡还会减征。这可以称得上是充分利用自然和社会条件发展商品作物种植的案例。棉花是丰收和歉收时收成悬殊的作物，因此当地人民也种植水稻。在这个由冲积平原形成的村子里，油菜种植面积也不小，富农通过雇用劳动力获得“资本主义萌芽所带来的利润”，即近代的利润。江户时代的农民用双手缔造了“一个新高度”。

氏田家《万觉账》的封皮 其中详细记录了富农经营的实态，来自氏田一郎氏文书（出自山崎隆三《地主制成立期的农业构造》，尼崎市立地域研究史料馆藏）

但不可思议的是，摄津富农氏田家经营状况在今天绝对是无法绕开的发现，专业的经济史研究书籍竟从未向读者介绍其全貌。

氏田家在江户初期是拥有一町步[1]田地的中农，在18世纪90年代壮大成富农，进入19世纪后直到明治中期都是如此。在氏田家拥有的三町步田地之中，极少部分租给佃农，其余都用于自己耕种经营，这部分自耕地虽然在幕末有所减少，但一直维持着二町步以上的面积。像氏田家族这样保持自营的同时靠雇用劳动力获取利润的家族，被经济史研究学者称为“富农”。

氏田家在幕末租给佃农的土地稍有增加，别的农家也有同样的倾向。对于这种倾向，有研究者称其本质是自己想避免劳苦，寄生于佃农，因此不认为这是近代式的富民经营，由此引发争议。之所以会有这种解释，是因为在研究者看来，在年贡和共同体这双重“枷锁”下的江户日本，生产者的富农经营无法维持。

1 町步，计算田地的面积单位，一町步大约为一公顷。

经济史学家山崎隆三通过研究氏田家族百年以上的经营账簿《万觉账》，明确指出，氏田家在明治中期以前都是自营富农，并非地主。氏田家族即使在今天也是研究江户后期经济史的经典案例。表一和表二显示了其经营内容的变迁。

如表一和表二所示，在这个时代的天领（幕府领），经营模式因稻作、棉花和油菜种植、棉纺织而集约化，由此得以将年贡支出控制在总收入的百分之十五到二十之间。这也是百姓发起减轻年贡运动的结果。而且，对于总收入来说，还产生了百分之三十五到六十五的收益。

要经营三町步大小的农

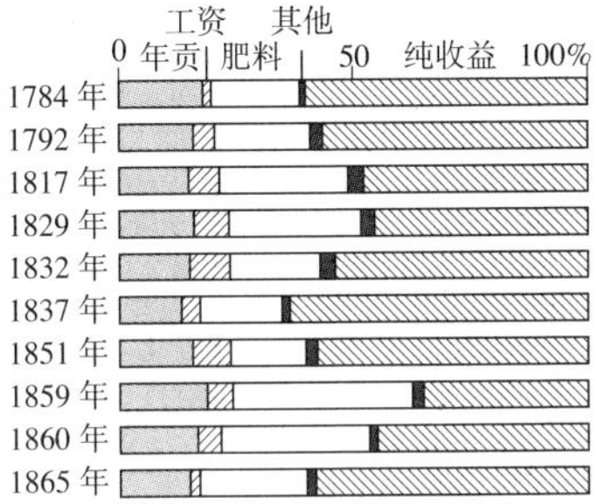

表一　氏田家经营成本与纯收益的构成

（参照山崎隆三《地主制成立期的农业构造》制成）

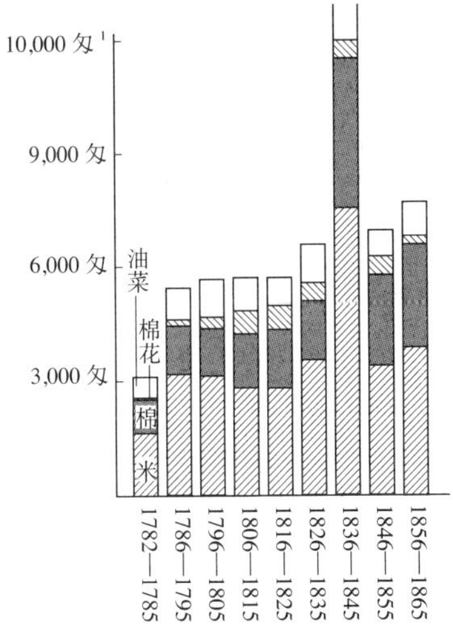

表二　氏田家作物价格的变迁

（1856 至 1865 年，由于物价高涨，表中所载的该时期数据为实际的二分之一。1836 至 1845 年油菜的数据不明。出处同表一）

1 匁，银币单位，江户时代的一匁相当于三点七五克。

田，仅靠家庭成员难以维系，为此氏田家雇用了两三个男佣和两到四个女佣进行自耕经营。男佣在农田劳作，女佣则负责纺织，他们是几乎“无高”（没有自己的土地）的贫农出身。此外还会雇用日工，不忙的年份雇用的日工为二十五人，最忙碌的年份可达六十人。氏田家女工生产的棉织品，多的年份能达到二百八十反[1]有余，少的年份也有一百反有余。靠棉织品获得的收益在最繁盛的时期占总收益的百分之十左右，虽然从总体收益来看并不算大，但与占比约百分之二十的棉花收益加在一起，这一比重便相当重要了。

棉花种植与水稻种植相比，需要大约两倍的劳动力，但棉花的价格却不足稻谷的两倍。如后所示，价格与劳动相匹配的市场逐步形成，支撑着棉区经济作物产生“资本主义萌芽所带来的利润”。江户时代的富农开展了以密集劳动、大量施肥、集约化为特点的自耕经营。

但是也有反对意见认为，18 世纪后期原本处于高水平的收益率在逐渐降低。学界研究氏田家经营状况时，距离日本战败仅仅过去不足十年，研究者的关注点也因此更集中在日本近代发展的“挫折”之上。

于是，在山崎的氏田家经营状况研究成果发表五十年后的今天，从其制作的表一来看，研究者关于收益率“低下”或者

1 一反相当于九百九十平方米。

富农遇到“挫折”的评价，都过度聚焦于“低下”与“挫折”，主观臆断成分太强，有必要重新审视。虽然数值本身成立，仅从表格判断也十分容易流于主观。

自耕经营的展开

从氏田家经营状况的表格来看，自耕经营平稳发展的时期是 18 世纪后期。宽政四年（1792），纯收益的比重维持在较高水平，占收入的百分之五十六至六十。然而，到了 19 世纪前半期，从文化十四年（1817）到文政十二年（1829）的十多年间，文政时期的货币改铸政策导致通货膨胀，自耕地虽然维持着相同规模，纯收益比重却下跌到百分之四十五。

正如第 031 页表一所示，收益减少的原因并非年贡压力增大，而是劳动力价格和肥料支出高涨。19 世纪 30 年代，劳动力价格和肥料支出回落，纯收益再度达到百分之六十三，超过 18 世纪后期的水平。临近幕末，劳动力价格相对降低（事实上也下降了），肥料支出成为左右收益高低的决定性因素。如序章所述，进入 19 世纪后，虾夷地的阿伊努人用劳力生产的鲱鱼肥开始输入。畿内农家称之为干沙丁鱼的东西，很多实际上并不是沙丁鱼而是鲱鱼肥。

表一展现了肥料的价格变化。虽然纯收益一度减少，但从天保到安政时期，尽管劳动力价格高涨，但肥料下降幅度更大，因此纯收益再度上涨，氏田家通过密集劳动的勤奋和

从虾夷地运来的大量价格稳定的鲱鱼肥，再次迎来天保元年（1830）到嘉永三年（1850）长达二十年的繁荣期。

另一方面，根据最近的英国史研究，工业革命时期英国海军费用大幅度增加，由此便可知英国并非通常所说的低税率、小政府。对于18世纪的英国国民来说，赋税负担很重，是法国的两倍，而且国内消费税等间接税增加，对低收入阶层造成严重影响。18世纪30到90年代，国民要缴纳的税金从收入的四分之一猛增到二分之一。与一般印象不同，当时的英国其实是向人民征收重税的“军事国家”，考虑到这点，幕府领地上农家年贡比重之低便十分值得注意。

继山崎之后，鹤冈实枝子的研究厘清了大坂鲱鱼肥的变动情况。在19世纪20到60年代，虾夷地捕捞鲱鱼的产业在松前地区从一度无鱼可捕的无节制捕捞中恢复过来。加之虾夷地腹地渔业的发展，鲱鱼肥得以稳定供给。

中西聪阐述道，从19世纪30年代开始，北海道生产的鲱鱼肥凌驾于此前关东地区生产的干沙丁鱼之上，在幕末晚期成为大坂市场最主流的鱼肥。虽然之后还引入了中国东北的大豆粕，但纵观整个19世纪，日本的主流肥料依然是鲱鱼肥。

在鲱鱼肥供给稳定的四十年间，氏田家族的二次繁荣一直持续着。在第031页表格所展示的年份以外，幕末元治元年（1864）左右，收益因肥料价格高涨而减少，但在翌年恢复，可见摄津地区的富农经营绝非一蹶不振。

第二节　棉纺织业的新高度

江户后期的农村工业

如前所述，摄津的富农氏田家，在种植棉花的同时还雇了两到四个女工从事小规模的棉纺织品生产，年产在好的年份可达二百八十反以上，占总收益的百分之十。虽然不及占总收益百分之二十的棉花种植，但也是每年提高收益水平不可或缺的重要产品。

江户后期，随着棉花种植在全国范围内的推广，棉纺织业也得到相应的发展，在 19 世纪 60 到 70 年代迎来近代的发展期，规模进一步扩大。在和泉（堺周边），尾西（爱知县一宫市周边），关东的桐生、足利，棉纺织业迎来第一个具有划时代意义的发展时期。

和泉的棉纺织品产量在 19 世纪初约达一百万反，到幕末增加至两百万反。津田秀夫通过挖掘农家史料发现，在和泉，工业发展程度最高的一个村子是宇多大津村。这个村子位于堺（今堺市）南方近郊因巨大古坟群而闻名的泉北地带的海边。天保十三年（1842）村里二百七十七户村民所从事的职业，都在地方账册上有详细记载。

有十八户人家经营纺织，其中的十户专职于纺织业，不从事农业活动。该村共有八十二名纺织日工（按天计酬的通勤劳动者）和五名年季劳工（包住的劳动者）。最大的纺织家庭规模是全家六人加上日工十五人共计二十一人。村里至少有十五人是在作坊工作的手工业者。村子周围也有越来越多的农家依托批发商从事纺织或雇人纺织，将之作为农业之外的副业。在村里纺纱的人家有八十七户，其中有四十二户专门从事该职业。专门务农的仅有四十户，所以中村哲把宇多大津村称作江户后期的“棉工业城市”。

学界在20世纪60年代还发现，在靠近宇多大津村的下石津村和赤畑村，无高农民会租赁八反到一町步以上的土地，雇用年工和日工从事“富农”经营。在英国，农业近代化的中心也是租借土地、雇用农业劳动者的租地农民。这一发现与摄津的富农经营一起改变了江户后期农村的形象，给予研究者很大的冲击。虽然围绕其先进与否的争论不断扩大，但在19世纪40年代（天保时期），缴纳一定年贡和佃租之后仍能雇用劳动力的“租地富农”经营模式确实存在。

浓尾平原的棉花生产

19世纪，浓尾平原中部尾张藩领地内的尾西地区是能与泉北地区比肩的一大棉纺织品产地。四十二个村子共三百二十二户织坊鳞次栉比，拥有一千四百三十五台织机，其中大作坊有八户，每户拥有十五到二十九台织机。

根据 19 世纪 40 年代调账[1] 的记载，木曾川西岸下祖父江村的纹藏拥有内机（自己家的织机）十八台和出机（出租在外的织机）一台，共计十九台织机。同村的重左卫门拥有内机十三台、出机十二台，共计二十五台织机。生产平纹棉布时，如果是内机，平均每台织机需要配备织工一到两名，因此这些织坊每户都需要雇用二三十个“织女”，纹藏和重左卫门都算得上是大织坊。

这个时期，织机开始从卧机变为互动踏板机，生产率仅因此便提高两三倍。18 世纪初发展起来的京都西阵中受中国影响的高端绢织互动踏板机技术，开始被运用到棉纺织机之上。进入 19 世纪，尾西地区开始使用互动踏板机，互动踏板机也逐渐在畿内或关东先进的棉纺织生产地普及。

纺织作业就是把挂在织机上的经纱往里拉拽，使用梭子左右穿插纬线，然后再整理拉到面前的纬线。此前使用卧机工作时，是把手边的经线像腰带一样缠在织女腰上，通过拉拽双脚上拴着的细线，让经线上下开合，然后使用梭子穿插纬线。因为受制于脚的活动范围，卧机只能平织。而且拉扯经线需要依靠织女腰部的力量，效率很低。但现在像大岛绵绸等高级织品依然是用耗时耗力的卧机织成。

---

1 调账，记录诸国每年送往中央的物品内容及数量的账簿。

而互动踏板机在织女面前安装一个用于卷经线的轴棒，将织女的腰解放出来，同时，经线的开闭简化为脚踏板的操作，被解放了腰的织女便更容易上下操作复杂的经线，生产率也因此提高两三倍。掌握技术也变得更加简单，可以说尾张的结城平纹布的代表性图案“三筋立、二崩、三崩”都是引入互动踏板机之后才织出来的。而且根据谷本雅之的调查，互动踏板机的价格只相当于二反平纹棉纺织品的价格，非常便宜。

工场手工业

文化文政时期以后，江户庶民前往伊势参拜的旅行风潮十分兴盛，各地的《名所图绘》也作为旅行指南发行面世。其中，《尾张名所图绘》下篇所载的《结城平纹布织坊图》便经常出现在教科书中，为日本人所熟知。下页的插图是调查尾西纺织的学者盐泽君夫和川浦康次介绍给世人的。

为了筹集出版费用，《尾张名所图绘》下篇到明治时代才开始发行，但木版其实在19世纪三四十年代（天保时期）就已制作完成。盐泽依据经营史料证明，《结城平纹布织坊图》准确翔实地描绘了支撑着尾西平纹棉布业发展的代表性织坊的内部情形。

图中的织机便是互动踏板机。八位纺织女工操作着八台互动踏板机。纺织工作从棉纱挂浆开始，图中近处正晾晒着挂浆纱线。然后是圈纱，右侧的台子上坐着四个小孩（一个未画

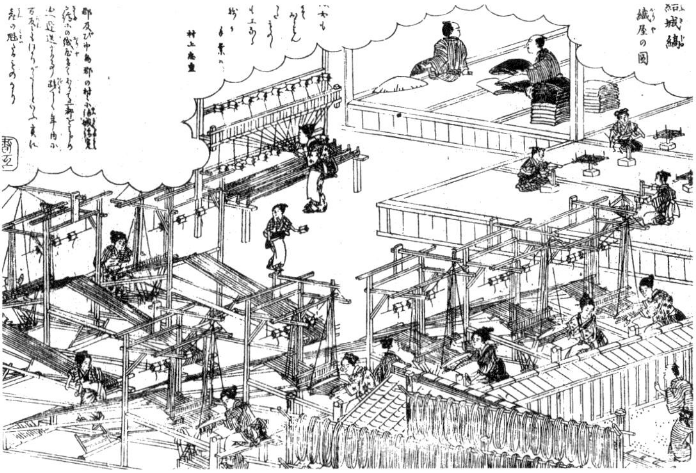

《结城平纹布织坊图》 图中有十六人在工作（出自《尾张名所图绘》，日本国立公文书馆藏）

出），正在将挂浆的纱线圈绕在线框之上。接下来是对圈线进行整经。图上中央靠上的位置便是整经机，用整经机拉伸经线是对熟练程度要求很高的作业。一人负责整经机，使用圈线进行整经，三名织女在一旁辅助。另外，还必须将纬线缠绕在梭子上，准备绞纱。纺织作业包括了从浆纱开始的上述所有工序。

该图描绘了从纺线开始分工操作的专业织坊的情景。据盐泽所说，拥有五台织机的织坊占地二十坪[1]，由此推断，图中织坊的面积大概为三十坪，应该是规模较大的家庭织坊。劳动力

1 一坪相当于三点三平方米。

共十六人，正好每台织机分配两人，其中整理经线的整经作业尤其需要熟练的织工。图中整经机前工作的是中年女性，这也是经过仔细观察后的准确描绘。图上所附和歌为：“盈盈河汉女，望尘不可及，机杼生财事，岂无巧手织。”这是对这种经营方法所生之“财”（资本）的赞歌。中村哲还指出，尾西自家经营的标准织坊，是拥有五六台织机、八九名劳动力的纺织工场。

专业织坊是否通过聚集在同一作业场来提高作业效率，这样的作业场是否属于工场手工业等问题，尚存在争论。但如上所述，按照经验（年龄）分工作业，工作效率必定会提高。而若是用卧机那样对熟练程度要求较高的织机，则难以维系。操作更加简单的互动踏板机技术，实现了分工协作的工场手工业。

按照卧机的生产能力，五天内可以织一反白布，而如果采用互动踏板机，实现分工协作，一天之内就可以织两反白布。依托于工场手工业的棉纺织创造出十倍于卧机的能力，这的确是生财（资本）的技术。另外值得一提的是，不久后迎来工业革命的 18 世纪初英国出现的踏木式织机，和日本 18 世纪出现的互动踏板机是同样的结构。

与英国棉纺织业的比较史

经济史研究者评估认为，向工业化迈进的前提条件在 18

世纪的英国已经存在。工业革命前，18 世纪上半期的英国绝非工业水平低的国家，且在很多方面已经形成统一的国内市场。而同样的情况在 19 世纪的日本也出现了，如后所述，当时日本市场的成熟程度也得到学界的高度评价。

关于英国工业革命技术史上的问题，需要关注的是“纺纱”部门的主导性问题。正是纺纱和织布生产能力的不均衡，成为工业革命爆发的契机，这在英国是“连小学生都知道的事”，也是经济史大家霍布斯鲍姆所说的工业革命的关键点。

当时的纺纱车生产效率远低于手织机。织布所需的原材料——纱线的生产效率远远不及织布，需求促成发明家的出现，纺纱机的生产能力得到飞跃式发展，这正是工业革命的导火索。1767 年，以哈格里夫斯发明珍妮纺纱机（多轴纺纱机）为开端，1769 年阿克莱特发明水力纺纱机，1779 年克隆普顿发明缪尔纺纱机。缪尔纺纱机进而与蒸汽机的发明相联结。

引发工业革命的棉纺织工业，本质上其实是纺纱工业。严苛的研究者将发明“水力纺纱机”的成功大企业家阿克莱特评价为没有创意的“无操守技师”。如近年英国经济史研究者所说，纺纱机器本身只是“拉丝、搓丝、缠卷”等复合运动的设计，是不需要科学的简单“发明”。

在 1870 年以前，英国的初等教育还没有普及，至于国家中等教育则要到 1907 年才出现。尽管如此，棉线的大量生产已经成为可能。由此，人类在生产领域向前迈进一大步。因为纺纱技术划时代的进步，生产用于机械纺织的纤细且结实的棉线也成为可能。工业革命前，英国的棉纺织技术实际上是对印度平纹细白棉布纺织技术的模仿，但由于纺织技术的革新，加上印度棉花被课以超过百分之七十的进口关税，英国与印度在棉纺织上的地位完全倒转，印度的平纹细白棉布技术成为过去式。

18 世纪中叶，迅速进入工业革命的英国发生大规模的人口爆炸。试看英格兰和威尔士的人口变化：1770 年大约六百五十万的人口到 1810 年大约增长至一点四倍，达九百万以上；到 1841 年，大约增长至二点五倍，达一千六百万人。而在 19 世纪中叶的日本完全没有出现这种现象。

中村哲说，在 19 世纪的日本，与棉纺织部门相比，纺纱部门的生产效率低下，以白棉布为例，供给一名织布工人所需的棉线需要八名用纺锤车生产的工人。这与大约半世纪前的英国可以说是情况相同。棉线价格在全国范围内飞涨，与英国一样，日本国内市场开始形成。

但是不同的是，霍布斯鲍姆指出，产业革命前的英国自 1700 年开始的五十年间，面向国内的产业的生产增长率一直止步于百分之七，但输出型产业可达百分之七十六。在产业革命准备期的 1750 到 1770 年间也是如此，面向国内产业的增长率为百分之七，输出型产业增长率可达百分之八十。

英国商船和日本数量众多的千石船（百吨级别）不同，气密性高且船体坚固，是吨数高出一个等级的远洋船。利用这种商船，英国自产业革命前迅速扩大对外出口。在背后支撑这项事业的，是依靠沉重的间接税所维持的军事国家海军和外交部。

在英国，载六十四门大炮以上的大型武装船被称作军舰。1760 年，英国海军拥有军舰三百九十七艘，到 1800 年增加到八百艘。以强大海军力量为后盾的英国，强迫第三世界殖民地和附属地区对英国的出口商品采取接近零关税的政策。虽然国内市场是重要的基础，但毫无疑问的是，对外出口才是促使英国产业向工业革命迅速飞跃的催化剂。另一方面，日本农村的棉纺织业由于 18 世纪国内市场的发展缓慢走向成熟，并在 19 世纪前半期进一步深化成熟的程度。

第三节 | 市场的进一步发展

“买米售棉”

如前所述，日本进入 19 世纪后，先进的棉纺织产地引入互动踏板机，广泛形成了八九人规模的工场手工业，棉花种植、纺纱、织布三道工序已实现分工。19 世纪前半期，本州周边的伯州（鸟取县）、周防（山口县）、知多（爱知县）等棉织品生产地甚至从其他藩国购入棉花来生产棉织品。

加贺藩（富山县）的新川棉布就是从遥远的泉州堺（大阪府）、备后福山（广岛县）、备前下津井（冈山县）购入棉花进行纺纱、织布生产的。19 世纪前期，据说有一百万反的新川棉布销入江户市场。当时，越中国[1]的人口增长率远超全国平均水平，原因就在于新川棉布支撑了加贺藩经济的增长。

18 世纪中期到幕末，大坂平原的农村普遍从其他藩国购买大米，因为年贡米制度[2]、大面积种植棉花以及纺纱织布和外出打工者的增多，导致畿内农村大米不足。不论是中农还是规模更小的农家，买米都已成家常便饭。棉织品等商品作物的生产在 18 世纪后向畿内以外地区扩展，这些地区进入 19 世纪后的发展十分引人注目。例如，在长州藩濑户内的吉敷郡小郡町（今山口市）和以宇部市为中心的周防地区等棉织品生产地带，最迟在 19 世纪三四十年代（天保时期），从事商品生产的规模在中等以下的农民也开始需要购买大米。

其中特别值得注意的是 18 和 19 世纪濑户内农村人口的增加。如下页表所示，在畿内的大坂平原地区摄河泉，18 世纪的人口或是持平或是减少，与此相对，濑户内各藩国人口在 18 世纪以后呈现增长趋势。19 世纪以后直到幕末维新时期，

---

1 越中国，日本古代的令制国之一，地域上相当于今天的富山县。

2 年贡米制度，将大米作为年贡上缴的制度。

畿内和濑户内诸藩国人口变化情况

藩国名	1721（享保六年）	1798（宽政十年）	1834（天保五年）	1872（明治五年）
河内	243,820（100）	218,102（89.5）	224,822（92.2）	237,678（97.5）
和泉	218,405（100）	199,083（91.2）	207,211（94.9）	209,174（95.8）
摄津 A	809,242（100）	806,578（99.7）	796,439（98.4）	729,443（90.1）
摄津 B	426,771（100）	422,963（99.1）	432,169（101.3）	469,457（110.0）
备后	321,008（100）	315,363（98.2）	360,659（112.4）	456,461（142.2）
安艺	361,431（100）	491,278（135.9）	578,516（160.1）	667,717（184.7）
周防	262,927（100）	357,507（136.0）	436,198（165.9）	497,034（189.0）

（括号内的数字为以 1721 年数值为 100 得出的指数。摄津 B 为除去大坂人口的数据。出自本城正德《幕藩制社会的展开与稻谷市场》中参照关山直太郎《近世日本的人口构造》数据制成的表 1–14）

濑户内人口的增加倾向更加明显。到明治初期，增幅从一点四倍增长到一点九倍，由于濑户内城下町人口减少，因此濑户内人口的大幅增长，也就意味着农村人口的增长，尤其值得关注的是明治维新中发挥重要作用的长州藩（周防），以及艺州藩（安艺）的濑户内农村地区人口出现大幅增长。

据本城正德推断，19 世纪初（文化文政时期）输入大坂的大米为两百五十万石（三十七点五万吨）至三百万石（四十五万吨），这是因为畿内中农以下农民的自家用米都是购买得来。

直至最近，近代经济史领域一直有定论称，“即便是高度发达的畿内的农民，也并没有达到买米售棉的商品生产者水平”，也即认为江户日本 19 世纪的社会分工发展程度仅限于此。但本城经过对近世后期粮食市场的详细调查，推翻了这种定论。

近年研究发现，在19世纪前后，其他藩国大米以堺、贝冢等地方城市的商人为中转，大量流入畿内的农村，而未经由批发商控制的大坂。而且，流入畿内的一部分米还“流回”濑户内等地因商品生产而需要大米的农村。集中在畿内的大米价格下跌，于是“买米售棉”的农民进一步增多。由此，米的流入与商品生产发展形成的经济循环开始缓慢运转。

19世纪，濑户内地区“买米售棉”的农民增加，买米的农民分布广泛，阶层扩大。到了19世纪30年代，大坂以外的贝冢、堺等地周边的摄河泉港口也不断发展。由此，不仅是濑户内农村的大米，九州、山阴、北陆、东北产的大米也开始直接卖到下关（山口县）、鞆（广岛县）、兵库等地，当时这些驶往大坂的商船被称为“国卖”或“道卖”。

如此一来，流入大坂的米量在文化文政时期为两百五十万到三百万石，但在19世纪三四十年代（天保时期）锐减到一百二十万石（十八万吨）到一百三十万石（十九点五万吨）。大坂的人口在天保元年（1830）左右时一度达到三十八万多，但此后持续减少，未能回到巅峰期。市场结构也发生变化，原本以中央市场为巨大核心的市场结构，开始转变为以地方市场为无数分散核心的模式。这与研究者以前的推断不同，19世纪日本经济的成熟程度其实得到了进一步深化。

“行商商人”的出现

18 世纪，下野国盛行女工“加夜班”（家庭手工业）纺织真冈漂白棉，但进入 19 世纪以后，武州（今埼玉县南部）开始盛行纺织平纹棉布，取代漂白棉勇夺“关东棉布”的宝座。武州平纹棉布用的不是此前的卧机，而是互动踏板机，织女也是受雇的专业织工，而非散工。关于武州新兴平纹棉布的生产、销售等来龙去脉，可参照林玲子的研究。

在武州平纹棉布出现之前的漂白棉，一般由江户的棉布批发商转给染坊，再经由中间商和零售商，到达消费者手中，几乎没有产地直销或者不经批发商之手的情况。但先染后织的平纹棉布，都是由织坊直接卖给消费者，并且即买即用。江户周边出产的平纹棉布，也不是卖给江户的棉布批发商，而是应小宗订单的需求，直接送往零售商处或者周边农村。当时从畿内、东海地区经海上运来的棉布被称为“下行棉布”，与之相对，关东棉布则被称为“本地流转棉布”，在幕末维新时期产量大幅提升。“本地流转棉布”的代表是武州的青岛棉布，用于制作围裙、细筒裤等平民衣物。

纺织这种先染后织的平纹或飞白花纹布时，需要熟练的技巧。平民便装爱用的平纹棉布和飞白花纹布正是代表江户的服装，颜色是素雅的靛蓝色、红色、紫色、茜红色，使用的不是西方那些过于艳丽的茜素红等化学染料，而是用天然的蓼蓝、红花、紫草根、茜草等染就的柔和色彩，特别是蓝色，越洗练成色越好。

19 世纪的市场变化催生了一批商人，其中的代表之一就是林玲子在研究中所提及的近江商人丁吟。丁吟本是近江国爱知郡小田刈村（彦根藩领）的小林吟右卫门，18 世纪末，他从八两资产的店铺开始经商，“东下”东国行商，定期拜访老客户，经营平纹棉布等大众商品，到 19 世纪前半期开办名为丁字屋的江户店。

19 世纪 30 年代，是江户批发商和市内中小批发商、零售商激烈竞争的时代。丁吟没有加入江户批发商，而是经营江户批发商不经营的武州青梅平纹棉布等大众商品，避开主要是江户批发商销售对象的城下町和主要街道沿线的城镇，走进两侧的城镇，面向靠近农村和渔村的在町零售商，还前往奥州或北陆开展商业活动。这种商人被称为“在乡商人”或“在方商人”，他们不像以往那样与江户批发商交易，而是积极前往远处的市场售卖大众商品，是 19 世纪在日本出现的新型商人。

地区间市场

近江商人丁吟正是发展成了这类新型商人。同样的变化也发生在 18 到 19 世纪人口大幅增长的濑户内地区。

在周防（山口县）濑户内地区，当地通过引入各地的棉花生产棉织品（白棉布），这种方式被称为“换棉”，以家庭副业的形式完成从纺纱到织布的工作。周防棉布由山口的棉布批发商通过濑户内地区的中间商集中收购，然后卖给大坂的棉布批发商人。这种做法在18世纪70年代处于鼎盛时期，销量达一百五六十万反，但是此后，大坂批发商所经销的周防棉布逐渐减少，19世纪初已经不足七十万反。

根据山口棉布批发商的证言（《御两国棉布运往大坂数量概略统计》），周防棉布的生产以及面向大坂的销售实际上并没有减少，只是通过山口棉布批发商销往大坂的数量减少，出现了新的销路。山口批发商的新销路是在“边缘港口”卸货，通过“黑批发商”运到大坂。这种走新销路的棉花被称为“黑物”。此时的大坂，有二十多家批发商与两百多家七组棉店行会（中间商）竞争其他藩国棉花的“直营”，而新的销售渠道是面向堺筋组、天满组等两百多家大坂七组棉店行会以及中间商的渠道。

周防棉布新的发货人是周防濑户内的众多在乡商人“棉屋中”，“棉屋中”直接向大坂中间商，进而向九州、周防当地送出周防棉布。“棉屋中”通过便船前往大坂直接销售棉花，大坂的中间商则直接购买“棉屋中”的棉花。这就是山口批发商所说的，从“黑批发商”（棉屋中）到大坂的“边缘批发商”（七组棉店行会）的“黑物”（白棉布）交易的真实情况。关于19世纪市场的这种结构变化，经济史领域的案例研究已经硕果累累，描述这一结构变化的关键词是“直购、直销”。先前介绍的林玲子所阐明的丁吟案例、江户本地循环经济的情形即属于此类。山崎隆三所探讨的氏田家、中村哲调查的河内在乡棉花商人山胁家也属于此类。最近还有谷本雅之所研究的关东入间地区的中间商细渊家的案例，该研究包括新兴的八王子平纹棉布市场的功能，也涵盖了与丁吟交易情况的分析，详细探明了在乡商人“直购、直销”的实际情况。

市场的结构变化并非只限于棉花。津田季夫、酒井一、盐野芳夫便考察了油菜的“直销、直购”，本城正德则探讨农民新兴的大米集散市场。另外，如序章所述，中西聪也介绍了在乡商人新兴的北前船集团等开始不经大坂和江户批发商，直接进入虾夷地内地市场，原直史介绍了以江户内湾西岸为据点的铫子干沙丁鱼的“走私贸易”和“直销”的开展，新案例仍在不断被发掘出来。

19世纪前期，日本全国以大坂、江户、城下町为中心的市场结构发生变化，原本以这些大都市批发商为中心的流通结构开始与地方市场形成无数个新市场。江户、大坂、城下町的批发商也重新被吸纳进来，与中小商人形成对立关系；在周防等地，城下町商人和在乡商人也呈对立之势。当然，因为是在经济领域，所以大都市的批发商与中小商人、地方的城下町商人和在乡商人，既相互对立又相互依存。正是在这样的背景之下，19世纪的日本市场在结构变化之后继续向前发展，并没有经历“挫折”，而是已经开始形成近代的国内市场。

但是，这并不意味着国内市场的确立，而是仍处于形成期。丁吟亲自前往地方行商，周防棉布的“棉屋中”也要自己乘船从濑户内海前往大坂开展中间交易。在乡商人为追求利润，都要自身成为行商，前往远方。这种动向在全国各地如潮流般汇集，引发市场结构的变化，系统化的国内市场趋向确立。但要让这种结构变化落地生根，还必须继续积累商人打破自身地域或藩国限制而活动的经验。

七年饥渴

在市场发展的同时，饥荒问题日益严重。接下来将转而考察 19 世纪前期天保饥荒的悲惨景象。

天保饥荒与享保饥荒、天明饥荒并称为江户三大饥荒。18 世纪前期的享保饥荒是近畿以西的蝗灾等虫害导致的。18 世纪后半期的天明饥荒则是因为持续数年的气候异常以及洪水，受灾最严重的是东北地区，那里的景象尤为悲惨，仅津轻藩的死亡人数估计就达三十余万。天保饥荒也是全国范围的饥荒，东北地区也受灾严重。

天保饥荒始于天保三年（1832）的歉收，继而是翌年的大歉收——“巳年饥渴”，歉收持续了约七年，直到天保九年（1838），因而也被称为“七年饥渴”。整个东北地区的死亡人数超过十万人，全国死亡人数介于二十到三十万之间，惨状仅次于天明饥荒。

尤其在天保七年（1836），自五月下旬起天气便持续低温，冷雨、强降雨、洪水等接踵而至，农田严重歉收，全国的粮食作物减产三到七成，这场被称作“巳年饥渴”的悲剧令人久久难以忘怀。下章还将详细介绍，当时米价居高不下，甲州发生郡内暴动，三河加茂郡爆发加茂起义，在山沟的买米处也发生了针对粮商和村吏的捣毁和大起义。大坂内也有人饿死，导致天保八年发生大盐平八郎起义。菊池勇夫指出，灾荒翌年的死亡人数超过灾荒当年，是因为身体虚弱而感染瘟疫的人数增加。而天保饥荒的死亡人数之所以少于天明饥荒，则是因为吸取天明年间的经验，改进了备荒政策。

江户时代后期，所有藩都向大坂商人大量借钱，因此为了还钱和支付利息不得不向大坂运送大米。这种忽视藩内粮食需求、强行将大米输出的行为，引发了像天明、天保饥荒这样的大灾难。

如此一来，在19世纪初，大坂的大米输入量已到最大限度，到达二百五十万石（三十七万五千吨）到三百万石（四十万吨）的峰值。畿内的米价之所以便宜，很大程度上缘于上述大米大量转运大坂的社会现状。进入19世纪，因为大坂米价下降，各藩的债务进一步加重，向大坂运送的粮食又随之增多。

大米如此廉价，大多是人为原因所致。人为控制下的低米价有利于18世纪的畿内和19世纪的濑户内形成“买米售棉”模式，带来繁荣景象。

从19世纪30到40年代（天保时期），大坂的大米输入量减少到一百二十万石（十八万吨）到一百三十万石（十九万五千吨），但这并不是因为东北和北陆等地区停止输出大米。如前所述，虽然大坂输入的大米减少，但经过大坂周边城市流入畿内的大米或者在濑户内地区“道卖”和“国卖”的大米流入急剧增加，支撑了当地“买米售棉”的商品生产。另一方面，年贡米制度也使得从事商品生产的畿内和濑户内农民不得不买米缴纳年贡，本城正德即指出，正是这一制度强化了畿内和濑户内农村对大米的需求。

菊池勇夫指出，从饥荒来临的八月中旬开始，津轻藩每天都有三四百人穿过关卡到达秋田藩领地，在这些饥民看来，与其留下来饿死，不如选择逃亡。西津轻郡森田村下相野（今津轻市）的盛家文书《年中日记》中便有携儿带女、举家“逃荒”等凄惨绝伦之事的多处记录。他们逃往或南或北，穿过奥羽山脉往西或往东，藩境和关卡都无法阻挡这群因饥饿流浪的人。有人渡过津轻海峡前往松前，也有人奔赴江户。江户设有针对“逃荒”之人的“救助小屋”，由浅草弹左卫门所支配的非人[1]组织负责追捕收容。流民或被遣返回乡，或处以“非人手下”，后者是将其降为非人的一种刑罚。

天保饥荒时偷渡至松前的情况十分值得关注。根据《松前天保凶荒录》所述，南部藩、津轻藩、秋田藩等地的饥民认为，只要去盛产鲱鱼的松前藩就能避免饿死，于是乞求搭便船的人数众多，还有人为了追逐帆影而溺海身亡。因此，以天保饥荒为契机，松前和虾夷地区对东北劳动力的吸引力得以增强。

江户经济体制的基础

废藩置县后的明治前十年，各县的粮食输出、输入情况如下页表所示。

东北和北陆地区除石川县，九州除长崎县，都是粮食输出地。而在濑户内和畿内，除冈山县和爱媛县外都是粮食输入地。该表清楚展示了全国粮食输入和输出的地域分工。

实际上，如本城正德指出，19 世纪前期到幕末的粮食输入输出的地域分工盛况，还要远超表中所列明治十至二十年的情形。本城还举出实例说明堺这一地区从幕末到明治的粮食集散量变化，其数据令人吃惊。

与幕末相比，堺在明治维新后的明治五年（1872，前一

1 非人，在日本社会阶层划分中处于底层的贱民，一般只能从事处刑、卖艺、乞讨等职业。

年施行废藩置县）以后，粮食交易规模反而在缩小。假设19世纪30和40年代的交易量为一百，那1872年便降到八十三点三，1878年以后降到七十五到七十七。堺地粮食交易所相关人员也清楚地了解交易规模缩小的事实，本城针对缩小的理由解释道："农民原本是将自种的大米用以缴纳年贡，再买入其他藩国大米以弥补粮食不足，但维新后转而食用自种大米，而且将剩余的用以销售，不再购买其他藩国的大米。"

明治前十年各县粮食输出/入情况

		年份	输出/入量（单位：石）
东北	青森县	1877	90,498
	秋田县	1877	136,165
	山形县	1878	118,683
北陆	新潟县	1877	282,783
	富山县	1878	323,500
	石川县	1880	△ 37,599
	福井县	1878	32,428
九州	福冈县	1879	100,609
	长崎县	1879	△ 47,449
	熊本县	1882	22,319
	佐贺县	1884	163,559
	大分县	1882	64,596
	宫崎县	1884	23,398
中国	山口县	1878	△ 2,033
	广岛县	1878	△ 174,800
近畿	冈山县	1878	5,988
	兵库县	1880	△ 2,219,345
四国	德岛县	1878	△ 153,617
	爱媛县	1878	6,402

（参照本城正德《幕藩制社会的展开与稻谷市场》表9–1制成。△表示输入，无△则表示输出）

总之，以大米缴纳年贡再购买其他藩国大米的农民，在废藩置县之后由于年贡米制度被废除，转而用货币缴纳租税，因此不再购买其他藩国的大米，粮食需求也随之减少。实际上，幕末的粮食地域分工程度与明治十年（1877）相比并没有太大不同，但幕藩原本依靠年贡米的体制，其实带来了大米的高度商品化。

19世纪前半期的市场史研究还有许多地方有待开拓。此前较主流的说法认为，日本是在粮食市场尚未成熟的欠发达背景之下迎来明治维新，最近这种观点也在发生变化。

在本章的最后，笔者还想强调一点，19 世纪畿内和濑户内商品生产的发展还有一个不可忽视的原因，那就是虾夷地的存在。19 世纪畿内和濑户内农业的发展，得益于投入肥料和时间的集约化生产方式，其中尤其重要的因素是，原本用青草和灌木作肥料的绿肥农业转变为使用干沙丁鱼和鲱鱼肥的金肥农业。

就金肥农业使用的肥料来看，沙丁鱼加工而成的干沙丁鱼由于 18 世纪后半期本州沿岸的过度捕捞而价格暴涨。因此，在 19 世纪前半期的畿内和濑户内，肥料的很大一部分已经变成廉价且供应稳定的虾夷地鲱鱼肥，这一点在序章中已有论述。以摄津富农为例，对集约型经营的农民而言，肥料花费所占比重很大。而虾夷地鲱鱼得以大量捕捞和加工，则得益于阿伊努民族和外来务工的和人的劳动。

东北的饥荒导致许多贫穷的和人渡海前往虾夷地捕捞鲱鱼谋生。东北的饥荒由于当地忽视本地粮食需求而将大米输入畿内、濑户内而更加严重。和人务工者从事鲱鱼捕捞工作，鲱鱼肥被运往畿内、濑户内、北陆，江户经济系统的循环得以在大范围内实现运转。畿内和濑户内棉业等经济发展也依靠虾夷地的鲱鱼肥与东北大米构成的循环圈。东北和虾夷地也是棉业的市场，拥有诸多批发棉布和旧衣物的批发店。无论是从虾夷地运来鲱鱼肥，还是无视当地的大米短缺、从东北运输大量大米到畿内和濑户内，都是高度人为的经济系统运作的结果。

英国产业革命背后，有第三世界作为原棉原料地和棉布市场。根据英国最近的经济史研究，英国资本主义其实是“通过与欠发达世界之间的商业而发展起来的”。19世纪日本的畿内和濑户内棉业的发展，很大程度上也依赖虾夷地的鲱鱼肥和东北大米的“强行输出”，以及作为源头的年贡米制度对大米需求的支撑。

在这个意义上，无条件赞美经济社会的到来，无视饥荒等社会问题以及对虾夷地阿伊努民族的压迫，其实只看到历史的一个侧面。进而言之，江户经济体制的发展也使幕藩体制发生变革，不久便将东北从“强行输出”中解放出来，但又在近代形成另一种“歧视东北”的结构。遭受明治政府激烈的“同化政策”冲击的阿伊努民族的历史也同样如此。

第二章

民众运动的高涨

第一节 | 作为合法运动的“国诉”

一千零七村集体诉讼

19世纪前半期，生产力获得发展的畿内许多村庄发生了声势浩大的民众运动，五十名“总代”（村吏）作为摄津国和河内国两国共计一千零七个村庄的代表，打破郡和国的界限，聚集在一起向大坂町奉行所[1]控诉，时值文政六年（1823）。这场一千零七个村庄发起的诉讼是19世纪前半期民众运动“成熟”的象征性表现。

百姓控诉的内容是要求自由销售自己生产的棉花（“农民随意买卖扩权”），这场诉讼被称为“文政六年一千零七村国诉”。

18世纪，大坂平原及其周边地区并不是没有发生过村庄集体前往奉行所控诉的事件。天明八年（1788），摄津和河内八百三十六个村庄便控诉大坂肥料商，掀起了要求自由购买（直购）肥料的国诉。这是一起农民要求廉价购买优质肥料的诉讼，但是该国诉并非八百多个村子集会之后一起请愿，而是

1 奉行，本意为奉上级命令行事，后成为武家的官职名，分管政务，主要分为寺社奉行（管理佛寺与神社事务）、勘定奉行（负责幕府财政、征收年贡、诉讼处理）、町奉行（掌管领地内都市的行政、司法、治安）。奉行所则为奉行任职之处。

约两百个村庄先后请愿，最后请愿范围涵盖八百多个村。

因此，文政六年的国诉具有的划时代意义就在于一千零七个村庄在大坂“寄合”（集会），按照诉讼手续，集体向大坂町奉行所控诉，借用现代语言来说便是“集体诉讼”——广泛地域团结协作的“集体诉讼”。

被控诉的是“大坂三所棉花批发商”。

“大坂三所棉花批发商”接受在乡商人等的委托，向各地销售畿内或中国地区生产的籽棉（带籽棉花）和皮棉（去籽棉花），是接受委托、进行销售的“收货批发商”，相对于“采购批发商”而言属于旧式批发商。之所以叫“三所”，是因为籽棉市场是从蔬菜市场、河鱼市场、籽棉市场这“三所”独立出来的。三所棉花批发商在18世纪后期得到官方承认。

当时，大坂除了三所棉花批发商外，还有可自由加入、成员众多的“大坂三乡棉商行会”，三乡是北、南、天满——“大坂三乡”。三乡棉商行会是从农民手中买入棉花，或者再加工成皮棉卖出的中间商人，因为是做中间买卖，所以也会将收购的棉花委托给三所棉花批发商销售。总体而言，农民在村里生产的棉花在销售去向上并没有受到限制。

但是大坂三所棉花批发商认为以下商业行为妨碍自己的经营，因此加以取缔：第一，大坂三乡棉商行会越过三所棉花批发商向其他地区销售棉花；第二，堺等邻近地区的商人进入三乡，越过三所棉花批发商，通过“旁门左道”向其他地区装运棉花。

从18世纪后半期到19世纪，为了处理流通量激增的棉花，以堺为首的全国各地出现许多不设行会的批发商和中间商。大坂三乡附近商人进入大坂，不经大坂三所棉花批发商，从堺等“旁门左道”向外运出棉花的行为，是绕过大坂批发商所开辟的一种“直购直销”，如前章所述，在19世纪商品生产不断发展的背景下，这种商业活动将在市场逐渐成熟的历史轨迹上占据重要位置。

关于诉讼裁决的经过，实际情况尚有不明确之处，但可以肯定的是，裁决结果最终认可农民和在乡商人“可以自由直销、直接装船”。据详细调查过畿内物价史的山崎隆三所说，文政六年的国诉不久之后，乡村棉花价格的上涨也被认可，国诉的畿内农民取得了切实成果。

在摄津和河内，幕府领、大名领、旗本[1]领如“棋盘”般交错，所属关系错综复杂，但为对抗大坂批发商的市场控制，摄津河内两国一千零七个村庄呼吁“无论艰难险阻，所有村子一同应对”“大家都是农民，团结起来”，最终打破复杂的领主关系界限，形成声势浩大的集会。

---

1 旗本，原指在战场上守护军旗的武士，在江户时代指直属将军，俸禄在一万石以下，有资格直接觐见将军的家臣。

国诉的结构

昭和二十九年（1954），津田秀夫发表论文《国诉发现》，认为一千零七村国诉超越国境组成“大统一战线”，这种高度的组织性具有划时代意义。继承了津田研究成果的薮田贯试图阐释国诉运动的结构，引入着眼于运动内部结构的社会史视角，对民众运动史研究产生重要影响。以下将根据津田和薮田的成果介绍国诉的结构。

组织大坂平原村方大集结的主人公，是在纵横交错的幕府领、大名领、旗本领等不同领主支配下的村吏——“总代”。运动的中坚力量是村里的庄屋[1]，形成国诉的基础则是打破复杂的领主关系界限，将全郡庄屋集合起来的“郡中寄合”（全郡集会）。

首先，庄屋要选出他们的代表，即“郡中总代”。被选出来的总代在大坂集会，召开“郡中总代”和“总代庄屋”的寄合。但是，并非所有郡的庄屋都能协同一心，打破错综复杂的领主关系，选举出总代。也有地方是幕府领和大名领的各村各自召开寄合，在同一领主支配的地区之内选举总代，即“总代庄屋”。总之，人们根据当地情况灵活应对，通过这两种方式选举产生的总代最后聚集到大坂寄合。

1 庄屋，即一村之长，在郡代或代官手下负责村内政务。

文政六年（1823）四月，在大坂上本町的乡宿滨屋武藏方（今大阪市中央区法圆坂），郡中总代和总代庄屋约五十人召开“摄河两国御料私领”（摄津、河内两国的幕府领和大名领）的“大会”，要求废除三所棉花批发商的垄断。

所谓乡宿，就是村吏、农民因公去奉行所出差时投宿的地方，那里的负责人的职责之一便是指导或代写请愿等文书、向奉行所通报。19世纪前半期，大坂公用文书的代写费大约是八分银，对于农民而言也没有压力（以当时的大坂米价计算约合一点四公斤大米）。乡宿便通过这类公共业务，依靠村方支付的工资和住宿费用维系运营。

在江户时代后期，类似乡宿的机构也在日本全国的奉行所、阵屋（兵营）、城下町开业，这样的生意在江户被称为“公事宿”。当时，村吏进出奉行所、城下町十分频繁，农民诉讼次数之多也是经常避免官司的现代日本人所无法想象的。当时还出现了被称为“公事师”的诉讼代理人，虽然并未得到幕府或藩国的官方认可。这一职业到近代则从代理人演变为律师——这便是日本律师的起源，十分契合律师尊重自立与自治的特质。

为表现农民请愿之频繁，熊谷光子公布了河内国古市郡和石川郡拥有十多个村子、三千石领地的旗本石川家（分家）代官[1]的记录《愿诉讼留》。根据记录，在嘉永三年（1850）十一

---

1 代官，代替君主或领主掌管当地事务的官员，可根据职权范围分为城代、郡代等。

月十三日开始到十二月末大约一个半月内，十个村庄的农民向代官提出一百四十六件诉讼请求，其中向大坂奉行所提出的公诉有十一件。这仅是一个半月的数字，可见农民平均每天向代官提出超过三件的诉讼请求。

可见，百姓“诉讼的力量”巨大无比，我们对江户后期农民形成的被动、静态的印象，与现实情况其实差别很大。

委托书

话题回到文政六年（1823）的国诉。为了实现多达一千零七个村庄的大集会，总代首先提出运动战略。但是大坂平原农村的经济基础不平均，种植棉花的东部和南部地区、种植油菜的北部和西部以及山谷各村都参加了大会，也就是说，对棉花价格不甚关心的村庄也在其中。因此棉花问题对于参与的各村而言利害参半。

因此，大会也在筹备与种植油菜的农民和山谷农民利益攸关的请愿，废除大坂油店对油菜的垄断、要求自由买卖、下调菜籽油等生活必需的油类的价格等也被纳入请愿内容。通过增加请愿项目，大会也得以维系千村以上各村的团结。这是当选为总代的庄屋为保住自己身为地方“多数派”地位而采取的巧妙且实用的战略，可称之为国诉总代的“政治”。

棉花诉讼在七月胜诉。三所棉花批发商的垄断被废除，用农民的话来说就是可以“放手做正当买卖”了，“事实正当的行市”形成。此后是油菜和油的相关诉讼。翌年，虽然大会进而涵盖和泉国，扩充到三国共一千三百零七个村庄，但是诉讼未被应允。参与此次集会的村庄占三国村庄总数的百分之七十七，是历史上最多村庄参与的一次国诉。

一千零七村国诉的基础是大坂平原以庄屋为核心的村吏，在这之上，还有各村庄屋的“郡寄合”以及“大坂乡宿寄合”这两架“梯子”作为中介。这种国诉结构，产生自18世纪以来畿内各村诉讼运动的经验，或许是总代庄屋从先前所介绍的天明八年（1788）零星发生的国诉运动中学到的。在那些运动三十六年后的文政六年，国诉的技巧发展为大规模的诉讼运动战略，能够横跨两国、集结一千零七个村庄，甚至横跨三国、集结一千三百零七个村庄。

经验进一步产生智慧。一千三百零七村国诉三十年后的安政元年（1854），民众又一次发起与棉花、油菜、肥料相关的三项诉讼，联合摄津和河内共一千零八十六个村庄，郡中选出总代一起开会，总代中又选出四十五名总代负责诉讼运动。用薮田巧妙的表达来说，便是总代这一代表制之上又架设了一架“代表制的梯子”，共三部梯子。

十年后的元治元年（1864）围绕油菜问题的国诉中，摄津、河内两国实现了最大规模的村落联合，共计一千二百六十二个村子参加，此时也选出“总代的总代”开展诉讼运动。在此次国诉中，总代从三月到六月共三个月都在外忙碌，合计天数一千一百零六天，这一数字也十分惊人。

被选出的总代手中有各村交上的“委托书”，其上记有“将一切委托总代，不管过程如何，绝不违背”（文政六年古市郡的委托书）。各村委托庄屋作为总代，用委托书保证不管发生任何问题，村方与总代共同承担责任。

总代在大坂奉行所也表示，“我等被选为总代，须询问各村意见之后再作答复”，如有必要也会在判决途中回村询问意见，可见总代确实是地方社会的代表。

诉讼需要的经费

“委托书”还规定总代活动所需的经费，要求“除此之外不能随便支出”（嘉永七年古市郡的委托书），严格限制诉讼经费的使用。安永六年（1777）国诉的委托书便规定，总代前往大坂出差的费用为一天十匁，若有总代垫付的情况，事后须精准计算利息后返还。

明和七年（1770）左右，在河内国的村方暴动中，总百姓[1]曾提议将庄屋等村吏的大坂出差费缩减至“一天七匁”，委托书中规定的十匁想必是根据市价调整的。顺带一提，当时普

1 总百姓，村落中负担年贡等课税的全体百姓。

通农民的大坂出差费用被要求降至四匁。

安永六年（1777），在大坂，一石（一百五十公斤）大米的价格是五十四点三匁银。虽然经济体制不同，但作为参考还是可以换算成现在的米价（十公斤三千日元）。如此一来，总代每天十匁的出差补助相当于二十七点六公斤大米，约合现在的八千三百日元。看上去不高，但当时大坂近郊的务农短工一天的工资不到一匁银，即使进入19世纪也是一匁左右，相当于现在的八百日元。一石米是一个成人一年的粮食，在18世纪后半期价值银五十五匁到八十五匁，是日工六十到九十天的工钱。相对来看，一天十匁或七匁的庄屋公务出差补助已经相当高了。

文政六年一千零七村国诉之时，出差费一天为六点五匁。米价在19世纪初稍有上涨，因此所需经费也有相当大的缩减。薮田的介绍称，也是因为总代出差变得频繁，导致郡中经费增长。即便如此，以全社会的标准来看，总代的补助还是相当高的。只是，国诉总代的补贴并没有超出通常村吏出差补助水平的特权待遇。

河内国古市郡驹谷村文政六年大国诉运动中，村庄负担的费用为三十匁七分，只是同年“村方经费”的百分之三点九。而在元治元年（1864）的国诉中，总代去大坂出差的天数惊人，所需经费也达到银七十三贯，但分摊之后各村负担的数额便少了。当时物价飞涨，与前面一样按照时价换算成大米的话，银七十三贯相当于大米三百二十六石（四十八点九吨，约一千四百六十七万日元），是一个巨额数字。

总代代表制是因为“穷困的农民大批出来，各种杂费花销巨大，迟无进展，方才选出郡中总代”（庆应元年［1865］的兔原郡委托书）。超过千村的运动，“大批出来”的集体强行上告花费较高，而且难有进展，基于这种判断，百姓才采取郡中总代制这一超越领主关系的代表制。

经费被准确地计算、记录在《村方经费账》《杂费分期付款账》《请愿诸杂费分摊账》等各村账目之上。由此可见，运动极其现实且务实。这一体制是经长年的运动积淀而成。千村规模的村落联合保守估算至少也有数十万农民的基础。国诉费用的分摊方式有根据土地多寡按比例分摊的“高割”，和每家平均交纳的“家割”，总花销通过“割方账”等由数十万人以上的所有农民分担。

总代“无论到哪里请愿，都要贯彻彼此的意愿”，为了让运动取得成功，百姓采用了“请愿总代”这种合法的斗争形式。

国诉的重要特征便是坚持合法地开展诉讼运动，事实上是实际且务实的。正因如此，才能够组织起数十万的农民，而且次数不止一次。这证明地方社会上已经出现可以集结庞大“多数派”的具有自律性的“组织力”，即“政治力”。但孕育出这种“政治力”的总代并不具有超越村吏的特权，只是从聚集到郡里的庄屋之中“民主”推选出来的代表。

利害的分裂

如前所述，总代是从整个郡中选举出来的，打破了幕府领地、大名领地、旗本领地等错综复杂的领主统治疆界。而之所以能够在郡中选任总代，是因为在国诉期间之外，郡中超越领主关系而实现的地域联合也并未中断。平时的郡中寄合会讨论决定地方社会的规约，即“郡中议定”，下页表便是薮田调查而得的河内国古市郡宽政十二年（1800）前后郡中寄合和郡中议定的情况。

可以看到，从安永二年（1773）到天保六年（1835）约六十年间举行了十四次郡中寄合。在表中的协议事项之中，序号带圈的八次为国诉，剩余六次讨论的是奉公人[1]、日工的雇用制度（工资问题）等。如后所述，郡中议定每次都会商定各种各样的问题，该表虽然只记录了每次议定的一个项目，但也能依此了解大体的倾向。

1（1773 年），3（1778 年），6（1788 年），7（1794 年），8（1798 年），10、11（1823 年），14（1835 年）是围绕棉花、油菜、肥料进行的国诉，总计八次。5（1786 年）、12（1824 年）、13（1833 年）是各村商定奉公人工资问题。当时奉公人工资上涨，于是郡中议定讨论限制工资。由此，这十几次议定的内容

1 奉公人，住在主人家中的用人。

古市郡的议定与寄合

	时间	内容
①	安永二年（1773）四月	反对在乡棉店行会
2	安永四年（1775）十一月	提出禁止挖取沙土承诺书
③	安永七年（1778）八月	申请建立棉花买卖会所
4	天明二年（1782）十二月	达成郡中协议（节俭）
5	天明六年（1786）六月	讨论用人、日工工资协定
⑥	天明八年（1788）二月	讨论肥料价格上涨问题
⑦	宽政六年（1794）四月	要求降低肥料价格
⑧	宽政十年（1798）四月	要求扩大油菜销路及允许小贩经营
9	文政二年（1819）十一月	制定降价规约
⑩	文政六年（1823）五月	要求取缔三所皮棉批发商
⑪	文政六年（1823）九月	进行关于油价高涨的请愿
12	文政七年（1824）九月	制定用人规约
13	天保四年（1833）六月	制定郡中议定书（关于出入、用人、盲人等）
⑭	天保六年（1835）	要求肥料降价

（带圈数字表示国诉。参照薮田贯《国诉与百姓一揆的研究》前篇第四章表一制成）

主要有三点，一是棉花和油菜的自由销售，二是肥料价格的控制，三是奉公人工资的控制。但为什么是这三个问题呢？

如前章所见，这三个问题正是决定富农经营盛衰最迫切的问题。前面介绍过的摄津富农氏田家也是地方上的庄屋门第，担任村吏。摄津、河内的村吏想必也致力于开展请愿运动。

宽政元年（1789），河内国交野郡三十八个村庄在郡中议定中确定了规制奉公人的规章制度，这套规章非常“强硬”，规定郡内村落可将多余的奉公人输出到奉公人不足的村落，严禁向他国他郡输出，如有违反，甚至可以下令强行召回。对村吏或富农来说最重要的棉花和油菜的自由销售、肥料价格，以及奉公人工资这三点中，棉花和油菜的自由销售、肥料价格与整个村庄利害攸关，但是，奉公人工资对充当奉公人的贫农或无高百姓而言，则是利害完全相反的问题。

由于文政货币改铸以来的通货膨胀以及频仍的饥荒，地方社会内部的利益分化进一步加剧。直到19世纪20年代，米价等物价下跌和工资、肥料价格高涨所形成的“剪刀差现象”，导致使用金肥的商业性农业更加困难。

19世纪30年代以后形势骤变，农作物价格也因通货膨胀暴涨，“因为高物价，中上层农民经济形势大好”（橿原市的《吉川家文书》），中上层百姓因物价高涨带来的粮食、棉花价格上升而获利。肥料价格也因为从北海道地区大量流入的鲱鱼肥而趋于稳定。但是，物价上涨给购买粮食的贫农和从事各种职业的下层农民造成沉重打击，他们在饥荒和通货膨胀中开始破产，导致村里剩余人口增加，工人阶级的后备军开始形成。奉公人和日工的工资自18世纪后半期开始上涨，19世纪20年代达到顶峰，30年代开始下跌。

郡中议定的内容，使得在地方社会形成历史性大集结成为可能，但内部实际上存在复杂的利益一致与冲突。议定以村吏阶层的利益为中心，相应地代表全村的利益，但压抑着贫农和没有土地的农民的需求，还加剧了对被歧视民众的歧视。

郡中议定附带决定取缔座头、劝化等游走于各村之人。座头是盲人，本来每个座头组织都有负责特定区域的募捐场，劝化是以佛的名义募集捐款。在近世后期，“流浪的盲人”等游走于各村之人增多，村里以“强行乞讨”为由加以取缔。虚无僧（旅僧）和修验（在山野中修行的僧人）也一样，原本虚无僧属于普化宗，修验分为本山派和当山派，由寺社奉行统一管理。他们在各地“化缘”（接受布施），但由于包括浪人和游艺人在内的劝化增多，在近世后期，村里也想加以取缔。在江户时代，“非人”这一被歧视的阶层，被村里雇为看守，负责警卫工作。但向监管非人的长吏上缴的税钱增加，许多村子开始拒绝。近世后期，面对更加努力反抗歧视的被歧视阶层，村子的举措反而强化了对他们的差别对待。

通向近代的代议制

村吏用大约一个世纪的时间将各村的请愿运动发展完善为国诉这一巨大的组织运动，将其称为“政治”的发现也不为过。村吏、富农由此成长为政治主体。从 19 世纪前半期开始，日本社会已经清楚地从明暗两方面向近代社会发展。19 世纪的日本，隐藏着从地域的村落向近代代议制发展的巨大暗流。

举一实例加以说明。在国诉上比大坂更早成熟的大和国早在天明元年（1781），就有一千一百多个村子联合起来，就油菜和油的零售问题开展国诉。之后又在文化三年（1806）发生了要求全面废除株仲间（工商业者行会）、控制工匠工资等国诉，进入 19 世纪 40 年代后也仍在持续。研究这些事例的谷山正道指出，国诉高举地方“国益”的旗帜与幕府对峙，要求幕府“撤销”命令。

其实幕府经常顺应国诉的要求，有时是遵从国诉请愿的宗旨，有时甚至是直接将请愿文作为现成的法令发出。在政策实施之前，幕府也时常咨询村吏，根据得到的回复付诸实施。因此事实是村吏参与政策制定，幕府亦予以接受。于是，大和国村吏作为政策主体不断成长。由此可以清楚地看出近代代议制在当地的暗流涌动。

只有欧洲产生了代议制——直到最近，这都是孕育了“文明”的欧美根深蒂固的世界观。甚至在战后，像奥托·欣策这样代表欧洲的历史学家依然秉持着一种亚洲论，认为“印度、中国、日本、伊斯兰诸国没有走向代议制政体的历史”。黑格尔也认为，“代议制政体是在日耳曼尼亚的森林中产生的。”这种观点可以追溯到 18 和 19 世纪的黑格尔、孟德斯鸠，但这种根深蒂固的亚洲观只是一种偏见。

如上述，各村产生了总代主导的自治性组织，即产生了“政治”。作为政治主体的村吏也成长起来，随着江户时代日本国诉中的代表委任制度逐步走出历史的迷雾，19 世纪前半期地域社会内部的利益关系日渐错综复杂，却也因此充满活力。

第二节 农民起义的真相

竹枪、草帘旗的假象

说到江户时代的农民起义，我们脑海中会浮现出什么样的形象？或许是通过非法的直接行动制造的无政府状态，或许是宁愿自我牺牲的头领，抑或是行动非同寻常的威力和猛烈程度。

世人对农民起义的印象之一，就是高举“竹枪”“草帘旗”的武装暴动。以前有学生在校园文化节上化装成起义的农民游行，不过现在见不到了。笔者至今还有举着草帘旗的记忆，但不记得有没有拿竹枪。事实上，我们如今拥有的高举“竹枪”和“草帘旗”的农民起义形象是近代才形成的，只是起义的“假象”。

事实上，百姓起义手持“竹枪”的情况非常少，“草帘旗”也很少见到，这是薮田贯和斋藤洋一实际考察历史上对起义的记录之后得出的结论。针对起义农民“打扮”的详细研究开始于20世纪80年代中期左右。令人意外的是，对原本看似微不足道的起义农民“打扮”的研究，颠覆了众人对农民起义的传统印象和“假象”，农民起义的真相也浮出水面。

参与农民起义的人，手里拿的其实是日常农耕时使用的镰

起义的村旗 旗帜上象征性地画有镰刀。该旗是明治二年在高崎（五万石）发生的骚动中的起义旗帜（来自梅山功的收藏，复制品藏于日本国立历史民俗博物馆）

刀、铁锹、锄头、柴刀等等。薮田重新注意到，正如《秩父领饥渴一揆》所记，起义者都明确知道“不拿伤人性命的武器”。他们手持能够表明其“农民身份”的武器——农具。作为农民的那份自负与骄傲，正是起义参加者的出发点。左图是维新后不久明治二年（1869）起义的村旗，上面是一对艺术化加工后的镰刀，恰似农民共和国的象征。“不伤人命”是农民起义时自觉的克制，这是江户时代民众起义的特点。

后来，研究者保坂智指出，江户时代后期的18世纪90年代以后，起义者手拿竹枪就已经非常普遍，借此批判了薮田等人“竹枪很少”的论点。保坂的批判基于“编年百姓一揆史料集成”的编辑出版等起义文献史料的系统整理。只是，保坂虽然强调农民手拿竹枪，但也同意薮田的主张，认为不能简单把武装起义简化为拿着竹枪的形象。

根据大量农民起义史料检索的结果，江户时代历史上约三千两百次的农民起义中，用竹枪酿成“杀人”事件的只有两例，分别是文政元年（1818）大和国龙门暴动中，一名代官斩杀农民，十六名农民则将该名代官刺死，以及文政六年纪伊国小渊暴动中一名光脚踩踏赈灾米的农民被刺死。农民在起义时手持镰刀、棍棒等武器，强调“农民身份”，是从 18 世纪中叶开始的。农具之中，镰刀是江户时代后期农民起义最主要使用的武器。

天保饥荒和捣毁起义

在逐渐厘清农民起义新形象之前，以下将先介绍文政六年畿内、摄津、河内一千零七村国诉之后，19 世纪前半期农民起义的历史轨迹和特征。

从 19 世纪前半期的文化文政时期到幕末，农民起义、市民起义、村町暴动发生的次数呈现显著增长趋势。从 18 世纪开始到 19 世纪前半期起义发生次数的变化如下页图表所示，19 世纪的起义有两大高峰，前一个高峰是天保三年到九年（1832—1838）的天保饥荒年间，后一个则是庆应二年（1866）的动乱和歉收之年。

被称为“七年饥渴”的天保饥荒中最严重的歉收发生在天保四年（巳年饥渴之年），农民起义次数超过七十次，这场饥荒的最后一年天保九年，也发生了一百多次起义。在庆应二年这一动乱和歉收之年，农民起义超过百次，与 18 世纪有着显著差别。

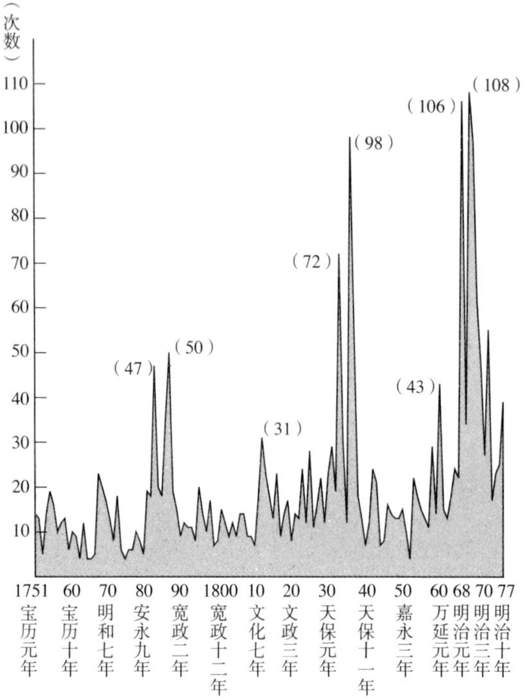

农民起义发生次数统计

（出自青木虹二《农民起义总年表》中 1751 年至 1877 年的数据）

显而易见，世界小冰期的气候异常引发的天保饥荒，以及文政货币改铸导致的通货膨胀是农民起义连续发生的导火索。另外，在 19 世纪商品生产发展、米价下降的市场经济发展背景之下，各藩开始实施国产专卖和物产政策也是农民起义发生的原因。

国产专卖等在不少情况下增强了各藩的经济活力，但与此相对，抑制经济发展的情况也屡屡发生。各藩委托藩中登记在册的商人和村吏收购领国内的产品，销往大坂等领地外的地区。因此，如19世纪初长州藩的物产专卖制遭到农民谴责一样，出现了“低价收购所有”（长州藩《御书付控》三十五）农产品的暴政，反对国产专卖制和物产政策的农民起义也令人瞩目。最大规模的案例是长州藩天保二年的农民起义，据说参加者有六万或十万人，波及长州藩全境。

农民起义从七月下旬到九月下旬，相继在各郡发生。起义者捣毁了参与长州藩专卖制的官商、村吏、收购囤积粮食的米商等七百五十家左右。许多中农及中农以下经营规模的农民、小商人、购买米谷的贫农、各种工匠也参与其中，要求藩方降低年贡，废除专卖制，实现村政民主化等。下级村吏也参加了农民起义。在农民起义的捣毁行动中，手持短刀、面部涂黑、以奇怪形象示人的贫农或工匠成为领导者。另外，这场农民大起义的特征之一是袭击被歧视部落，在江户时代的日本，只有在纪伊国小渊暴动中有同样的案例发生。这是民众运动的弱点和问题点。

长州藩撤销了专卖制，更换了所有村吏，但农民起义中发挥“带头人”作用的十三名下级村吏被处以枭首示众、终身监禁、流放远岛等最严厉的刑罚。另外，以此次农民大起义为契机，隶属于有“八组”之称的中坚家臣团、具有行政能力的有司[1]村田清风等长州藩天保改革派登上政治舞台。他的后继者是周布政之助，周布的后继者则是明治维新的核心人物木户孝允（桂小五郎）。

在长达七年的天保饥荒中受灾最严重的天保七年（1836），全国发生了九十次以上的起义和暴动，其中，甲斐国和三河国发生了大规模的捣毁起义。

郡内地方（今都留郡）的农民从事养蚕和织布业，生产丝织品，并以销售所得购买粮食，但因为米价暴涨和丝织品价格暴跌，他们陷入穷困潦倒的境地。八月下旬下和田村（今大月市）的森次左卫门（别名武七）和犬目宿（今上野原市）的兵助等人领导发动了起义。农民向米商所在的甲府盆地的国中一带进军，强行借用大米。国中地区的贫农、佃农、流浪者也加入其中，起义队伍势力大增，数日间捣毁三百家以上米店，参加者多达五百九十九个村庄的数万人，被称为“郡内暴动”。

由于起义脱离领袖掌控，愈演愈烈，次左卫门和兵助中途便回了村子。最后，次左卫门虽然得以活命，但被处以监禁，死在狱中。兵助在与次左卫门商谈之后逃到别的藩，在四国、中国等地方化装成香客过着逃亡的生活，虽然活命，但被永久通缉。兵助在作为领导者发动起义之时，为了保护妻子，签下了“离婚协议”，并在逃亡期间留下了《兵助日记》。

---

1 有司，即官吏。

另一方面，在三河国加茂郡大名领和旗本领纵横交错的地方，农民依靠棉花种植等商品生产、薪炭生产和街道上的各种活计糊口，也通过购买得到粮食，在米价飞涨过程中直接受到冲击。九月下旬，曾经作为这一带的“调解人”而远近闻名的下河内村（今丰田市）辰藏，领导发动了要求下调米价的起义。辰藏试图通过与官吏“交涉”来下调米价，却招致起义群众的不满，其家亦被捣毁。此后，起义演变为捣毁起义。根据当时的记录《鸭之骚立》，起义队伍严格规定不得偷盗，但捣毁行动十分激烈，声称“连喂猫的碗也不留下”。起义群众自称为“改造社会的众神”。在持续五天的起义之中，有一万数千人参加，二十四间屋子被捣毁。

天保七年的这两次起义，都始于借米或降价的诉求，随着起义的进行，开始捣毁周边的事物，演变成惩罚富商和村吏的起义。幕末通商口岸开放之后，一开始就高喊“改造社会”的捣毁起义再度变得频繁。天保年间因饥饿而发生的这两次大规模起义，正是民众运动发展成为以贫农、各种务工者等为核心、“改造社会起义”的幕末运动的转折点。

“兵乱”的萌发

上述两次起义都是在商品生产发展、需要购入大米的地区发生的。另一方面，在号称“天下厨房”的大坂也发生了以救助贫民为口号的起义。起义的领导者是原幕臣大盐平八郎。他本是大坂奉行所的与力[1]，在三十八岁辞官，开办阳明学私塾“洗心洞”，将低级幕臣的与力、同心以及近郊的村吏收为门下弟子。

天保饥荒导致大坂都出现饿死者，十分凄惨。大盐和门人一起制订计划，试图对豪商征讨诛伐，将金钱、大米分派给穷人。他把藏书尽数变卖，给一万名穷人每人分发一朱[2]金钱，为发动群众参加起义做准备。

天保八年（1837）二月中旬，因为起义一事泄密，起义方决定在原定计划的前一天从天满的大盐家仓促发动起义，高举“救民”大旗，拉来大炮，在天满一带放火，并向大坂中心区域的船场进发，火攻鸿池屋等豪商，把抢来的金银、大米都分给穷人，起义人数达三百余人。

这次起义与此前最大不同之处是，产生了由武士组织农民和城镇居民参加起义的“兵乱”。持续燃烧至翌日夜晚的大火灾，使得大坂近五分之一的房屋共三千三百余栋被烧毁。这就是世人皆知的高举“知行合一”（思想和实践一致）和“救民”旗帜的儒学家兼原低级幕臣发动的“大盐平八郎之乱”。

---

1 与力和下文的同心都是辅佐町奉行的职位，负责行政、司法、警备，类似于捕吏。同心隶属于与力。

2 朱，货币单位，一朱相当于一两的十六分之一。

19 世纪前半期，秽多[1]和非人等被歧视部落的身份解放运动如火如荼地展开，但领主却加深了对他们的歧视。江户时代后期，由于包括皮革业在内的加工业等多种经营和日工收入等经济发展带来的红利，被歧视部落民人口也显著增加。不少秽多村积聚起超过百姓村的力量，以个人为主体的非法"脱贱"也司空见惯。被歧视的部落民参加农民起义的现象，从 18 世纪后半期开始在和泉、大和、加贺的起义中出现，尤其在天保四年（1833）的播州起义中，被歧视部落民发挥了核心作用。另外，在丰后杵筑藩、丹波条山藩、冈山藩等，被歧视的部落民还曾通过逃散等手段，逼迫藩厅撤回要求贱民一律穿着浅黄衬领的命令。

东日本在天保十四年爆发长濑暴动（武州鼻绪暴动），五百余名部落民用竹枪等抵抗"关东取缔出役"（八州巡捕），最终四十九人死于狱中。最大的被歧视部落民起义是安政三年（1856）冈山藩的"涩染[2]暴动"。藩内下令要求贱民穿着没有花纹的涩染或蓝染衣物，面对这一强化歧视的政策，一千几百人揭竿而起，令幕府同意自己的诉求，成为部落历史上具有划时代意义的一次起义。在部落民身份解放运动蓬勃之时，长州藩天保二年的大起义和纪伊国小渊暴动却对部落民发起攻击。这是农民起义的弱点，也是问题点。

1 秽多，贱民阶层中从事"污秽工作"的人。
2 涩染，染成茶色（的衣物等）。

天保的改革和起义

大御所时代末期，天保改革之前的天保十一年（1840），出羽庄内藩发生了反对三方领地交换的起义。幕府下令将庄内藩酒井氏转封至长冈，越后长冈藩牧野氏转封至山越，武州川越藩松平氏转封至庄内。转封也称国替，是指更换大名的领地。这次转封是依次更换三个藩的领地，因此被称为三方领地交换。其中，庄内藩要求农民承担转封的花销，由此农民开始了反对三方领地交换的起义。

大庄屋和村吏聚集起来，在各处召开数万人的大规模集会（“大寄”），十几乃至数十名代表前往江户，向幕府要人和各藩主直诉（“拦轿诉讼”）。这种藩内大集会和前往江户的直诉反复发生。三藩之中不希望转封的庄内藩也撤回了向农民征收转封费用的命令。虽然后来负责天保改革的实力派老中水野忠邦反对撤销转封命令，但大御所家齐的去世让事情出现转机，三方领地交换令在翌年七月被撤销。起义队伍仅受到轻微处罚，藩和农民的要求都得到满足。这是比较少见的成功的起义，农民影响了幕府的转封政策。

起义之后，起义领导者绘制的《梦之浮桥》翔实描述了起义的情形。这幅画共描绘了约八十个场景，包括起义领导人的密谈、大集会、直诉等，是通过绘画了解“起义的章法”的重要记录，其全貌在平成十二年（2000）春天日本国立历史民俗博物馆举办的展览“地动山摇——民众的斗争三〇〇年”中首次公开。

天保改革在天保十二年（1841）开始后，第二年在近江国甲贺、野洲、栗太三郡的三百多个村庄便发生了四万人的大起义，反对幕府增收年贡。在幕府领和大名领纵横交错的近江，为增收年税而被派来丈量农田的幕府官员遭到袭击。起义的领导者是村吏，事发前，人们在庄屋大集会决定反对丈量农田、提起诉讼。农民起义越过庄屋的领导愈演愈烈，百姓袭击幕府官员住宿的三上山驿馆，撕毁丈量农田的账册，又逼迫逃跑失败的幕府官员写下“农田丈量无限延期”的字据。这次大型的农民起义被称作三上山暴动或者甲贺暴动，是农民起义迫使幕府撤回天保改革政策之一的实例。但幕府的镇压也非常严酷，领导者数十人全部死于狱中，死于大津代官所狱中的农民也多达上百人。

如前所述，19 世纪前期，农民起义次数急剧增加，反对的内容具体涉及长州藩的专卖与垄断、幕府的三方领地交换政策、增收年贡政策等领主发布的政治经济政策，并且不断取得成果。另外，地方上针对富商和村吏开展的大规模捣毁起义也频繁发生。由此，农民开始给幕府和藩内统治施加无法忽视的压力，天保改革在日本各地引起的社会变动远远超出幕府的预料。

“起义的章法”

在此介绍农民起义的具体面貌。

最近学界对农民起义的号召、农民“装束”、手持工具、纪律等的研究，使得“农民起义的形象”逐渐清晰。虽然地域之间会有若干偏差，但江户时代的农民起义形成了一种统一的风格，保坂智称其为“起义的章法”。在那时的日本，“起义的章法”作为乡村世界的社会共识不断成熟，以下将根据保坂的研究介绍江户时代后期“起义的章法”的历史。

在此前介绍的天保十一年（1840）庄内藩反对三方领地交换的农民起义中，起义者留下的《梦之浮桥》是关于“农民起义的形象”绝无仅有的珍贵绘画史料。日本国立历史民俗博物馆的图录《地动山摇——民众的斗争三〇〇年》收录了附有久留岛浩详细解说的全幅《梦之浮桥》。接下来将一边介绍久留的解说，一边审视《梦之浮桥》中生动描绘的“起义的章法”。

起义的章法形成于 18 世纪 30 年代，在进入 19 世纪前后开始发生质变。

发动起义时，起义群众签署车连判状和伞连判状[1]，隐藏起义的发起者（首领），表明所有参加者对起义承担共同责任。但在起义之后，“首领”和“策划者”被处以重罪（“枭

1 车连判状、伞连判状，农民起义时在署名状上将签名组成圆形的署名形式。

首”），是幕府或藩内的常规处理原则，一直到幕末。在文化八年（1811）出羽国新庄藩的川内村暴动中，农民知道头领被逮捕后便表示，“没有谁先提议，而是大家一起签署，因此应该一个不漏地承担上述错误（处罚）”，“没有谁先提议”意味着农民作为参加者要求承担同样的连带责任。另外，在幕末的起义中，也有起义者以头领会被枭首示众为前提，事先许诺保证其子女的赡养费，或将其表彰为义民等。农民和首领之间通过预想起义会受到严厉处罚，形成了与国诉委托书相同的代表委任与共同责任的关系。

在庄内藩反对三方领地交换的起义中，农民决定前往江户拦轿诉讼时，会写下祈祷文互相起誓。从中世到近世，发动起义时写下向神起誓的祈祷文这一形式虽然被继承下来，但18世纪后半期就不再写祈祷文，更多的是起义者从自身出发写誓约书。这表明，百姓在商量起义时，即使不向神起誓也能够集结起来。

下页图是在反对三方领地交换起义之时，百姓代表在村里的镇守堂（黑森村镇守山王堂）中决定去江户诉讼，正在写誓约书的“誓约之图”，火盆燃起，正值天保十一年十一月中旬。

18世纪的农民起义，需要在各村传阅文件，才能号召众人发动起义。到了19世纪，张札（海报）和落文（传单）成为号召起义的主流形式，而且这些张札和落文为掩盖笔迹几乎都用日文假名书写，有时还会故意写得幼稚拙劣，据说在武州

《誓约之图》（出自《梦之浮桥》，致道博物馆藏）

还留存着 19 世纪 30 年代木版印刷制作而成的张札。针对这种转变，保坂认为这说明号召从针对村落转变为针对个人，以前的号召文书上一般会写有强制村子参加的语句，比如“如果有不参加的村子，大伙一拥而入，当作仇敌就是”等等。在下页的《准备大集会告示牌之图》中，人们正在制作用于号召百姓参加大集会的告示牌，为了能放置在多个地方，还特地制作了好几块。

《准备大集会告示牌之图》（出自《梦之浮桥》，致道博物馆藏）

旗、幡、打器、响器

农民起义中，高举村旗已经是 18 世纪中期的普遍现象。百姓在村旗下集合，以村为单位参加，到 19 世纪三四十年代（天保时期），除村旗外还出现了写有口号的旗帜，由棉布或纸制成。如前所述，经常说到的“草帘旗”其实非常罕见，只在东北局部地区出现，而且即便在东北地区，占主流的也是棉旗和纸旗。

《中川通荒宅大集会之图》是描绘反对三方领地交换大集

《中川通荒宅大集会之图》（出自《梦之浮桥》，致道博物馆藏）

会的名作。起义组织有统一的旗，各乡各村也高举各自的旗或幡参加集会，细看还会发现大篝火右侧竖着一根高高的杆子，上面插着倒悬的葫芦，这是农民起义的“标志旗”。右下方放着大鼓，大篝火的左侧竖着写有“北晨”的大旗。在另一版本（酒井神社本）中，大旗左上方还画有海螺号手，只是这张图（致道博物馆本）没有画出来。

解说图录的久留岛浩根据致道博物馆的记录《合浦珠》认为，从有“标志旗”和大旗，以及大鼓和海螺号等打器和响器来看，农民起义是有组织的行动。这种组织性足以对我们已有的农民起义形象产生根本性冲击。

“标志旗”挥动意味着“大集结”，人群纷纷向中心聚集。

“北晨的大旗”一动，起义队伍便散开，即“人员放出”。海螺号吹起，队伍就向最初的地方集合。大鼓一敲，人们就发出“呀啊呀啊”的呐喊声。列队的时候，各村在各自的旗下围成一圈，每个村落的标志都非常醒目。正中央的广场被称为“催合”，是举行“大评议”（全体会议）的地方，禁止进入。各村派一两名代表到大旗处集合，农民起义的行动在这里也极具组织性，国诉中展现的组织性和代表制，在起义现场也在灵活地运作。

19世纪30年代，写有口号的旗帜开始出现。在天保四年（1833）的播磨加古川起义中，很多人背上插着“纸幡”，上面写着“为万人舍命”“天下太平，我等生命为数万人”等，直接展示出农民起义的思想水平。天保七年的甲斐国郡内暴动中，起义百姓还制作了写有大大的“森”字的旗和绘有巨大葫芦的旗。“森”指的是死于狱中的领导者森武七，葫芦则代表犬目宿的兵助这样的领导者，“活着就要被抓捕入狱”，只好伪装成香客逃亡，留下著名的“逃亡日记”。众所周知，《梦之浮桥》留下了庄内藩反对三方领地交换起义中各种大旗的记录。如下页图所示，有描绘西瓜成熟的图画，“成熟”在当地方言中有“坐着不动”之意，是劝阻藩主转封的杰作。据说在嘉永六年（1853）陆奥盛冈藩的三闭伊起义中，画有“小○[1]”的旗帜在起义队伍前头飘扬。

1“小○”在日语中读作komaru，与“令人困扰、生气”的单词同音，起义者借此表达气愤之情。

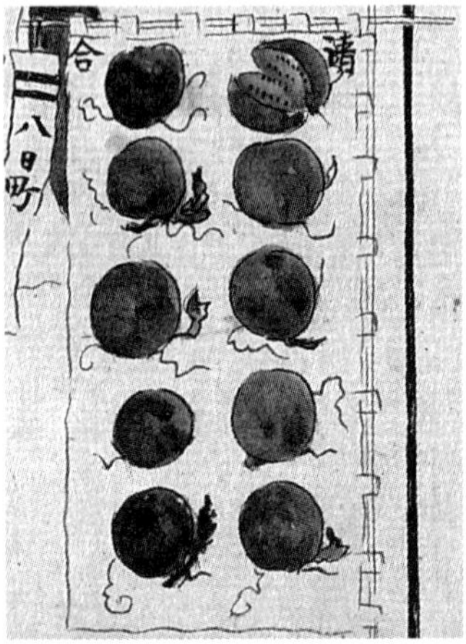

画着“西瓜熟了”的旗帜 “熟”在当地方言中念作“suwaru”，与表示阻止转封的“suwari”谐音，是表达起义农民意愿的杰作（出自《梦之浮桥》，酒井神社藏，日本国立历史民俗博物馆提供图片）

保坂认为，“起义中一旦发生捣毁，就会竖起标有这种口号的旗帜”，加古川起义和郡内暴动也正是捣毁起义。

百姓的规律

起义时穿蓑戴笠这一装束的“章法”也固定下来，先前所述《梦之浮桥》中的《中川通荒宅大集会之图》便详细展示了这一点。这种蓑笠风格形成于18世纪中期，与以镰刀为主的武器和代表村子的村旗同时成为起义的“章法”。这种“章法”并非一开始就有，而是依靠人们的聪明才智创造出来的，据说起义就算发展成捣毁暴动，人们也会遵守起义的规则。在《鸭之骚立》中就有典型的例子，在三河国加茂郡起义中，有人因偷了“一把锄头”而被上交村吏。

在反对三方领地交换的起义中，写有起义规则的“告示牌”上列有勿让耕地荒芜，勿对官员失敬，勿引起争执、骚乱，小心火烛，不要擅自行动，一切听指挥，禁止饮酒等标语。如第090页图的左上方和右下方所示，在进入起义地区的

《活埋之刑》 将行窃的百姓活埋，以警示民众（出自《梦之浮桥》，致道博物馆藏）

左右道路入口等重要地方，就竖着两块这样的告示牌。

如图所示，在反对三方领地交换起义中，起义队伍“为了以儆效尤”，还将行窃的平民游街，“用绳捆绑，只露出脑袋”，处以活埋。图画中央偏下的部分立着一块告示牌，右下方记有告示牌上的语句：凡有盗窃行为、扰民行为者，无论罪责轻重，均处以活埋。起义队伍举着手头的木棒，整齐划一地围作一圈，传达出肃穆紧张的气氛。

农民起义并不是无政府、无秩序的蜂起，而是依据“农民起义的章法”创造出农民自身有组织的地方秩序和地方世界。

第三节　民众意识的高涨和变化

拦轿诉讼的做法

正如前一节所介绍，在反对三方领地交换起义中，庄内藩农民数次择地召开七万人或五万人的大集会，并以此集会为依托，在江户不断拦轿诉讼。

拦轿诉讼是近世的一种诉讼方式，指拦下老中、奉行或藩主等的轿子，提交诉状。这时，农民会依靠江户著名的“公事宿”纪伊国屋，后者会为百姓诉讼提供帮忙。正如前面所见，畿内发起国诉时，百姓会在大坂的乡宿滨屋举行“大参会”来决定国诉事宜。同乡宿一样，为前往江户诉讼的农民提供住宿、协助他们诉讼的地方，在江户也被称为公事宿。

拦轿诉讼也有拦轿诉讼的章法。由纪伊国屋推出的《江户宿公用留》是记录公事宿功能的书籍，对拦轿诉讼的章法进行了说明。

江户的拦轿诉讼，只有在曾向各领主直接申诉而未被采纳的情况下才能进行。向老中或大目付[1]请愿时，如果没有再次

1 大目付，直属于老中，负责监督诸政务的进行，监视诸大名的行动，揭发官吏的玩忽职守。

拦轿诉讼 民众拦下从江户城前往地方的老中的轿子（出自《梦之浮桥》，致道博物馆藏）

向领主请愿则不予接受。若是向奉行请愿，因为寺社奉行、町奉行、勘定奉行每天都登城，所以农民只需要在门前等候，待其下城之时，向轿子旁边的侍从递上祈愿书，并称“有事相陈”。而向老中诉讼的时候，百姓会在申诉当天被拘留在宅邸，并在那里用餐，诉状于次日转交给负责的奉行所。这就是农民拦轿诉讼的“章法”。

庄内藩的起义农民也遵循这种拦轿诉讼的“章法”。农民两三人组成一组，对从江户城出发前往地方巡视途中的老中拦轿诉讼。上页图便是《梦之浮桥》中对拦轿诉讼的描绘。当时是天保十二年（1841）正月二十日，正值冬季，图中左下方是大老[1]井伊直亮的队列，左上方是老中胁坂安董的队列，中间偏右下方是老中水野忠邦的队列，中间偏上（桥旁）是老中太田资始的队列。队伍中间稍靠前方，有人恭恭敬敬地高举着的枪，枪的前端是用动物的毛皮和鸟毛覆着的剑鞘，此人负责把跑到跟前的农民的名字一一记下。

解说《梦之浮桥》的久留岛浩对反对三方领地交换的“拦轿诉讼”如此解说道：

> 庄内藩的起义农民不无得意地说，去江户之前听说越诉会坐牢甚至无法生还，但实际拦轿诉讼后，还受到被拦大名和旗本的“款待”。……起码在这起事件中，尽管反复拦轿诉讼，但无一人被罚。只要身着农民的装束，遵守拦轿诉讼的“章法”，拦轿诉讼也被认可……

向老中拦轿诉讼是“越诉”的一种。所谓越诉，是不向各自藩主诉讼，而是越过藩主，向上级的幕府诉讼。除拦轿诉讼外，越诉还包括闯入幕府评定所和奉行所诉讼，这被称为“闯入诉讼”。因此，通常认为越诉会受到严厉处罚、诉讼者会被

1 大老，辅佐将军的非常设职位，只在重要决策时参政，地位在老中之上。

斩首示众等观点，都是错误的世俗之说，阐明这一惊人事实的，也是保坂智。

拦轿诉讼是重罪吗

保坂智调查研究了《御仕置例类集》等书中从宽保元年到文化四年（1741—1807）幕府对越诉的八十多例判决，发现其中只有一例越诉者被判枭首，而且不是因为越诉，而是因为意图通过谋书（伪造文书）获取钱财。而在江户时代，伪造文书是大罪。

根据保坂的调查，幕府的想法正如宽政九年（1797）勘定奉行根岸镇卫的判决所明示的那样，“拦轿诉讼实乃鲁莽无礼”，虽不喜拦轿诉讼等越诉方式，但仅凭此行为无法定罪。

事实上，越诉在江户后期频繁发生，其中，涉及伪造文书、集体强行上告或拒交年租等被幕府视为不当的越诉，但并不以越诉置罪而是根据是非对错给予重罚，而按规定程序诉讼合理之事的越诉，要么责罚极轻，要么不予问罪，甚至还有极少数褒奖之例。

江户幕府统治之强大不在于严禁诉讼、强压百姓，而在于承认包括越诉在内的诉讼，统治方式富于灵活性。江户时代农民诉讼之多，前述大坂旗本领的事例已经说明这点。在江户有官方的公事宿，也有非官方认可的公事师在营业，在大坂和其他藩的城下町里也有协助农民诉讼的乡宿，这本身就说明当时农民诉讼活动十分频繁。由此，关于农民起义的最新研究让积极活跃的农民形象得以复活。

保坂指出，明治以来，人们形成了“黑暗的近世”的印象，误认为旧幕府的统治完全是强权性的上传下达，民意也没有办法到达统治阶层。而且因为明治政府要推翻幕府，掌握权力，所以更有必要将幕府政治刻画成黑暗的形象。开展反政府运动的自由民权运动家也将明治描述为“黑暗的世界”，他们受文明开化的时代潮流影响，将江户时代定义为“未开化”和“黑暗”的，因而在这一点上与明治政府异口同声。无论是近代政府，还是自由民权家，都不承认江户时代广泛存在像“合法的”越诉这样下意上达的途径。到了近代，自由民权家又一手创造手持“竹枪和草帘旗”的农民暴力起义形象和虚假的义民传说，宣称有村吏为阻止暴力起义的农民挺身而出，以牺牲自我为代价进行越诉。

事实上，起义农民“不拿伤人性命的武器”，只是手持镰刀、铁锹等农民特有的农具，并且，越诉虽不讨喜，但并不会被问罪，最多只是被训诫。

反对三方领地交换的农民起义所践行的，正是这种下意上达的途径，各地动员数万农民，按照高度组织化的“章法”开展运动，农民达到预期目的且几乎未被降罪。像反对三方领地交换起义这种高度组织化的起义，也是形成代议制的前史之一。

起义的狂乱

宽政五年（1793），武左卫门在伊豫国吉田藩通过挨家挨户宣读祭文来组织起义，花费三年时间最终发起反对纸张专卖的全藩起义（武左卫门起义）。弘化四年（1847），奥州盛冈藩三闭伊起义的领袖滨岩泉村切牛（今田野畑村滨岩泉）的弥五兵卫也秘密组织长达十九年。安政六年（1859）的信州伊那郡白河藩领起义——通称南山暴动——的领导者今田村的小木曾猪兵卫通过效仿讲谈师巡回宣传佐仓宗吾的传说，同样是经过多次秘密商谈才成功组织起义。

对农民来说，起义是仅此一次的搏命之举，正因如此，我们能从中看到农民起义独有的不同寻常的“昂扬”和狂乱。起义既有基于地域社会日常性的一面，也有无法还原为日常性的、危险却昂扬的一面，以下将依据安丸良夫的研究，介绍起义这种狂乱之中表现出的“民众思想的顶点”。

举一则18世纪的事例，在记录宝历十一年（1761）信州上田藩起义的《上田缟崩格子》中，有“诚为一人贪戾（贪婪、违背人道），一国生乱之事，民之道有之”的叙述，导致一国“生乱”的抵抗思想虽然在平日里是潜流，但正如“民之道”所示，这种思想已经在农民中间扎根为人权意识。

在三河国加茂起义的记录《鸭之骚立》中便有记载称，在举母藩武士试图动员手持竹枪的町民参与防御时，起义队伍破口大骂，“真是不知天高地厚，拿竹枪干什么?！面对改造社会之神，你们还想轻举妄动？我们一不曾寻衅，二不曾害人，只是想得偿所愿罢了。不答应的话，也只是去你家拜访一下，还不去招待改造社会之神？如果胆敢阻拦，必定严惩！”他们一边骂着一边“争先恐后地前进”。“不曾害人”和“去你家拜访（捣毁）”是成对的语句，还使用了“改造社会之神”这种昂扬的、具有宗教色彩的表达方式。尽管如此，民众在捣毁之时也并非处于连自己也“无法控制的亢奋”之中，始终没有失去“不曾害人”的自制。

如后所见，在东亚的民乱之中，日本的起义对杀伤行为尤其克制，坚持不害人。从起义群众痛骂武士“不知天高地厚”来看，正因为“不曾害人”，民众骄傲地认为自己在正当性上更胜一筹。

在18世纪初加贺藩的事例中曾有百姓声称，“无耻大盗，真是无与伦比地贪婪，现在我们听从自己的内心为所欲为，如果政治积弊丛生，就拒缴年贡。无论如何不能指望御公领（幕府领），我们对政治静观其变吧。”（《那谷寺通夜物语》）在此，起义农民宣称“对政治静观其变”，其实是对“政治”有着清醒的认识。农民不仅拒绝缴纳年贡，还在思想上将领主的“政治”相对化，从“无论如何不能指望御公领”的态度来看，农民也没有对幕府抱有幻想。

从这样的记录可知，民众运动深处有坚定的人权意识，在起义愈演愈烈之时涌现，上述发生于18世纪初的加贺藩一事说明，农民的人权意识在比我们预想的更早的时期就已经在民众世界的底层涌动。

朝鲜的民乱

日本没有发生 16 世纪德国农民战争那样在全国范围内旷日持久的民众运动（1524—1525），与之不同，中国的太平天国运动（1851—1864）和朝鲜的甲午农民战争（1894—1895，韩国称东学农民战争）都是在全国范围内与政府和外国势力长时间的斗争，是与国家政权正面交锋的“农民战争”。以下将探寻同属东亚起义的日本农民起义和同时代的朝鲜“民乱”的相同点和不同点。

在 19 世纪前半期的朝鲜，向村民发出“通文”，召开集会（“乡会”），向地方官厅“呈诉”（请愿），都是合法的行为。当“呈诉”不被认可时，也可以向道或中央官厅诉讼，进而向国王直诉。如果还是无法解决，则诉诸武力。与日本一样，朝鲜民众的诉讼权也被认可，且在实际发挥作用。

19 世纪 20 年代，朝鲜发生全国性洪灾，其后还发生持续数年的大旱灾。全国饥民和流民层出不穷，“呈诉”和“壁书”事件频发。1811 年，朝鲜西北部的平安道发生洪景来之乱，起义军占据清州以北的朝鲜北部长达五个月。1862 年，以晋州民乱为开端，全国爆发民众起义。当时，朝鲜身份制解体，出现诸如精英阶层的两班[1]人数剧增的形势，比日本更加迅速。农民获得在全国范围内移动的自由，村庄也具有开放性。

朝鲜的民乱和日本一样，民众手持锄头、铁锹等农具和竹枪、棍棒，而不拿枪和火器，队伍在写有“面（相当于日本的村）名”或“里名”的旗帜引导下前进，也十分有纪律。

根据姜万吉和鹤园裕的研究，衙前作为下级官吏，在地方官手下从政，构成独特的阶层，他们由于直接面对民众，成为民众放火泄愤的对象，遭受暴力对待，屡次被处以“致死的制裁”。但在面对中央派遣的地方官吏即守令等时，起义者“至多”是把人“塞进轿子，抬出宅邸，丢到村边的路上”，这种“抬出”还十分常见。守令是中央集权化的朝鲜政府地方官中的最高长官，实施自治也不鲜见，灵活性超过江户时代的日本。正如赵景达指出的那样，朝鲜的民乱和日本相比，在诉诸武力上远比日本激烈。为何如此？韩国民众运动的研究者朴孟洙认为，这缘于朝鲜儒学中肯定抵抗权的思想。

在朝鲜的民乱中，政府处罚起义民众的原则是，对首犯施以“枭首”，对骨干施以“定配”（发配）。在著名的 1862 年咸平民乱中，百姓捣毁土豪和官吏的宅邸，对守令施暴并将其放逐，实行了两个月的自治。最后当局对六名首犯施以枭首。在 1868 年庆尚民乱中，数千人聚集在一起，驱逐官吏，实行自

1 两班，古代朝鲜的贵族阶层。

治，捣毁监狱，结果首犯四人被枭首，骨干十五人被发配。在19世纪的日本，幕府对农民起义首犯施以狱门（枭首），流放同谋至远岛，处罚的原则与朝鲜一样。

处罚的原则

接下来让我们来考察日本实际的处罚案例。文政八年（1825），信州松本藩发生赤蓑暴动，捣毁起义历经四天，最后四个首犯被判永牢（终身监禁），其中三人死于狱中。天保二年（1831），长州藩大起义历时三个月，在领地各郡接二连三地发生，参加人数有十万人和十三万人之说。据说有十人被枭首示众，八人被终身监禁，十六人被流放远岛，其余数人在审讯时死于狱中。

在天保七年的甲州郡骚动中，参加捣毁暴动的有两三千人。虽然只有短短七天，但四人被处磔刑[1]，十人被判死罪，四十二人被流放远岛，五百八十九人被处分，百余人死于牢中。发生暴动的五天内参加人数达一万数千人的三河加茂农民起义中，四人在审讯过程中于狱中自杀，送往江户的四人也死于狱中。天保十三年，近江反对农田丈量的农民起义人数高达四万人，逼迫官吏写下“农田丈量延期十万日”的字

1 磔刑，与中国处以凌迟的磔刑不同，日本的磔刑是将人绑在十字架等柱子上，用长枪穿刺身体至死的公开处刑方式。

据，起义的数十名主要人物在审讯时全部死于狱中，也有说法认为是毒死，除此之外，据说在大津代官所中也有上百名农民死于狱中。

日本的处罚原则和朝鲜相同，即领导者被枭首示众，而在实际的处罚案例中，共犯不仅被流放，有时甚至被处以死刑，死于狱中人数之多格外引人注目。朝鲜的农民暴乱远比日本的激烈，在很长一段时期内实行自治，流放领导者，对下级官员施以“致死的制裁”，但是无论如何不能依此认为朝鲜的处罚比日本严厉。

在日本，起义群众自觉且完美地克制杀伤行为，与此相反，领主对起义者的处罚却相当严厉，不仅是领导者，共犯也难以保命。正如前面介绍的那样，最近关于农民起义的研究强调幕藩领主统治的灵活性，但从东亚民众运动整体来看，幕藩领主处罚之严苛显而易见。而在朝鲜，被民乱控诉为不法的官吏也一定会受到处罚，而且在日清战争（中日甲午战争）爆发前的明治二十四年（1891）之后，对民乱的处罚还变得更加温和。

在日本发动起义，便意味着预设总代和首领会被治以死罪，按照惯例，所有起义人员会向受处罚者做出保证。这可以说是民众面对上述严厉处罚所采取的无可奈何的防御之策。

前述的反对三方领地交换起义的越诉，目的是希望阻止转封，乍看之下似乎是温顺保守的运动，但是反对三方领地交换的越诉之所以没有被问罪，是因为转封令被撤销，起义的越诉由此在偶然中成为合乎情理之举。合理之事按照程序越诉便不会被问罪，但是需要注意的是，如果转封令没有撤销，越诉就不会被认定为合理。不能安分守己、非议公仪（幕府）政治的起义，便会被处以严酷的重刑，尽管公仪认可农民包括越诉在内的诉讼权。江户时代，农民的诉讼十分活跃，公仪的统治有其灵活性，但因为是非判断的标准由幕府独占，如果被判无理，便会受到残酷的处罚。发起越诉的庄内藩村吏为了不受处罚，就会在转封令撤销之前，执着地一遍又一遍地越诉，因为除了让他们撤回转封令之外别无他法。《梦之浮桥》中描绘的庄内藩农民起义队伍压倒性的惊人的大众组织能力，正是对抗这种严苛统治所产生的结果。正因如此，可以说 19 世纪前半期的农民运动和与之对抗的领主的镇压运动，两者攻防的全貌其实比此前研究所设想的更加动态化。

起义的思想

19 世纪无论是文化还是社会体制，农民精神底层都广泛存在与近代人权和民主思想相通的“民众精神的发展”。从东亚范围来看，19 世纪的民众运动有很多共同之处，如前述，朝鲜的起义群众十分遵守纪律，中国的民众运动也有“右脚踏入民家之门则斩其右脚”的严格纪律，受太平天国运动影响而发起的上海小刀会农民起义还贴出过这样的布告：“不得取民间一物，不得奸民间一女。违者重究。”

但是另一方面，三国各自的个性也非常鲜明。例如，朝鲜民乱和兵乱时会有“山呼”（放火）等传统方式，民众登山放火，为弹劾地方官而起义。无论是朝鲜王朝时代的民乱，还是日本殖民统治时代的三·一独立斗争，都采取过这种形式。即便是之后农民在与国内政府和地主激烈的内战中，也屡次采用“山呼”。

可以说，与朝鲜相比，日本农民起义在诉诸武力方面的激烈程度相对逊色。尽管如此，领主处罚之严厉，相对朝鲜即便难言胜出也必不逊色。比较东亚的民众运动想必将成为学界今后的课题。研究过程中，除了探讨起义类型和章法、文化上的不同点，也应该超越差异，将民众的普世价值观、民众运动的普遍性原则、人权和民主思想等作为比较的基准。

在日本民众思想中可以看到普遍性的人权思想吗？文政四年（1821）上野国那波郡东善养寺村的八右卫门在领导农民起义后被判处终身监禁，在狱中他给家人写下《劝农教训录》，其中写道：“然圣上以至万民，人之为人，人字无别，虽言贵贱上下之差别，是乃政道之道具，为使天下太平而为之也。”“人字”没有区别，平等才是根本的原理，身份制的秩序只是“道具”、次要的东西罢了。这正是以人为尊的“人权”和“平等”思想。19世纪日本农村里产生的起义思想，一直沿袭到人权被讴歌为普遍思想的时代前夜。

第三章

19世纪的世界和天保改革

第一节　和西欧的相遇

俄国的根室来航

宽政四年（1792）九月，俄国遣日使臣拉克斯曼和漂流民大黑屋光太夫等一起，乘着叶卡捷琳娜号帆船来到根室。伊势国的大黑屋光太夫曾在天明二年（1782）前往江户途中，在远州滩漂离航线，到达阿留申群岛，后来又从堪察加半岛移居到伊尔库茨克，在圣彼得堡谒见叶卡捷琳娜二世，获准回国，漂流十年之后返回日本。

拉克斯曼向幕府呈交国书，要求前往江户交涉通商事宜，在根室度过冬天。以老中松平定信为中心的幕阁做好了同意开展贸易的心理准备，第二年便为俄国颁发进入长崎的入港许可证，俄方获悉幕府意向后就返航了。

在那之后，宽政六年俄国进入与择捉岛相邻的得抚岛，十几人在岛上迎来新年，开始殖民。其后，从宽政八年到翌年，英国的布劳顿探险队乘着普罗维登斯号出现，调查从西伯利亚东端到日本太平洋沿岸、琉球（今冲绳）、中国台湾、朝鲜、滨海边疆州的广大范围，这是外国船只首次穿越津轻海峡。

两年后，幕府向虾夷地派遣了一支多达一百八十人的庞大调查队伍。以北方探险家的身份而闻名的幕臣近藤重藏也参加了调查队，还在择捉岛上立起刻有“大日本惠登吕府”的木柱。序章曾描述过，虾夷地的鲱鱼肥等提高了当地的经济价值，加之俄国和英国调查队的出现，幕府开始调查虾夷地直辖经营的可能性。宽政十一年（1799），幕府在东虾夷地开始为期七年的暂时直辖，到享和二年（1802）将该地收为上知[1]。

文化元年（1804），俄国遣日全权使臣列扎诺夫乘坐军舰娜杰日达号停泊于长崎港外，舰长克鲁津什腾是俄国第一支周游世界探险队的舰长。列扎诺夫带着拉克斯曼十年前获得的长崎入港许可证、国书，仙台藩的漂流民津太夫等四人随行。津太夫也在圣彼得堡谒见了亚历山大一世，并与克鲁津什腾一起周游世界，时隔十一年后回国。根据津太夫与西伯利亚少数民族的相遇、同伴客死他乡等见闻而写成的《环海异闻》一书，与桂川甫周根据大黑屋光太夫的旅途见闻写成的《北槎闻略》，一起被视作北方漂流记的“双璧”，特别是《北槎闻略》被评为日本研究俄国的开山之作。

正如序章介绍的那样，列扎诺夫是宽政十一年刚成立的俄美公司的最高负责人。俄美公司拥有北太平洋渔猎、贸易、殖民的垄断特权，主要业务是向北太平洋和北美西北海岸的俄国殖民地提供粮食与日用品等。列扎诺夫想要从日本进口这些商

1 上知，被幕府没收转而由幕府直辖的土地。

俄国遣日全权使臣尼古拉·列扎诺夫（出自《鲁西亚国使节人物图》，早稻田大学演剧博物馆藏）

品，而当时老中松平定信已经去世，日本处于“宽政遗老”时代，幕府选择强硬拒绝，在隔绝列扎诺夫长达六个月之后的第二年，以“锁国之祖法”为借口，拒绝通商与外交。

碰壁的列扎诺夫在回国途中给亚历山大一世写信，请求批准对桦太岛和南千岛群岛采取军事行动，并命令俄美公司雇用的赫沃斯托夫和达维多夫破坏桦太岛和南千岛群岛的日本殖民地。可是，还未收到皇帝的批准，列扎诺夫就在途中死于西伯利亚。

冲突与友好

文化三年（1806），海军大尉赫沃斯托夫率领护卫舰对桦太岛的久春古丹地区发动攻击，并于第二年和达维多夫一起攻击择捉岛的内保，以及有箱馆奉行所官员和三百余名南部津轻藩兵驻扎的该岛的沙那。枪战过后，日方战败，俄军又接着进攻桦太阿尼瓦湾内的日本人渔场以及礼文岛和利尻岛的日本船，这就是所谓的赫沃斯托夫事件（文化露寇）。一时间，虾夷地被数百艘俄国船队包围了的流言在日本四处传播，于是东北诸藩出动四千兵力，同年，幕府继东虾夷地之后又将西虾夷地列入直辖。

文化八年（1811），为报复赫沃斯托夫事件，幕府逮捕了正在国后岛上进行测量的俄国军舰狄安娜号舰长戈洛夫宁少校及其部下，并将戈洛夫宁扣押在松前两年多。第二年，狄安娜号的副舰长里科尔德在国后岛海面逮捕高田屋嘉兵卫，并带到堪察加。此后，里科尔德与高田屋嘉兵卫一起证明赫沃斯托夫事件与俄国政府无关，并赔礼道歉，日本政府予以接受，释放戈洛夫宁。

戈洛夫宁还向日本幕府天文方官员教授俄语，为日本的俄国研究做出贡献。回国后，戈洛夫宁所写的真实反映日本情况的手记《日本幽囚记》（文化十三年［1816］）立刻被欧洲各国翻译，另一方面，挑起事件的赫沃斯托夫回国之后被俄军在鄂霍次克港逮捕，在海军省军法会议上被宣判有罪。

致力于解决日俄纷争的高田屋嘉兵卫出生于淡路国的贫农家庭，参与在兵库与箱馆间从事航运的北前船经营，他曾在东虾夷岛被临时收管之时渡海前往择捉岛，成功开拓了通往择捉岛的航路，与近藤重藏一起在择捉岛开设渔场，后来在箱馆开设总店，成为虾夷地的豪商。

择捉岛比奈良县面积稍小，宽政十二年（1800）岛上生活着约一千一百一十八名阿伊努族人，为方便生产油渣、盐鲑鱼、盐鳟鱼，幕府在择捉岛的交易所将居住在那里的阿伊努人进行重组，并禁止他们像之前那样乘坐板缀船南北往来于千岛群岛。对于这个以贸易、狩猎、捕鱼、采集为生的民族来说，这一举措极大限制了他们的生计。

文政四年（1821），所有虾夷地均返还给松前藩。此前，东虾夷地由临时收管到幕府直辖历时二十二年。幕府在虾夷地的经营在最初七年里累积赤字达二十七万多两，因此，最初由幕府直辖这一方针早已被舍弃。西虾夷地采取场所承包制，将以前的渔场经营委托给商人，原本采用幕府直辖的直营制的东虾夷地也恢复了场所承包制。

嘉永二年（1849），择捉岛上居住的阿伊努族只剩五百二三十人。相比幕府直辖时的一千一百一十八人锐减了一半。虾夷地的阿伊努民族人口减少的态势在松前藩重新占领后依旧急剧恶化，从幕府直辖时号称二万七千人的人口减少至安政元年（1854）的一万九千人，阿伊努族的总人口在近半个世纪里损失了三分之一。

19 世纪前半期，阿伊努族人口急剧减少，是因为和人入侵，带去了当时世界流行的天花等传染病，但正如序章所述，尽管受到和人的“严重”侵害，阿伊努族在整个幕末时期利用阿伊努船“自行谋生”，依靠渔业、狩猎、农业等支撑生计，北方土著民族固有的、充满活力的生活与文化得以延续。

俄国在处置赫沃斯托夫等人之后，又经历拿破仑战争，此后四十年间未出现在桦太岛与择捉岛。在这种情况下，北方地区日俄关系稳定。但即便是现在，也有不少文章无视这一事实，将日本在北方与俄国的相遇冠以“外患”之名。这种看法只强调了邻国俄国作为“威胁”的一面，但 19 世纪初期日本与俄国的关系事实上是从危机向“稳定”摆动，与俄国的相遇对于开国时期的幕府外交来说，还产生了促使其走向开国的积极影响。

英国的出现

文化五年（1808）八月，载有三百五十人的英国大型军舰费顿号悬挂着荷兰国旗侵入长崎港。当时，欧洲正处于拿破仑战争造成的大动乱旋涡之中，荷兰被法国军队占领，拿破仑的弟弟路易·波拿巴就任荷兰国王，荷兰东印度公司的经理荷兰总督亡命英国，宽政十年（1798）东印度公司因巨额债务而解散。当时在东亚，还飘扬着荷兰国旗的地方只有长崎，费顿号舰长珀柳企图捉拿长崎的荷兰船，拿破仑战争的余波也波及日本。

但是，荷兰船没能进入长崎港，当时驻守出岛的荷兰商馆馆员上前迎接悬挂着荷兰国旗的费顿号，结果被逮捕。费顿号转而挂上英国国旗，派武装船搜索港内，荷兰商馆馆长多夫到长崎奉行所避难。

在近代欧洲，战时国际法已经形成，在海战中悬挂敌国国旗靠近的作战方式是合法的。抓捕敌国商船也是当时海战重要的常规作战方法，但是，在中立国的港内抓捕是违反惯例的。但如后面所介绍，此时的英国并未将亚洲各国视作适用欧洲国际法的一员，因此也就未将日本视为中立国。

长崎奉行松平康英动员负责守卫长崎的肥前藩等地，准备进行火攻。另一方面，珀柳翌日要求日方即日提供燃料、饮用水、粮食，宣称若日本不接受，便烧毁港内的日本船、中国船以及长崎市。但是当时长崎由几个藩隔年轮流负责守卫，而那一年负责警备的肥前藩本应该配备约一千名藩士，但实际上只有一百名。奉行只好接受要求，费顿号在第三天释放人质后撤走。因为这一事件，长崎奉行剖腹自杀，肥前藩数名家老[1]也自杀，肥前藩主锅岛直正（当时名叫齐正）被命令闭门百日。“费顿号事件”以悲惨的结局落幕。

英法的捕鲸船开始相继出现在日本近海。当时，欧美的捕鲸业处于黄金时代，工业革命时期照明和机械使用的润滑油正是海中大型哺乳类动物鲸鱼的油。宽政三年（1791），美国捕鲸船绕至南美，在智利海面发现抹香鲸渔场，之后又北上太平洋，在19世纪20年代到达日本沿岸，当时在日本近海巡游的美国捕鲸船达三十艘以上。从19世纪20到50年代，欧美捕鲸业使用数百吨的中型帆船，扬帆于北海的汹涌波涛之中，放

1 家老，幕府或大名的家臣团中常设的最高职位，德川家的家老则被称为老中。

下小船，手抛鱼叉，猎获庞大的鲸鱼，堪称冒险的产业。天保十四年（1843），由于在鄂霍次克海发现资源丰富的鲸鱼渔场，捕获速度进一步加快，鲸的数量骤减，以安房等地为中心的江户时代的日本捕鲸业因洄游鲸减少而遭受巨大打击。

首先靠近日本的是英国捕鲸船。文政五年（1822），捕鲸船撒拉森号进入江户湾，翌年又出现在常陆国那珂海面，据说在同一海域巡游的外国船一度达三十余艘。常陆的渔夫靠近英国船，登上捕鲸船，英国方面将带来的纸、棉花、丝织品送给渔夫，两者开始零散地交易，但渔夫被藩方视为走私犯而受到处罚。文政七年，英国捕鲸船的船员在常陆国大津滨登陆。

英国捕鲸船员和日本渔夫或船员之间发生的这种“接触”是重要的历史事实。当时的英国船员因为“肿病”（坏血病）需要“药用”的蔬菜，而在民众层面，异文化的壁垒也未必是个问题。

我们时常由“近代”联想到的“敌意”和“排外意识”等，并不是庶民自然产生的。大津滨登陆事件之后不久面世的排外主义之作《新论》（水户学的国家论）在一开始论述攘夷论时，便表示要极度警惕民众亲近欧美人，并被劝说加入基督教等现象，是立足于历史事实的策论。

因为要警戒外国船只，且每次警备开销巨大，幕府于是在文政八年出台“无二念驱逐令”，对靠近日本海岸的外国船只一律施行驱赶，甚至命令即使错将同是西式的荷兰船驱逐出去，也不会追究责任。与此相对照，在当时的欧洲，国际法确立了“对漂流船员实行人道主义保护”和“领海（三海里）无害通过权”的原则，实现了商船的安全保障。

莫里森号事件与“蛮社之狱”

文政十一年（1828），幕府在对兰学做出贡献的西博尔德的回国行李中发现天文方高桥景保赠送的日本地图等违禁品，是为“西博尔德事件”。关于这一事件，序章中已有论述。

天保八年（1837）六月，从澳门起航的美国商船莫里森号停泊在浦贺海面。非武装的莫里森号上载有美国贸易公司的经理、传教士、学者以及音吉等七名日本漂流民，他们要求送还漂流民、通商和传教，但浦贺的差役依照无二念驱逐令开始炮击，商船中了一弹之后离去。七月，莫里森号停泊在萨摩藩山川港，虽然有藩士接应，但亦被炮击，不得不返回澳门，漂流民也无法回国。顺便一提，音吉此后在上海的英国大贸易商社颠地洋行工作，并成家定居，作为英国海军斯特林提督的翻译在十多年后再次回到日本。

当时，关注西方情况的兰学者组成尚齿会[1]，三河田原藩的家老渡边华山身边聚集着以镇上的兰医高野长英、岸和田

1 尚齿会，江户时代后期由兰学者、儒学者等组成的研究会。

藩的兰医小关三英等兰学者为核心的群体，川路圣谟、江川英龙等幕臣、儒者、文人也在其中。听说莫里森号事件之后，渡边华山和高野长英各自写了《慎机论》和《戊戌梦物语》，批判驱逐令。围绕江户湾针对外国船只的防卫等对策，幕府内部也出现了开明派的江川英龙和保守派的鸟居耀藏的对立。天保十年（1839），渡边华山等兰学者群体遭到幕府儒家林家的亲生儿子兼目付——鸟居耀藏为核心的幕府的镇压，这就是“蛮社之狱”。

《慎机论》描述了 19 世纪英国的国情，注意到“海船火技”等发达的科学技术；《戊戌梦物语》则指出，驱逐会使日本被视作“不仁之国”，声称日本应当委婉拒绝外交。《戊戌梦物语》被手抄传播，但并非幕臣的高野长英因批评幕政而遭受严厉处罚。渡边华山被命令于住所蛰居，不久后自杀。华山还通过引入西洋作画技巧，创作了《鹰见泉石像》等名垂日本画史的杰作。高野长英被判处终身监禁，越狱后潜藏在江户与宇和岛藩，翻译《三兵答古知几》等书，还行医济世，后在江户的藏身之处遭捕吏袭击，自杀身亡。

《三兵答古知几》的原著出自普鲁士军官勃兰特，天保八年被翻译成荷兰语出版发行，是当时欧洲最新的军事战略书。长英的翻译工作因该书在其去世后不断再版，对以后日本的军制改革产生了重大影响。

“在村兰学”的发掘

学界一直有定论称，兰学在日本一度遭受严重迫害，面临挫折。但作为欧美近代学问，兰学在科学精神和技术等普遍知识上值得学习的地方很多，认为兰学受挫的观点，不免对这种普遍性评价过低。实际上，兰学在蛮社之狱之后，也继续作为乡村兰学稳步发展，这种“在村兰学”在 20 世纪 70 年代以后被田崎哲郎、青木岁幸等人发掘出来。

从宽政十二年（1800）前后起，全国的乡村医生显著增多，乡村医生有很多出身村吏阶层，兼任寺子屋的教师。文化元年（1804）纪伊国那贺郡西野山村字平山（今纪之川市）的医生华冈青洲，便成功使用“通仙散”（口服麻醉剂）进行全身麻醉，完成乳腺癌切除手术。华冈结合中医和兰学医术，且注重实证，全国各地门生纷至沓来。但他谢绝藩主的邀请，一生在乡村行医，门生数量除壹岐和松前两地外遍及全国，达一千八百八十三人。此时正处于近代医学在地方乡村备受渴望的时代。

美浓地区的第一个兰学塾是大垣城的好兰堂，创办人是当地曾经师从杉田玄白、大槻玄泽、前野良泽的兰医江马家。截至明治初年，南起丰后北至武藏，慕名前来拜师者达三百三十一人，入门人数从蛮社之狱后的天保十一年（1840）起反而开始增多。嘉永二年（1849），进入长崎港的荷兰船带来出岛兰馆的医生莫尼凯托运的牛痘（种痘用的牛痘疮），这种莫尼凯疫苗被热盼已久的各地兰医传至日本全国，江马家也早在该年年末便从京都兰医那里得到疫苗。

在越前藩，町医笠原良策想出“村传疫苗”的方式，一个村接一个村地将疫苗传到领内各地。鸟取藩的医生群体也分摊片区，走遍藩内各个角落，实施彻底的巡村种痘。

岩代国的蚕种制造者在天保十四年自制华氏温度计，写出《蚕当计秘诀》，土浦的乡村医生制作出地球仪和浑天仪等，“在村兰学”取得各种各样的发展。青木岁幸也指出，地圆说和日心说在幕末已经为民众所熟知。

江户博物学和近代博物学

从 18 世纪中叶到 19 世纪 60 年代这大约一个世纪的时间里，位于欧亚大陆西部的欧洲和东部的日本不约而同地掀起博物兴趣的一大热潮。在瑞典，享保二十年（1735）林奈的《自然系统》出版，书中成功根据“林奈的性体系”，以雄蕊数、雌蕊数将植物的分类加以系统化。法国人布丰客观描述的自然学《博物志》，也从宽延二年（1749）开始出版发行。植物采集、动物探索在世界大探险时代即将到来的背景下掀起高潮，博物学会如雨后春笋般涌现。在石版、铜版等多色印刷技术不断进步的同时，博物学的华丽图鉴也陆续出版。18 到 19 世纪的欧洲是绚烂的博物学全盛时代。

从 18 到 19 世纪，江户的博物学也大放异彩。贝原益轩的《大和本草》摒弃务虚空谈的风格，用实证性的经验方法进行分类，因深受读者喜爱而声名远播。珍贵的草药也在博物学家平贺源内举办的东都药品会等物产会上公开展出。进入 19 世纪后，博物学在民间进一步繁荣。

根据生物学家西村三郎的介绍，这一时期除了高水平的园艺书纷纷出版之外，盆栽、鸟虫鱼、古钱、珍木奇石等也在全国范围内流行，还有人喂养或收集千奇百怪的东西（如小白鼠、乌龟、青蛙、绿豆蝇、跳蚤）。俳谐和狂歌爱好者组成“会”和“连”，定期或不定期在成员内举行比赛和品鉴活动。还有人挑选逸品和珍品，制成带有插图的目录出版。实证的江户本草学集大成者小野兰山还被幕府起用，在江户的医学馆教授本草学，据说门生超过千人。江户的博物兴趣在学问领域内呈现出前所未有的盛况。

“法布尔大名”

博物热在藩主中也同样流行。虽然是在 18 世纪，但高松藩主松平赖恭让画师所画的《众鳞图》《众禽图》便被西村视为“作为博物图，在（世界的）任何地方都拿得出手”的杰作。著有《昆虫胥化图》一书的熊本藩主细川重贤以成功推行藩政改革的“名君”著称，他在处理繁重政务之余，还在参勤交代[1]的轿子中饲养昆虫，观察并记录从幼虫到蛹再到成虫的变化过程，被称为“法布尔大名”。萨摩藩的岛津重豪与德川家齐一样是文化文政时期的象征性人物，他爱好兰学和博物学，据说其在高轮的别墅如动物园一般，他还自己研究鸟类，编写《鸟名便览》（刊于天保元年［1830］）。

文化文政时期一度流行种类超过五百种的“变化朝颜[2]”（其中有诸多种类已经无法还原），博物和园艺在庶民之间盛行。西博尔德评价称，东亚岛国的应用植物学、栽培和育种的研究比欧洲各国更加先进。虽然现在也有不少爱好者，但在当时，居然有人为了一盆小而朴素的万年青变种而花费四百两。

欧洲和日本在同一时期掀起博物兴趣的热潮，但各自遵循着不同的发展道路。坦率地说，欧洲是向科学的近代博物学及其系统化发展，与此相对，日本的博物学虽然是实证性的，但终究是经验主义、网罗主义[3]的。正如西村意识到后现代主义所强调的那样，脱胎于博物学的西欧近代科学或许是欧洲大陆大动荡的副产品，是人类历史上绽放的美丽的“硕大花朵”。只是，舍弃经验主义的西欧近代科学在聚焦于具体个别事物的

1 参勤交代，指大名轮流在江户和领地居住，原则上一年一轮换。

2 朝颜，牵牛花的别称。变化朝颜为牵牛花的变种。

3 网罗主义，指相信搜集尽可能多的信息，考虑尽可能多的选项，便更有可能得出正确答案的思考方式。

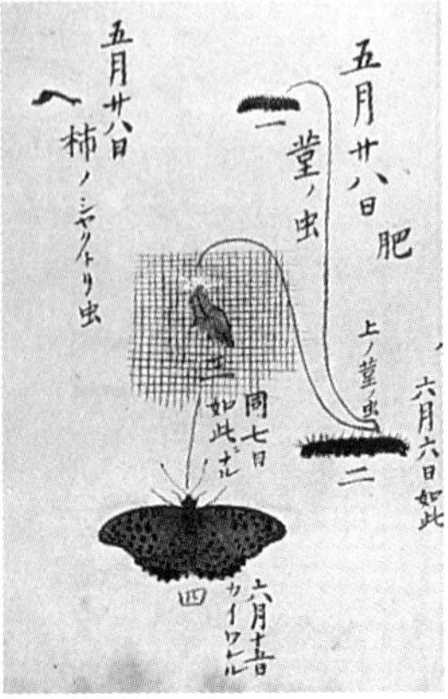

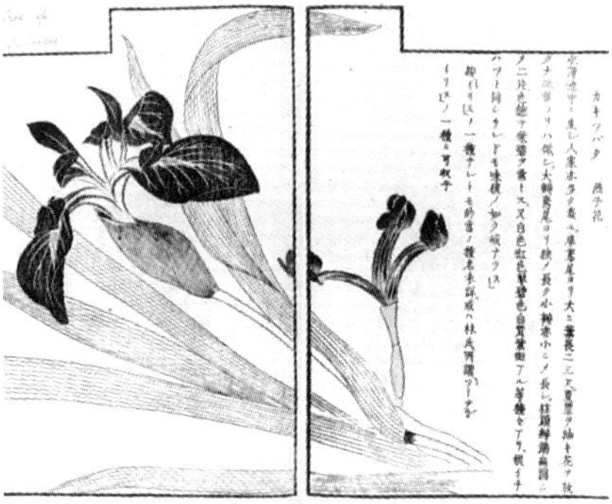

右上为《鲷牡》，出自松平赖恭的《众鳞图》，作为高松松平家历史资料保存于香川县立博物馆。右下为《燕子花》，出自饭沼欲斋《草木图说》，藏于日本国立公文书馆。左为《蝶之变形》，出自细川重贤《昆虫胥化图》，藏于永青文库

人性化“亲切的视线”上有所缺失，不及日本的博物学。

在博物学领域，接近欧美近代科学这一“硕大花朵”的日本人不断涌现，如跟随西博尔德学习的伊藤圭介。他于文政十二年（1829）写出日本第一本介绍林奈植物分类体系的《泰西本草名疏》，该书之后也不断再版。但是他将“林奈的性体系”按字母表重新排序，使其变得支离破碎，这说明圭介尚未理解林奈的真髓。

与前述江马家同样在美浓大垣的兰学家饭沼欲斋，在天保

三年（1832）五十岁退休后，一边从医一边专注于植物学研究，深入学习林奈的分类学，在伊吹山、白山等各地采集和栽培植物，放到显微镜（根据兰书让名古屋的匠人制造的）下观察，还在此基础之上绘制植物的彩图加以描述，确定其学名，根据林奈的体系进行排列。从安政三年（1856）开始，他花费六年时间出版《草木图说》（共三十卷）中的前编“草部”二十卷。所有植物均附以精细的配图，有时还有花蕾部分的解剖图，配图的精确和美观甚至蜚声海外，被西村评价为“日本最早的近代博物学成果”。饭沼欲斋死后，该书于明治八年（1875）出版增订第二版，明治四十年由牧野富太郎出版增订第三版。

同样在五十岁时隐居并成就学问事业的还有伊能忠敬，他是下总国佐原的酿酒师，宽政六年（1794）退休后前往江户跟随小自己十九岁的高桥至时学习天文学，宽政十二年开始在虾夷地东南部测量海岸，在此后十六年间一共进行十次测量，完成了总计达三千七百八十六天的旅行、陆地测量距离达四万二千七百零八公里、方位测量次数达十五万次的宏伟事业。测量所使用的是道线法和交会法并用的传统方法，这些成就完全是恒心和努力的结果。

伊能忠敬得出的子午线一度的长度为二十八里[1]二分（一百

1 日本的一里相当于四公里。

一十点七五公里），与现在的测量值只有千分之一的误差。他去世后三年，弟子编集整理完成的《大日本沿海舆地全图》北至虾夷地宗谷、南至九州屋久岛、东至国后岛、西至肥前五岛，共包含大图二百一十四张。西博尔德获赠于高桥景保的地图，正是该测量图。在他把此图介绍到欧洲之后，欧洲所用的地图才开始绘上正确的日本地形。这可谓通用于全世界的丰功伟绩。

第二节 | 天保的改革

改革的目的

推行“大御所政治”的德川家齐于天保十二年（1841）闰一月去世，他是致使文化文政时期通货膨胀加剧的代表性人物。天保八年，继位的第十二代将军家庆决定告别大御所政治，并于天保十年将被后世研究者贴上野心家标签的水野忠邦提拔至老中首座。深受家庆信赖的水野驱逐大御所身边的亲信势力，开始着手天保改革，家庆也宣布恢复“享保与宽政的改革政治”。

天保改革首先进行的，是如前章所述的撤回三方领地交换令。当时庄内农民针对转封令持续开展大规模集会和越诉，如何应对民众力量的增长，成为天保改革的第一出发点。

另外一个问题是当时大名和将军的关系出现转折，三方领地交换令被撤回之时，外样大名[1]也接受起义群众的越诉，向上申请撤回转封令，主张“承自先祖自古世代相袭的领地”，如无特别情况不应变更，外样大名对“城地”的权利意识开始萌芽。总之，庄内农民的越诉正中大名下怀。三方领地交换令以改正“家齐政事”之误的理由被撤回，其中有难言的苦衷，而正是这一困难催生了天保改革。因此，幕府天保改革的第二个目的，便是为了对抗大名萌生的尚未成型的“权利意识”，复活幕府权威。

严苛的压制和统治

改革率先向江户的城市和农村发布节俭令。水野忠邦特意要求“严苛”管束，声称不惜江户凋敝、商人无法营业。这与曾经实行宽政改革的松平定信认为武士获益、“商人衰微”的节俭不利于“天下之治”的观点大相径庭。

1 江户时代的大名可分为三类：一是亲藩大名，与德川家有血缘的藩主；二是谱代大名，在关原之战前便一直追随德川；三是外样大名，在关原之战后才臣服于德川，不能参与幕府政治且受到严密监控。

农民的衣食住行、婚丧嫁娶、定例活动、休息日、娱乐、庆祝活动、游艺全都受到限制。幕府最初命令七夕不许铺张，禁止在破魔弓、菖蒲刀、羽子板、人偶、装束、烟管上使用金银、雕刻、描金画，规制首饰的价格，禁止追求时髦之物，如被发现则查封商品，持有者铐上手铐，交予町内处置。

被称为“大江户之花”的第七代市川团十郎被驱逐出江户，位于现在中央区的江户三座[1]被迁往当时是偏僻城关的浅草猿若町。此时，歌舞伎正迎来完成期，不仅有了旋转舞台，从舞台底下登上花道的“推出装置”“升降装置”等也不断进步。与18世纪近松剧中常见的在义理和人情之间左右为难而牺牲自我的人物不一样，难逃因果报应、最后身败名裂的孤独小无赖和毒妇这类人物的生世话[2]狂言也十分盛行，博得19世纪江户城市居民的喝彩。

从文化文政时期开始爆发式增加的江户曲艺场本是庶民最大的娱乐，也被限定在十五家以内。曲艺场在文化十二年（1815）为七十五家，后十几年内达一百二十五家，天保改革时急剧增加到五百家以上，这次被缩减至十五家。

曲艺场通常由落语和色物组成，色物指魔术、口技、评书等表演。天保时期已有七天一循环的常规表演，还分昼席和夜席，说书艺人用“扇子和手绢”表演落语的形式也是在19世纪

---

1 江户三座，指中村座、市村座和森田座，被公认为歌舞伎的三大剧场。

2 生世话，歌舞伎中的“社会剧”脚本。

30年代（天保时期）成型的。江户落语、上方落语均从文化文政时期开始进入全盛期，江户出现了专业说书人的开创者——梳子匠人出身的初代三笑亭可乐，以及传承至今的三游派之祖三游亭圆，不久后的19世纪50年代还出现了以艺术境界极高的“怪谈牡丹灯笼”风靡一时的空前巨匠三游亭圆朝。在上方，桂、林家、笑福亭、立川四派名人辈出，上方落语就此成型。那时，曲艺场有八叠二间和走廊即可开业，因此多是领班在自家的二楼经营。入场费用一般为三十六文钱，外加存鞋的牌号四文，价格实惠，对庶民而言也无负担。

三游亭圆朝像（镝木清方绘，东京国立近代美术馆藏）

出版控制也很严格。当时的畅销书《偐紫田舍源氏》——因为有说法称该书是以德川家齐的大奥为原型写成——其作者小普请组的旗本柳亭种彦被下令停笔，不久后去世，也有人认为是自杀。《春色梅儿誉美》的作者、专门写人情本的作家为永春水也被处以戴手铐五十日，他擅长描写男女近身谈话的主要场景，其手法后来被近代小说所继承。浪人儒者寺门静轩也因为《江户繁昌记》背离儒者之道而被禁止在武家奉公。而当时的流行作家、《椿说弓张月》和《南总里见八犬传》的作者泷泽马琴因作品劝善惩恶的倾向而免遭镇压。

富于造型美和诗意并以此博得人气的浮世绘，如葛饰北斋、歌川广重的风景画也成为管制对象。天保十四年（1843），歌川国芳在浮世绘《源赖光公馆土蜘作妖怪图》中，将推进天保改革的家庆描绘成假寐中的源赖光，将水野等幕阁描绘成四天王[1]的形象，通过将民众描写成充满怨念的妖怪形象，强烈批判天保改革。幕府学问所实行检查制度，所有出版物都要接受直接检阅，连狂歌、怪谈、游话等读物都如此，还要在封皮上标注“御学问所”的“官许”或“御免”等字样，反而让学问所大失体面。

远山的小金和歪魔邪道

19世纪的日本人口稍有增长，在天保饥荒之前超过两千七百万人。江户的城市人口约为五十五万人，但有部分增长是来自其他藩国的人口，其中还有半数以上是“勉强糊口”的下层市民。

藤田觉指出，在当时，只要去江户就能找到工作赚到钱，吃到在农村做梦也想不到的食物，还有各种各样的娱乐，可以无忧无虑地生活。从文化文政到天保时期，农村贫民也去寺子屋接受教育，因此可以通过习得的读写和计算能力去城市务

1 四天王，指源赖光的家臣渡边纲、坂田金时、卜部季武和碓井贞光，相传他们在平安时代斩杀妖怪，立下赫赫战功。

工。例如，著名俳人小林一茶十五岁时身无分文，独自从信浓柏原去江户，历尽艰辛活了下来，让杰出的俳谐才能拥有用武之地，成为流入江户的农民的典型代表。

勉强糊口的“货郎”（挑着扁担穿街走巷的小商人）手头的本钱只有七百文，早上从家里出来，太阳落山时回家，可卖得约一贯二三百文，扣除饭钱和房租，约剩一两百文。如果没有本钱，依靠次日早晨归还借贷——俗称“乌金”或“无日钱”——的高利贷，一家人也能勉强度日。没有农村那种基于地缘和血缘的扶持，这种生活极其危险，但也有其轻松快乐的一面，江户的确具备农村地区所没有的吸引力。

大城市民众的生活方式趋向“华美、享乐、繁荣”转变的劲头十分猛烈，面对这强烈涌动的生命力，水野忠邦实行的压制堪称严苛。但是，水野的政策也遭到江户町奉行远山景元（金四郎、“远山的小金[1]”）和矢部定谦等人的抵抗，町奉行远山景元为“慰藉每日劳苦”的曲艺场表演辩护，主张曲艺场是贩夫走卒辛苦一日之后悠闲自在的放松之地。据说，远山和水野的心腹——人称“妖怪”的酷吏——鸟居耀藏针锋相对。但是，曲艺场仍旧被限定为十五家，曲艺人失去着落，为生计奔波的贫穷市民也被剥夺娱乐的场所。这种对最具大众性的娱乐场所的限制，反映了天保改革的本质。藤田说，“这难以简单

1“远山的小金”，一部以江户町奉行远山金太郎景元为主人公的时代剧的名字。

解释为物质性的掠夺，更确切地说是对人性的剥夺。”而文化文政时期的政策对于民众来说可谓更人性化，因此水野被骂作“滨松的歪魔邪道”。

同业行会解散令

为抑制上涨的物价，幕府于天保十二年（1841）及第二年颁布同业行会解散令，所有的同业行会，包括批发店等，无论是幕领还是私领统统彻底禁止。如前章所说，畿内的国诉也要求废除同业行会，而且取得了巨大成果，棉花等“普通人也可以自由买卖”。但是，国诉要求高价销售棉花和油菜、低价购入肥料，是农民站在生产者的立场上基于自己的意志要求排除中间不当利润的“普通（农民）愿望”，和幕府的一纸布告有着巨大差别。

幕府想当然地认为，废除行会，排除中间利润，便可以利用竞争原理，让廉价商品从广大地区汇集到江户和大坂。幕阁在发布命令之前，曾命令大坂町奉行调查物价上涨的情况。对此，大坂町奉行提出了与幕府意向相反的详细报告，指出物价上涨是因为商品过于向大坂集中，应该加强对大坂批发商人的使用。但是，报告没有发挥任何作用，大口勇次郎推测这是要压制反对改革的幕僚，强行推动改革，表现出为了改革而改革、为了维持权力而改革的一面。当然在现实中，因为城市批发商的商业支配能力弱化，虽然解散了行会，也没有达到降低物价的效果。

因此，幕府动员町奉行所和町名主[1]，命令他们通过强行下调物价，降低零售价格、地价、店租、日工报酬等，实行严格监管。整个江户陷入严重的经济不景气，幕府更是在天保十三年（1842）发布禁止国产品（各藩特产）的处理令，各藩的国产专卖制度被禁止。由此，幕府的天保改革也和大名形成对抗关系。大部分藩主不久后开始无视这一禁令。

恢复控制的尝试

幕府曾就强制流入江户的农民回村问题向町奉行征求意见，但后者反对这种脱离现实的政策。尽管如此，幕府仍于天保十四年（1843）发布《人员遣返法》，禁止现有农村的农民加入江户户籍，要求前来江户务工的农民提供村吏和领主的证明。这一政策与其说是“人口遣返”，毋宁称之为限制新移民进入江户的措施，实际效果令人怀疑。该政策的目的之一，是使农民尽可能留在农村，以恢复年贡收入。

恢复幕府领地的年贡收入是多年以来的问题。延享元年（1744），年贡收入达到一百八十万石的顶峰，但在改革前夜，

1 町名主，受町内奉行支配的官吏。

即天保七年（1836），却跌至一百零四万石的最低水平，只有顶峰时期的百分之五十七点八。为了恢复年贡收入，幕府于天保十四年实行御料所改革，对于每年年贡率固定的所谓“定免制”的村子，要实际调查其收获量，制成详细记录每块土地的平面图、总账以及年贡的结算台账。

幕府希望通过上述政策恢复年贡（也称“免直”）。为了落实计划，幕府官员授命巡视各村，但遭到当地代官的强烈反对，飞驒代官丰田友直在日记中批评道，“内情过于严苛残酷，安民措施欠缺考虑”，官员巡视村庄“实则严酷苛刻，罄竹难书”，“可称之为陷国民于死地，思之可将酷吏比作虎狼”，批判酷吏如虎狼一般。

天保十二年（1841），幕府召集近江国甲贺、野洲、栗太郡三百多名幕领名主，下达重新丈量土地的命令。而且，由于其目的是大幅增加年贡，因此要求名主使用一些前所未有的手段，例如缩短丈量土地使用的竹竿等。由此，四万多名农民起身反抗，强迫官员写下“农田丈量延期十万日”的字据，这场起义在前文已有叙述。

幕府实行的政策堪称猛烈的反动攻势，一举否定了农民和代官之间长年累月形成的种种“惯例”，如定免制下年贡率固定，歉收之年进行破免（降低固定年贡率）调查，新土地收取低年贡，小规模新开地年贡忽略不计，等等。

第三节 | 鸦片战争和改革的挫折

“非正义战争”

天保十四年（1843）四月，德川家康忌日，将军时隔六十七年前往日光庙参拜，随行规模据说有十四五万人之众，为了提高幕府威信，还动员大名参加。在这之后，印幡沼工程、上知令、朝鲜通信使大坂易地聘礼等震惊世人的政策在天保改革最后阶段频出，最终改革失败。这实际上与中国的鸦片战争有很大关系。

天保十年十一月，英国两艘军舰与清朝二十九艘兵船在珠江入河口的穿鼻交战，清军兵船几乎全部被摧毁。这场穿鼻海战，是推动东亚历史发生巨大转折的鸦片战争的序幕。

当时，中国允许与英国、荷兰等欧洲国家开展贸易，还依靠出口茶叶、蚕丝、瓷器等获得巨额白银收入，使中国经济延续了前所未有的繁荣。在英国，茶则成为上人阶层的日常饮品。英国在工业革命后作为最人的茶叶消费国，大量进口茶叶，在 18 世纪末几乎垄断了与中国的贸易。但是，英国对中国的出口不见起色，而进口茶叶需要专门以白银支付，结果英国陷入大规模的财政赤字。推动工业革命出现的英国产薄棉布没能取代中国原产的厚棉布“土布”。

因此，英国东印度公司自 18 世纪末起，在印度殖民地实施鸦片栽培、提炼的专卖制度，将鸦片卖给民间的英国商行，让其走私到中国。走私的数量从宽政十二年（1800）的两千箱，增长到天保元年（1830）的两万箱，由此巨额白银开始流出中国。两万箱鸦片的估值约为一千余万两白银，相当于中国约四千万年收入的四分之一。中国在宽政八年开始禁止吸食鸦片，但没有效果。而且在天保八年，美国商人也开始向中国走私主要来源于土耳其的鸦片，这时输入中国的鸦片合计达三万九千箱，吸食人数已经超过二百万。

英国在天保五年废除东印度公司在中国的贸易垄断权，从民间商人中征得巨额的鸦片税收，控制了印度。英国公司一方面用买卖鸦片获得的收益购买中国茶叶，另一方面又向印度推销棉布。流出国外的中国白银在文政四年（1821）后的四十年间，达到一亿美元的天文数字。

天保十年（1839），清朝道光帝派遣湖广总督林则徐收缴来自英国的鸦片两万余箱（在中国的时价约为一千五百万美元），在海水中销毁。其中，仅怡和洋行就占七千箱，紧随其后的颠地洋行有一千七百箱。这两家公司也在日本开放通商口岸后立即开设了横滨分店，是引领对日贸易的大公司。之后，英国两艘军舰和清国舰队在穿鼻洋一带发生冲突。

穿鼻海战后，英国国会以九票的微弱优势通过对华战争的提案。这时威廉·尤尔特·格莱斯顿发表著名的反对演说，“其原因是如此不正义的战争，永远无法洗去污名的战争，我不曾知道，也闻所未闻。”保守党的格拉汉姆也发表反对演说称，“像这样的非正义战争，即使胜利，也无法获得任何荣光。”演说持续了三个小时之久。

七月四日，英军派遣四十八支军舰组成的舰队和四千兵力于舟山群岛开战，攻击中国东南沿海各个城市，翌年占领厦门、舟山、宁波，第三年攻下乍浦、上海、镇江，逼近南京，清政府屈服妥协，签下《南京条约》。中国割让香港岛，开放广州、福州、厦门、宁波、上海为通商口岸，赔款六百万银元以及一千二百万银元军费，在追加条约中又承认英国的领事裁判权、最惠国条款，放弃关税自主权。

陈舜臣在著作《鸦片战争实录》结尾处指出，鸦片战争的主要目的是让中国认可鸦片贸易，这毫无疑问是英国发起的“非正义战争”。他还在著作中引用了格莱斯顿有名的反战演说，指出议会表决仅存在微小差异。这些历史的印记都不容忽视。

人类历史上，英国等欧美“文明”同亚洲的关系、意义应该如何评价的问题正在于此。以下的章节将详细探讨这一问题。

鸦片战争的消息

日本初次得知鸦片战争的消息，来自天保十一年（1840）六月进入长崎港的荷兰船，由此，鸦片贸易的实际情形、英国和清朝的交涉、穿鼻海战中“清军水师”如同树叶般被打飞的苦战情形等传到日本。

正式的战争情报则是中国船带来的。该年十二月入港的中国船上的唐船风说书[1]准确记录了四十四艘英国军舰占领定海县，以及定海县知事和众多中国士兵死伤惨重等情况。这些消息给老中水野忠邦造成巨大冲击，他曾在私人信件中写道：“虽为异国（中国）之事，应成自国之戒。”

这时，中国在日本眼里无疑是大国，就连狂妄地将朝鲜视为“贫弱小国”的德川齐昭，也在鸦片战争爆发前一年说“清国无论怎么说都是大国”，“夷狄（欧美国家）不会轻易出手，朝鲜、琉球等贫弱小国之流当会不屑一顾，如此，第一觊觎日本，其次则欲令清国臣服”。可见在齐昭的设想中，若欧洲各国侵略东亚，首当其冲的便是日本。这是符合德川齐昭本性的“国际形势论”，相当耸人听闻。但事实上，他的预测谬以千里。

即便如此，将中国视为英国都敬而远之的“大国”，是这个时代日本对中国的真实评价。但正因如此，日本所受的冲击极其强烈，“清国的覆辙”在他们内心留下深刻的印记。

接着，天保十二年（1841）三月到六月的唐船风说书汇报

---

1 风说书是日本锁国期间获取外界信息的途径。有唐船入境时，长崎奉行便派人登船盘查，了解航程经过之地、船员构成及其家乡风土人情、中国及其周边态势等情况，最后将询问结果汇总成册，转呈幕府，此为唐船风说书。

了英军占领广东的消息。天保改革开始后，天保十三年六月荷兰的情报也传到日本，其中尤其重要的，是新上任的商馆馆长皮兹西传达给荷兰语翻译官的信息。皮兹西在澳门与英国军人会见时，从后者那里听说“或许会进一步前往日本附近海域，如有不当之情形，一战之兆自然有之”，得知英国海军可能来袭的重要情报。幕府知道情势紧迫，却向大名封锁消息，一时流言四起。

备战鸦片战争

通过最初的鸦片战争情报得知中国兵船“如树叶般纷飞”的苦战情形半年后，幕府任用西洋炮术专家高岛秋帆为幕臣。第二年五月，广州攻防战的消息传来时，高岛秋帆在武藏德丸原进行西洋炮术演习，目的是为了备战鸦片战争。高岛秋帆是长崎町年寄[1]，也是当时屈指可数的兰书收藏家，通晓西洋枪械，拥有从荷兰购入的臼炮、步枪、猎兵枪。臼炮是高角发射的大炮，而加农炮的弹道基本上是水平的。步兵连队与大炮协同作战的战法确立于 18 世纪的欧洲，大炮置于前列，步兵枪队位于其间。这种战队威力强大，突破这样的阵营需要大量训练。高岛秋帆在演习中使用荷兰语号令，开明派的幕臣江川英龙也随

1 年寄，幕府或大名家中的重臣，或在町村层面负责指挥的人。

之学习高岛流炮术，此后，幕臣以外的武士也获得学习机会。

文政八年（1825）的外国船只驱逐令在天保十三年（1842）七月下旬发生重大转变，薪水给与令[1]出台。幕府对薪水给与令的评议未留下相关史料，但在七年后，浦贺奉行的海防策意见书中有证言称，薪水给与令为“三人专断”的结果，其中的“三人”是谁，除了水野忠邦以外已不可考，但足以说明这是由极少数的幕阁专断推出的政策。

前述长崎商馆馆长向荷兰翻译传达“如有不当之情形，一战之兆自然有之”的英国来袭情报，正是这年六月二十二日左右的事。当时从长崎到江户的快件需要二十天，薪水给与令出台是翌月的二十三日，如果幕阁商议花费十余日，则先后关系正好吻合。有研究者推测，该长崎情报正是薪水给与令发布的直接原因。

翌月之初，幕府命令忍与川越两藩负责相模（川越藩）、房总（忍藩）江户湾两岸的警备，并于十二月决定重设下田奉行，新设羽田奉行。

天保十四年（1843），印幡沼沟渠工程开始动工。印幡沼是在千叶县北部、利根川下流的低地形成的面积达二十点五平方公里的宽广沼泽地，现在由于第二次世界大战后的国营排水开垦工程而缩小为五点一平方公里的北印幡沼和五点六

1 薪水给与令，同意为外国船只提供燃料和饮用水的法令。

平方公里的西印幡沼。被动员负责修筑的大名为鸟取藩、庄内藩、沼津藩、秋月藩、贝渊藩（上总）的五位大名。幕府要求在十个月内完成河面宽度为十间（十八米）的水渠，各段工程由各大名分摊。

在宽文、享保和天明时期，幕府三度尝试在印幡沼开启排水开垦工程，均以失败告终。此次工程要开凿的，是从印幡沼到检见川的水路和通往名洗浦的利根川的水渠，江面宽度被规划为十间。研究该工程计划的相关史料的藤田觉指出，该计划的目的是让航行于利根川的载重五百石的高濑船可以错开航行。在当时，尽管政策意图完全没有公开，但这一开凿工程实际上具有开辟铫子到江户的物资输送水上通道的意义。

文政九年（1826），西博尔德在著作《江户参府纪行》中写到，江户拥有“异常多的人口”，通往江户的海上运输如果中断一周，会“给大名邸宅带来显著压力，贫困的庶民阶层也会为饥饿所苦”，一眼看穿了海上停运会使江户陷入困境。日本人也认识到了这点，佐藤信渊便在《梦梦物语》中提到，如果通往江户的海上运输受阻，“东都（江户）人将在十日内饿死”，事态被设想到“江户人饿死”这样严重的地步。

但归根结底，江户是政治都市，而不是由生产力发展造就的都市，拥有“异常多的人口”，必要物资要依靠大坂供给，因此弱点明显。江户同今日的日本一样，粮食自给率很低。19世纪前半期从大坂、东北和其他地方运来的物资，都是从浦贺水道进入品川。不久后前来叩关的佩里也注意到频繁进出江户湾的运输船。

于是，印幡沼工事提供了江户湾被封锁情况下开辟从铫子到品川的内陆水上通道的可能性。但这也是需要巨额费用的工程，有可能对被动员的藩的财政造成毁灭性打击。因此，有人提议将河面宽度从十间缩小到七间，但水野忠邦不让步。

开工后三个月，投入劳工六万人，耗费二十三万两，完成百分之九十。但由于水野忠邦失势，原本负责的五位大名在闰九月被免除义务，工程转而由幕府直辖。但事实上工程停止了，印幡沼工程第四次失败。

上知令与改革的失败

天保十四年（1843）六月，江户和大坂的上知令[1]发布。此次上知令所针对的，是江户和大坂周围方圆四十公里的地区，对此幕府只是依循前例称“为监管之便”。幕府实施上知令的目的，有说法认为是为了获得年贡率高的大名和旗本（直属将军的武士）的私有地，也有观点称是为了解决江户和大坂领地错综复杂的状况，以强化将军的统治。而且，幕府此前发布命令将江户湾入口最狭窄的浦贺和富津联结线的南边防守委

1 上知令，没收土地、收归直辖的命令。

任给川越藩（西岸）和忍藩（东岸），北部防御则通过新设羽田奉行由幕府亲自指挥。为了构建这种幕府直辖的体制，在军事上也有必要重新整理江户周边错综复杂的领地。

上知令针对的对象大部分是谱代小藩，五百石以上的藩主被换到年贡率低的土地，五百石以下的则按每百石黄金十两的比例折算，引发大名和旗本的强烈反对。在大名看来，自己在德川家康以来因先祖战功受封而世代相传的土地“无罪不可移封”。在江户时代两百多年的历史中，特别是进入 19 世纪以后，旗本和大名已经与领地形成密不可分的关系，即使是幕府也意识到不能轻易插手，只要不失政、不犯罪就不能易主的观念逐渐形成。对此，水野忠邦提出“按照现任将军的想法”“按照如今的想法”的理论与之对抗，搬出当时的将军对抗大名的领地意识。

在大坂周边的各村，藩主和旗本会向村里借钱提前缴纳第二年的年贡，因此各村和大名、旗本之间也形成一种不即不离的关系。藩主或旗本将年贡的使用完全委托给知行所的村方，作为回报，由知行所承担旗本和大名的日常伙食支出和旧账。熊谷光子指出，之所以形成这个体系是由于贷款给旗本、大名的银主商人毁约，即由于旗本、大名经营的不善。就这样，领地的经营权转移到知行所的村方手中。由此可知，大坂周边村方的农民力量实际上强大得惊人。而且幕府在翌年七月以“海防方面的御用”为名目，命令大坂、堺、兵库、西宫的町人缴纳一百一十五万两的御用金，在最糟糕的时候大坂一带的村子还一度陷入危险状态。

甚至在大坂拥有上知领地的老中土井利位的地盘上，也发生了要求即刻还款的农民运动。旗本动员水户和纪州家，支持水野的土井利位等许多幕阁甚至大奥都开始反对上知令。闰九月七日，上知令以将军的名义撤销，十三日，水野被罢免，天保改革失败。据说江户民众在夜里聚集在水野宅邸周围，几千人大声呐喊，向院中投掷石头，捣毁了附近的岗哨所。

如同三方领地交换时所见到的一样，大名长达两百多年的既得权意识不断增强。另一方面，大坂等地的农民承担了知行所的经营权，和武士、大名形成密切关系。

第四节 | 天保改革前后的日朝关系

和朝鲜通信使的平等外交

如前所述，鸦片战争中国的战败，即“清国的覆辙”，给天保改革中幕府的政策造成巨大影响，日本与朝鲜的关系也开始出现变化。

朝鲜通信使在正德元年（1711）、享保四年（1719）、宽延元年（1748）、明和元年（1764），分别为祝贺德川家宣、吉宗、家重、家治继位将军，以朝贺使节的身份来到日本，此时负责对朝外交的是对马藩的宗家。使节每次都有四百七十人以上，通往江户途中的各藩沿路设置住宿和休息的场所，还为大规模的接待和迎送活动花费五十万甚至一百万两。同时也有大批学者、文人、医生等拜访朝鲜通信使的留宿地，学习朝鲜文化，推进文化交流。

进入 19 世纪，文化八年（1811）的朝鲜通信使被限定为“易地通信”，即不再前往江户，而是前往对马并在那里接受招待。

德川家齐就任第十一代将军的天明七年（1787），正值江户时代前所未有的大饥荒最为严重的时期，对马藩的使节（差倭）于该年十月向礼曹参判递交文约，请求推迟派遣使节，并表示“此时贵国大使威仪堂堂而来，百姓为接待而匆忙慌张，内心不安，其劳苦情形如同草木连根拔出”（根据孙承喆《近世的朝鲜和日本》的译文）。对朝鲜如此解释也实在是无奈之举。

至于导致来使规模缩小的日本国内原因，中井竹山在《草茅危言》中曾说“不远万里乘船来访实是可喜之事，然而虑及往昔，对本为属国之小夷（指朝鲜），因时势方才结以邻交，以礼相待”，由此有观点认为，是一部分文人视朝鲜为属国的“蔑视观念”导致通信使减少，但这一较为主流的观点在近年受到批判。

正如韩国的孙承喆和河宇凤所指出的那样，如果日本江户幕府持“自民族中心主义”，不以文化优越性为中心，而是以武士“武威”为中心的话，朝鲜在明朝灭亡之后，也产生了以朝鲜儒教文化优越性为中心的“自民族中心主义”。孙承喆认为，丰臣秀吉侵略战争后，朝鲜一方面希望在深受侵害的倭乱[1]后探知日本国情，另一方面也因北方女真族、清朝的威胁而考虑南方安全，于是在 17 世纪前半期希望向日本派遣通信使节。通信使派遣制度是日朝双方都要求实行的对等的外交制度。

18 世纪后半期，朝鲜的两班体制开始动摇，旱涝几乎每年发生，饥民问题愈加严重，在对马易地通信施行的文化八年（1811），朝鲜北部发生其历史上堪称最大规模的民乱，由自称关西大元帅的洪景来发动。另一方面，朝鲜和清朝的外交关系趋于稳定，与清朝的紧张关系得到缓和。朝鲜向江户派遣通信使的必要性变低，通信使规模随之缩小。由此可见，使节规模缩小，并不仅仅因为日本国内的情况，也是因为日本和朝鲜的要求趋于一致。

日朝关系

关于朝鲜通信使，有严厉的观点认为那是“以和平虚饰其

1 指壬辰寇乱，日称文禄、庆长之乱，是丰臣秀吉在基本统一日本后对朝鲜发起的侵略战争。

表”的贫乏的国际关系。尽管这种主张不能忽视，但日本研究者认为是日本对朝鲜的蔑视单方面导致通信使规模缩小的观点，被韩国研究者批判为轻视朝鲜方面的主体性。

即使是欧洲国家之间的外交，“国家间的平等”体系也是伴随 18 世纪后半期国际法的成立才形成的。近代以前，国与国之间达成“对等或平等”关系极其困难，日本和朝鲜的对等睦邻体系，从世界范围来看都可以说是极具特色。

如前所述，在德川家齐继承将军之位时，幕府以灾害为由要求易地通信。对此，对马易地通信使带来的朝鲜国王的书信上，也写有“遥闻殿下承继大统，广施文德，慰抚邦国，民心戴之如天，实乃无上之喜”（上引书译文），可见日朝关系超越了背后存在的对抗关系，实现了相对稳定的局势。

由于招待朝鲜通信使需要巨额经费，因而也有观点认为，与其向朝鲜派遣通信使，加强南境边防的财政负担更轻。孙承喆也曾指出，朝鲜方面存在一种观点认为，“由于壬辰倭乱后对日本持久的复仇心和警戒心逐渐淡化，通信使的重要目的之一——探查日本国情的必要性也相应减少。”也就是说，深入朝鲜人骨髓的对壬辰倭乱的怨恨和同仇敌忾之心（“万世怨”“九世复仇说”）在江户时代后期逐渐缓和。

朝鲜 18 世纪的实学思想家逐步摆脱“朝鲜中华思想”的束缚，也是他们对日认知发生变化的背景之一。此外，通信使带回的日本书籍，也有助于朝鲜理解日本。以下将结合河宇凤的研究对这点加以介绍。

18 世纪的思想家星湖（李瀷）倾注一生收集日本地理、历史、风俗、文化、政治体制等知识和信息，并且以获得的正确知识为基础，对日本的产业和文化予以部分肯定的评价。相比雪除壬辰倭乱的旧怨，他更强调从现实角度维持日本和朝鲜睦邻关系的重要性。

星湖认为，朝鲜通信使去江户，而日本未曾派人来过汉城，是朝鲜蔑视日本的表现，因此主张恢复以诚信为基础的外交态度和平等的外交礼仪，提议“宜变更约定，三年一度互派使节，我往彼来，各各达于都中（江户与汉城），削其繁费（巨额的费用），禁其慢谲，则情相通，义相比也”（依据河宇凤《朝鲜实学家眼中的近世日本》的译文），这堪称堂堂正正进行平等外交的提议。

另外，在流刑生活中完成朝鲜实学、以“茶山学”著称于世的丁若镛读过日本古学派儒学，对太宰春台和荻生徂徕有强烈共鸣，认为他们的水平超过朝鲜。在著作里，丁若镛并不赞成日本古学派过度政治性的解释，严厉批评其愚民观，但也多次引用太宰春台和荻生徂徕，可见朝鲜方面对日本的认知也十分多样化。顺带一提，丁若镛被 19 世纪前半期统治朝鲜王朝的保守的势道政治[1]排挤出政界。

---

1 势道政治，也称“世道政治”，指李氏朝鲜后期由国王信任的人物或集团独揽大权的状态。

对日朝关系进行一元性评价是错误的，日本对朝鲜的认识也是同样的道理。在日本方面，众所周知，虽然日朝交流有限，但通信使带来的退溪学以及陶瓷器等引发了对朝鲜文化的积极关注和崇敬之心。

天保改革和朝鲜通信使

天保八年（1837），在德川家庆就任将军之际，幕府以江户城火灾和歉收为由，让前来祝贺将军继位的朝鲜通信使转而在对马易地通信，下令于弘化元年（1844）开始执行，并为此着手准备。然而，天保十二年着手进行天保改革的幕府又密令对马藩就大坂易地通信一事与朝鲜交涉，并于天保十四年正式命令与朝鲜商讨大坂易地通信。同年，水野忠邦被罢免老中一职，根据池内敏的研究，此后幕府并未改变大坂易地通信的方针。

水野之所以提出大坂易地通信计划，是因为在大坂迎接的花费更少，接待也会更加隆重。水野在给对马的命令中反复重申厚待朝鲜的原则，“如在三都（江户、大坂、京都）之一接引入城，乃与江户同等的深交、优待”，而在对马则“礼待不厚”，“两国交往日益深厚，为谋永久，唯有定为大坂之城”，对此，“应以睦邻诚信的情理进行交涉”。

接任的老中阿部正弘沿用了水野的大坂易地通信方针，对此，德川齐昭强烈反对。攘夷论者齐昭基于鸦片战争的影响，

漂流朝鲜人之图（鸟取县立图书馆藏）

反对在大坂接待朝鲜，并且认为不可厚待，主张朝鲜是“如同禽兽的夷狄”，如何对待都无关紧要，甚至认为厚待将招致国内的指责。

与此相对，阿部正弘当初未必赞成在大坂接待朝鲜通信使，但仍然反驳齐昭称，“国内的指责是国内的问题，朝鲜人的指责（韩人诽谤）则是会波及外国的问题”，主张即使耗费资金和人力，也要在大坂接待朝鲜通信使。这说明阿部正弘充分考虑到“朝鲜人的指责”，认为应当对朝鲜人示以尊重。

关于19世纪前半期日本对朝鲜的关注，此前学界的主流是沿着德川齐昭等知识分子对朝鲜的蔑视这一路径进行解释，但是正如水野忠邦、阿部正弘等人的主张所示，这一时代对朝鲜的认识是多样的，他们对外会考虑到“朝鲜人的指责”，并未接受齐昭等人认为朝鲜是“如同禽兽的夷狄”的极端论调。

后来江户城西之丸发生火灾，日本继而在嘉永六年（1853）迎来“开国”，迎接朝鲜通信使的计划终究没有实现，文化八年（1811）的朝鲜通信使成为最后一批通信使。

19世纪的日朝关系由于通信使中断，双方的信息渠道除对马外全部断绝，商品与书籍的联系也停止了。有观点指出，正是由于这个原因，在朝鲜，茶山之后的实学家对日本的关注也随之减退。而且，朝鲜在 18 世纪末禁止对日输出朝鲜书籍的措施，也使日本知识分子对朝鲜多半包含敬意的关注也不断减少。

虽然通信使中断，但数量庞大的朝鲜漂流民和日本漂流民分别由对马和釜山送回故国的惯例延续了下来，送还费用由漂流到达地的地区和国家负责。

根据池内敏的统计，19 世纪（1796—1872）朝鲜人漂流到日本四百三十八次，共三千七百七十六人，日本人漂流到朝鲜有三十一次，共五百五十八人。朝鲜人漂流的其中一例是，十二名朝鲜商船船员在文政二年（1819）漂流到鸟取藩八桥郡赤崎（今鸟取县东伯郡琴浦町）岸边，之后被救助送还。描绘该情形的挂轴近年在鸟取县立图书馆被发现。正如鸟取县立博物馆编纂的《漂流到鸟取的朝鲜人：文政二年伯耆国赤崎海岸漂流一事史料集》所指出，从画上毫无偏颇的写实描绘中，可以看出两国人民沟通的努力和诸多“亲切交流”。该书还指出，相比武士，庶民接待流民更加热情。虽然有部分知识分子像齐昭那样持有狭隘观点，但当时在一般的地方蔑视朝鲜人的看法并不普遍。此处所举的虽只是漂流一例，却反映出相遇即“交流”的情景，这才是近世后期的日本，尤其是平民中，占据主流的对朝认识。

第五节 | 雄藩的改革

萨摩藩的改革

该节将考察西南雄藩在天保时期的藩政改革。西南雄藩的天保改革与幕府的情形颇有不同。以下将先概括从天保时期到安政时期萨摩藩、肥前藩以及长州藩的改革情况。

萨摩藩（石高七十三万石）的负债在文政末年（19 世纪 20 年代）高达五百万两，按照当时的市价便相当于大米五百万石（七十五万吨，相当于现在的二兆日元）。岛津重豪将改革全权委托给城下士最低级的小姓组出身的调所广乡，后者于文政十年（1827）着手改革，采取“欠账不还，开发新的国产品以求增收”的方针，最后获得成功，被提拔为家老。

针对负债问题，调所广乡以换发为借口，收回江户和大坂商人手中的借据，还以存折，单方面地通知二百五十年分期付款，无利息偿还。结果，债权人群情激愤，闹上公堂，最后在幕阁的斡旋之下接受新的政策。

另一方面，调所广乡积极推进物产交易，核心是奄美大岛、喜界岛、德之岛三岛的黑糖收益。18 世纪后半期首次实行的黑糖收购制度（专卖制）在天保元年（1830）卷土重来，人称“黑糖地狱”，萨摩潘通过残酷掠夺，在十年间获得两百三十五万两的收益。此外，通过以琉球为秘密基地的中国“唐物”走私贸易和虾夷地的海带等“俵物[1]”的秘密出口等，当地形成全国规模的走私贸易系统，从虾夷地经新潟和富山连接萨摩、琉球乃至中国，甚至染指假币制造。

在天保改革取得一定成果后，弘化元年（1844）后英国与法国舰队相继来到琉球要求通商。因此，调所广乡开始着手西式军制改革。但在嘉永元年（1848），调所广乡因害怕走私贸易被幕府发现而自杀。

此时，世子岛津齐彬和藩主岛津齐兴侧室由罗所生的忠教（后来的久光）发生继位之争，思想开明的岛津齐彬由于老中阿部正弘的介入与支持而得以继承家督。他兴办西式的工厂集成馆，立志将藩国建设为“东亚的英国”，还在将军继嗣问题上参与拥立一桥庆喜的改革派大名运动。

集成馆的前身是矶（鹿儿岛市吉野町）的冶炼所，那里的反射炉、熔炉、水力钻开台（削出大炮内部的钻台），以及生产玻璃、糖、陶瓷器等的工厂都是当地根据荷兰书籍独立建造的，在最鼎盛的时候有一千二百名工匠和小工，并且配备有两个著名的反射炉。当时的玻璃制造工厂造出的蓝黄红的“萨摩雕花玻璃”在今天依然评价很高。

岛津齐彬在安政大狱前突然去世，岛津久光继承亡兄的遗

1 俵物，用草袋子装着的货物，也专指用于出口的水产品。

志。为了实现公武合体，他在文久二年（1862）率领一千名藩兵入京，此后遭遇生麦事件，由这一事件直接引发的萨英战争（后述）致使集成馆被烧毁。

肥前藩的改革

在19世纪20年代，肥前藩（石高三十六万石）的负债远远超过了两万贯白银，换算成大米即是三十五万石（五万二千五百吨）以上。在藩主锅岛直正（当时名为齐正）手下，中坚家臣团掌握实权，着手进行藩政改革。

借自长崎的债务分期百年偿还，借自大坂的债务让债权人捐献本金的四分之三，又让借自大坂鸿池的债务分期千年偿还等——肥前藩通过赖账重建财政，并将每年除年贡米以外的小物成收入（杂税）作为军用存入藩主手头的“悬砚方”，用以积蓄资金，“悬砚方”的资金之后充作建造反射炉，购买军舰、大炮、枪支的费用。

作为外样大名的肥前藩拥有庞大的家臣团，在农村居住的具有武士身份的人也很多，这是肥前藩未发生村民暴乱和大规模农民起义的原因，与相邻的谱代藩——唐津藩时常发生大规模农民起义和暴乱刚好相反。在肥前藩，原本作为政务方的“请役所”统揽政务、财务、民政，彻底削减藩吏和役方的费用，削减三分之一的官员共四百二十人，人称“前所未闻的大淘汰”，由此进行官府的集中重组。

另外，肥前藩在一定程度上承认商品生产的渗透，编制了户籍，但禁止农民商人化。为了提高生产力，天保十二年（1841）藩内着手进行农地改革，减免或全免佃农的地租；嘉永五年（1852）开始实行“均田制度”，收回町人地主的土地，重新分给地主和佃农。通过牺牲地主阶层，肥前藩一方面得以减免地租，另一方面试图尽可能多地征收年贡，年贡总额在 19 世纪 30 年代末恢复到十万石的水平，此后保持稳定。这一收入成为肥前藩军制改革的基础。

此后，外号为“经济大名”的锅岛直正设立统揽国产专卖的官方机构——国产方，在安政元年（1854）除实行白蜡、陶器、煤炭专卖以外，还在长崎设立佐贺商会，实现与荷兰的直接交易，获得巨额利润。他们利用这些资金在长崎购入西式武器、弹药、蒸汽船等，发展成为让人刮目相看的军事大（藩）国。

和萨摩藩一样，肥前藩翻译了荷兰的《大炮铸造法》（原著出版于文政九年［1826］），并以其中的知识为基础，在嘉永三年（1850）设立大炮制造方，开始建造当时欧洲最新式的反射炉，为了制造耐高温的砖，还运用以往有田烧制窑的技艺和瓦匠的技术，最后于嘉永五年成功铸造日本第一门铁制大炮。另外，肥前藩在同年设置精炼方，开始研究蒸汽机等西方科学技术。

长州藩的改革

另一方面，长州藩（石高三十七万石）的财政危机虽然没有萨摩藩严重，但也在天保九年（1838）负债九万多贯白银，在当时相当于七十五万石（十一万二千五百吨）左右的大米。但是，由藩主直辖、单独结算的抚育方在幕末时期每年有三百多贯白银盈余的另项资金。如第二章所述，天保二年发生了六万到十万农民卷入的长州藩天保二年大起义，之后的天保饥荒又再次引发起义。为此，长州藩实行减半藩士知行（俸禄领地）的"半知"措施，家臣团陷入贫困的境地。

天保八年，新任藩主毛利敬亲起用村田清风，针对长州藩的困境进行彻底改革，规定由藩方承担藩士的债务，用三十七年分期偿还本金，政策近似于赖账。

另一方面，长州藩改革的一环是致力于扶植产业，设置了国产方，试图复兴专卖制度，还对藩内商人实行免札制（登记制），作为官方机构的国产方还会与其他藩的船只开展交易。长州藩的特产原本是被称为"防长三白"的米、纸、蜡，之后又加上棉花和盐成为"防长五白"，其中棉花是最主要的产品。

天保十二年，为了制作藩内地理和产业的明细簿，长州藩要求各村以村为单位编纂《防长风土注进案》，在详细调查后记录各村的再生产情况，作为管辖的基础记录账簿。

《防长风土注进案》的数据之详细令人叹为观止，甚至让人怀疑此账簿是否为江户时代的产物。其内容囊括村庄面积、行政单位区划、地势、土壤与土质、用水、施肥、气候、年贡数量、各种租税、米仓、储备粮、道路、山林、河川、堤防、沟渠、户数与人口、牛马数、风俗与定例活动、产业与物产、神社寺庙、名胜与遗迹等方方面面。

在研究者中间曾有定论称，长州藩的“商业性农业只不过是以附近农村为对象的极小范围内的商品化”，但这一包罗万象的《防长风土注进案》于昭和三十五年（1960）由山口县文书馆以全二十三册的形式出版后，极大改变了这一观点。长州藩的商业性农业产品有棉花、油菜、蓼蓝，以及其他诸种蔬菜和烟草等，在濑户内海沿岸各郡农村还发展工业（主要是棉织品生产），销往村外的销售额是商业性农业的三倍以上。芝原拓自详细分析了《防长风土注进案》，认为该地农村的发展直逼日本最发达的尾西地区的棉花生产规模。其中，小郡、上关、大岛的棉织品产量占到各自地域销售总额的百分之四十。

另外，《防长风土注进案》记录的数据极其详细，不仅有村中牛马数量的总计，也计算了牛马折旧的费用，折旧年率为百分之七，寿命为十四五年，折旧被记为“仕继”或者“间欠”，学界认为这是“日本首次出现折旧”的事例。

长州藩的商品生产发达，年贡率在全国也处于极高水平。而且如第一章所述，18 到 19 世纪，长州藩人口增长显著。高水平的年贡率看似与增长的人口相矛盾，但实际上，长州藩是基于《防长风土注进案》等基础账簿，在详细掌握各村再生产结构的前提之下，实行了更为合理的年贡征收政策，甚至完善了从产业基础、道路、堤防到船运等的基础设施配套建设。

田中诚二的研究表明，即便是日本年贡率最高的长州藩，在19世纪前半期之前，靠濑户内海一侧的农民的生产力显著提升，也能获得百分之二十到四十七的收益（农民的净收入）。

同一时期，长州藩在下关设置越荷方（藩营的金融兼仓库业），还根据大坂市场行情，将仓库和资金出租给经由下关贩卖物产的运输船业者。越荷方的业绩逐渐上升，在成立第四年就还清了将近三分之一的债务。

实行赖账的村田清风受到商人的强烈抨击，于弘化元年（1844）下台，取而代之的是深受商业资本欢迎的坪井九右卫门。坪井与村田形成鲜明对比，他采取积极的政策，从大坂商人那里借来五千贯白银（相当于大米六万八千石，合一万吨），用于偿还当地商人。对萨摩、大坂、江户、对马、长崎、越前等的藩营贸易也超出天保改革时期，但越荷方和物产交易都是与幕府冲突的政策。

在幕府签订通商条约时，村田等“正义派”（革新派）与坪井等“俗论派”（保守派）产生政治对立，这两派之后分别由周布政之助和椋梨藤太继承，集结在两派旗下的均是中下级武士的能吏“有司”。在一段时期内，坪井派和周布派轮流掌握政权，在竞争的过程中录用人才和剔除门阀。

改革的领导者、官员

实际掌握雄藩藩政的官员（有司）是什么样的人？这股日后将对明治维新产生影响的势力通过藩内的人才录用，登上政治舞台，正是在天保时期。本节将试以长州藩为例来考察这一过程。

领导长州藩天保改革的是此前所述的村田清风。村田是藩士大组出身，大组也称八组，是长州藩的核心家臣团，俸禄九十石，没有随从，是所谓"单枪匹马"的武士。这一阶层的武士是藩的中坚力量。

村田清风就任御用所右笔这一要职，后升任藩地家老手元役，开始进行天保改革，此后历任江户家老手元役等要职，就任江户家老用谈役，主导改革。右笔原本是书记职务，手元役是"传达诸事的职务"，有时也兼任"控物方"（保管文书的职务）。右笔和手元役等都属于实务官员，这部分有司掌握了 19 世纪长州藩的实权。

根据记录幕末维新时期长州藩活动的史书《修订防长回天史》，长州藩藩政实权的变动如下：建藩初期由一门（一族）的加判役[1]，即藩主的血亲一脉掌握实权，之后权力逐渐向江户家老（当役）和藩地家老（当职）等重臣转移，不久"手元役

1 加判役，在幕府或大名府内负责署名或盖章的重臣。

的权势逐渐增强，随后右笔的势力增长，近年长州藩藩地政府和江户政府的实权实际上基本掌握在手元役和右笔手上”，身为书记一职的右笔开始被称作政务方，成为重要职位。由实务有司掌握藩政实权的情况，在近世后期的其他藩也能见到，幕府中虽然程度有所差别，但也有同样的现象。

这些手元役、右笔在藩主面前召开御前会议，推动长州藩的政治运行。在藩主出席的御前会议中，虽然一门的加判役、江户家老、藩地家老也列席参加，但会议的讨论主要由坐在“二之间”的手元役和右笔推进。

例如，长州藩天保改革的纲要便是在天保十一年（1840）七月七日的御前会议上决定的，村田清风也作为领导者呈报纲要。御前会议并不流于形式，而是如记载所示“直来直去地争论”，议论十分活跃。从记录上可以看到，村田及其继承者周布、与之对立的坪井和最后继承其衣钵的木户孝允等，都毫无顾忌地发表意见，即便有反对意见，也毫不客气地吐露真意并据理力争。这也是武士的作风。

对于实务者有司思路清晰合理、“精勤专一”的形象，村田清风论述天保改革纲要的《流弊改正意见》（天保十一年）中便有充分体现。

村田经常将毛利家的基本法典放在案头，“相比和汉之学，首治第一御家毛利家《长州藩三十三条》（万治制法、毛利家的基本法典）之学，昼夜置于座右，心念守之”。他在实务上十分干练，“地理图（《防长海陆明细绘图》）、户籍册、国郡志（《防长风土注进案》）的记录，有此三者相助，对两国（周防和长门，即长州藩）之事了如指掌”（村田意见书《海防事》），因藩士对藩政了如指掌的“精勤专一”，藩政的“统治智慧”由此逐渐成形。

如前所述，村田从手元役升任用谈役，而长州藩的用谈役正是有司村田所缔造的官职，是聚拢实务官员、接近近代官僚的真正的要职。有司在御前会议之下团结一致，形成对藩政“统治智慧”的垄断。

后来，木户孝允领导长州藩走向讨幕，也是因为他三十三岁便担任这一实务官员中的最高职务才成为可能。村田开创了实务官员的新阶段，后继者是获得村田本人和其他人认可的周布政之助。

周布也是俸禄六十八石的大组即“单枪匹马”的武士出身，三十一岁就任右笔，三十二岁就任手元役，走上有司的仕途，四十二岁自裁而亡。木户孝允也是俸禄九十石的“单枪匹马”的武士出身，三十一岁作为周布的继承者被任命为右笔，年仅三十二岁就因长州藩内战而就任实务官员中最高职位的用谈役。禁门之变和内战中，有司的同僚渡边内藏太、楢崎弥八郎、中村九郎、宍户九郎兵卫、前田孙右卫门等或自杀或被判死刑。

木户孝允继承了在藩主御前会议之下集结实务官员“有司”的实权，也继承了村田等有司对藩政“精勤专一”的“统治智慧”。

雄藩有司“统治智慧”的体制

长州藩、萨摩藩和肥前藩在天保改革中都致力于财政改革，通过形同赖账的方式处理巨额债务，重建财政。这是依靠权力实行的财政改革，与幕府通过改铸货币和征收御用金，使用货币铸造权从流通市场中获取利润以维持财政的方式有共同点。这两者均是依靠权力的财政改革，并不存在立场上的根本差异。

如第二章所介绍，大坂等地的小大名因无力还债，被商人视为毁约，于是委托村方定期上交一定的资费，使得村方掌握了领地经营权。西南雄藩和大坂小大名之间的财政政策形成了鲜明对比，这可以说是因为两地大名的政治力量存在差异。在大坂等地，地方上的民力占优，而西南诸藩家臣团庞大，控制和组织民力的力量较强。

物产交易的利润在肥前藩和长州藩都是单独核算，被作为“悬砚方”（肥前藩）、“抚育方”（长州藩）等藩主的私有资金纳入管理，成为西式军制改革的资金。而萨摩藩是走私贸易，因此无法掌握其实际情况，但其利润在藩内也是另外核算，成为军制改革的资金。

其中，尤其大规模开展物产交易的是萨摩藩。当地因为农业生产力低下，所以大胆开展以琉球为中心的走私贸易，从中国进口“唐物”、让虾夷地出口海带等俵物都是明显违反幕府法律的交易。长州藩的物产交易和越荷方，也是违背幕府的政策。萨摩藩调所广乡的自杀，便戏剧性地反映了这种对抗关系。

雄藩的物产交易政策一方面对抗幕府，一方面为了成功又不得不与之共存。由此，长州藩和萨摩藩分别通过航海远略策和率兵上京的形式发起行动，企图率先就开国问题在幕政中占有一席之地。

在藩内，藩政由中级家臣团出身的有司掌握，他们虽然是家臣团的中坚力量，但在俸禄上却是百石以下的下级，这个阶层在家臣团中占绝大多数，所以也不能断言他们都是下级武士。这些没有随从的“单枪匹马”的家臣，以村田清风为代表，通过实务的“精勤专一”成为藩政的“智慧”，这是他们作为有司的资本。他们在藩主的御前会议上集结部分有司家臣，形成藩政的“智慧”集团，在某种意义上垄断“统治智慧”。而领导雄藩政治运动的这些独具“智慧”的藩政有司，不久后戏剧性地成为超越藩界、统一国家的旗手。

第四章

开国与外交谈判

第一节 | 佩里叩关

以激烈论战开场

嘉永六年（1853）六月三日，由四艘军舰组成的舰队来到浦贺，身为浦贺奉行的与力中岛三郎助划着番船[1]靠近已经停泊的佩里的萨斯奎哈纳号（两千四百五十吨）。荷兰语的翻译知道中央桅杆上悬挂着旗帜的即为旗舰这一“外国之法”，于是才径直向萨斯奎哈纳号驶去。

日美最初交涉的情形被记录在《对话书》中。那是现场接待人员和奉行写成后呈报给幕府的外交交涉的正式史料，现保存于外务省外交史料馆，已经对外公开。

> 中岛三郎助问道：“这是哪国的船，为何来到本港？”美方回答：“这是美利坚合众国的船，自本国首都华盛顿而来，持有总统呈给日本国帝王的书信，有（本国）高官在船上，如无日本高官，恕难接待。”
>
> 中岛说：“虽然此前屡有异国船前来，但在日本的国法里绝无高官上船接待之事……”

1 番船，从上方往江户运输新酒和新棉时争做第一艘船的大型货船。

在一开始，两国便展开了激烈的争论。

佩里在《佩里提督日本远征记》中叙述道，关于和日本的交涉方针，他希望采取与先前叩关日本的“先辈”堪称“完全不同的方针”，坚决贯彻“一个文明国家对其他文明国家应该采取的礼貌态度”，这里佩里所说的“文明国家”便是指欧美各国。

佩里以持有国书为由要求和高官交涉，但是日本方面以高官接待不符合国法拒绝了。原本只是文明国家之间的礼仪，在欧洲却是可能引发战争的重大问题。“外交使节的礼仪”也是国际法决定的事项之一，是推动欧洲形成国际法的力量之一。

万国公法和日本的国法

那时的国际法与今日的不同：缺乏民族自决权，成员只限欧美各国，承认战争权等。今天为了将其与“现代国际法”区别，一般称之为“近代国际法”。欧美国际法在中国被译成中文时，International Law 被译为“万国公法”，在开国之后的幕末（元治元年［1864］）传入日本时采用的也是“万国公法”的译法。

在欧洲，国际法形成法治体系是在近世之后，18 世纪以后以主权国家观念为核心，由国际法学者加以理论化，以条约和国际惯例为基础，形成系统的法律体系，到 19 世纪时，欧美国际法已经明确存在。例如“外交使节”的问题便是在佩里

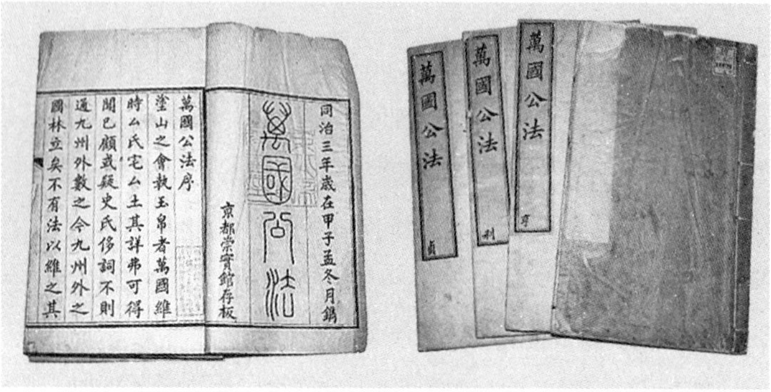

《万国公法》的中国版 （东北大学附属图书馆藏）

叩关的四十年前、拿破仑战争后的维也纳会议上，欧美各国将大使、公使、领事等外交礼节及其细则确立为国际法，这些制度规则被通称为“维也纳规则”，之后又有若干补充，直至今日也是国际社会的准则。

按照欧美国际法的外交原则，佩里携带总统书信，作为东印度舰队司令兼遣日特使，被总统授予广泛权限，相当于特命全权大使，当然有权要求日本高官接待。而日本方面从享保五年（1720）开始，便在江户湾出入口的浦贺水道设置浦贺番所（关所），任命浦贺奉行，下令除了渔船和空船，其他所有船只都要接受与力和同心等下级武士的检查，这是严格的“成规”。以下是《对话书》的后续内容。

与力中岛三郎助的外交

美国方面仍然要求“必须高官出面”，中岛三郎助则回应说“如此拒绝会面，意欲何为……”，反而对美国交涉的方法抛出疑问，对方也当即答道“以帆船登陆，面见高官之人”，表明要宣示武力，强行登陆。这时，日本方面的回答就变得非常关键。

中岛三郎助答道：“国有其国之法，不可触犯，务请允许次官面见。”美国方面妥协了，允许谎称为副奉行的中岛三郎助登上军舰，并安排佩里的副官接见。事实上，三郎助“国有其国之法，不可触犯”的回答符合现在的国际法，也与当时的近代国际法完全符合。

正如开头所述，荷兰语翻译是了解“旗舰”制度的。在经历拉克斯曼、列扎诺夫、戈洛夫宁、费顿号等以长崎为中心发生的各种事件之后，关于法律上的主权，即便模糊不清，也很有可能是知道的。在中国发生鸦片战争之时，销毁鸦片的林则徐告知英国代表，“若去他国，按照惯例应遵从该国法律”，以书面形式主张中国的法律主权。而且，其论据是近代国际法人家滑达尔的《各国律例》（由林则徐命人翻译）。从这些事例中可以看出，我们对19世纪亚洲的“认知”水平的评价一直是过低的。

此时谎称为副奉行的中岛三郎助后来参加长崎海军传习，

学习造船和航海术，致力于日本西式军制改革。在之后戊辰战争（明治元年［1868］）的箱馆五稜郭战役中，中岛三郎助与向新政府投降的榎本武扬等人形成鲜明对照，作为千代岱（函馆市千代台町）兵营的队长，与两个儿子一同战死。根据《对话书》记载，中岛三郎助在舰上询问了船名、将官姓名、船员人数等，美国方面则回答："此船是军舰，无可奉告。"中岛三郎助强调这是"日本国法"的要求，但是美方仍然拒绝回答。佩里方面所依据的是国际法，即便是现在，悬挂军舰旗的军舰仍在他国享有不可侵犯权和治外法权等，即所谓的"军舰特权"，最后日本方面在军舰问题上让步。

半开化国家——日本

在此次交涉之前，佩里舰队停泊在浦贺海面，时值午夜过后，突然一颗"拖着红色楔子形尾巴的巨大蓝色球体"，即巨大的流星从西南向东北划过天空，光芒照亮了整个舰队，这时佩里向上帝祷告："希望我们现在将这个异类的、半野蛮的一国国民纳入文明家族中的尝试，能够不经流血而成功。""半野蛮的一国国民"的表达在其他地方被记录为"半开化的国家——日本"。

近代国际法将世界各国分为"文明国家""半开化国家""未开化"（还不是国家）三个群体。文明国家指欧美各国，是独立自主的主权国家，在理念上互相平等。

半开化国家也被称为半文明国家，指土耳其、波斯（伊朗的旧称）、暹罗（泰国的旧称）、中国、朝鲜和日本。这些国家虽被承认有法律，但这些法律不被视为“文明之法”，主权受到限制，还设立了领事裁判权等特例。而“未开化”一类则根本称不上是国家。佩里承认“半开化国家”的日本有法律，日本也以国法为挡箭牌来抗争。不久，争论的焦点转向美国总统书信（国书）的交接方法。

日本方面主张在长崎交接，佩里则主张在江户交接，最终交涉的结果是在江户湾外湾的久里滨交接。日本方面“歪曲国法”，美国方面也“违背总统要求在首都交接的命令”，双方在各自让步的情况下达成妥协。

双方由此避免战争，就这点而言值得高度评价。但是，虽说是妥协后达成一致，但显而易见的是，日本方面更明显地歪曲了国法。可见，美方以优势显著的军事力量为基础的强硬外交发挥了不可忽视的作用。

与黑船（西式军舰）在军事力量上的差距

日本方面之所以让步，具体而言是由于美国向江户湾派遣测量船这一威慑性行动。在浦贺海面停泊的翌日，即六月四日，佩里命令测量船进入江户湾内，并且“要求（测量船）不要驶出大炮射程以外，并派船做好支援准备，如果受到攻击，可以进行掩护”。支援测量船的是另一艘蒸汽军舰密西西比号。

密西西比号是比萨斯奎哈纳号小一号的小型外轮式蒸汽护卫舰，天保十年（1839）建造，全长二百二十五英尺（六十九米），重一千六百九十二吨，拥有船员二百六十八名、大炮十二门。四千吨级的大型战列舰出现于19世纪初，19世纪中期左右则出现九千吨级的螺旋桨式近代军舰，与此相比，密西西比号属中型舰。但日本的千石船只是百吨级，最大级别的一千六百石船也只有一百五十吨，容纳船员二十人。而且，密西西比号在叩关之前，曾在美墨战争（1846—1848）中，在佩里司令长官的指挥下参加攻占墨西哥城的登陆作战，有作战经验。日美间的军事力量极其悬殊。

密西西比号在此后也曾侵入江户湾内部，据日本方面的记录，战舰逼近了羽田海面十二町，约一点三公里。当时，近代国际法规定的领海范围为三海里（约五点六公里），有明确记载称这是根据炮弹射程确定的。但此时配备爆破弹的佩克桑滑膛大炮的有效射程已经远超三海里，从竹芝海面计算，江户城也在射程之内。

卫三畏在《佩里日本远征随行记》中记录了中岛三郎助登上萨斯奎哈纳号后询问船员的情形：“离开之时，这位目光锐利的指挥官走到船尾，看到巨炮，询问这是不是佩克桑炮，射程距离是……”可见中岛三郎助具备大炮相关的知识，非常关注射程，在军事实力差距巨大的前提下，幕府外交的真正价值受到考验。

入侵江户湾内海

然而，佩里的行动真的符合近代国际法吗？在此，有必要按照国际法探讨一下声称坚决贯彻国际法的佩里自身在江户湾的行动。

如前所示，近代国际法中有领海三海里的原则，此外便是公海，按照“公海自由”的原则，任何国家均可以自由航行，而“领海”只承认一般船舶的无害通过权。与沿岸和入口直线距离窄于八海里（约十一点一公里）的海湾或内海被认定为“内水”，等同于该国领土。江户湾的入口观音崎和富津之间只有大约七公里，因此，江户湾是“内水”，应视同日本领土。

六月六日，密西西比号侵入江户湾内部之时，中岛三郎助曾抗议道：“断难容忍进入内海。”此处中岛将江户湾称为“内海”，这十分值得关注。江户幕府将比浦贺史靠内的江户湾称为“内海”，且“日本国法”规定乘船进入是违法的。我们无从知晓中岛是否掌握国际法中有关“内水”的知识，但他主张“随意乘船进入内海”违法，也完全符合欧美的国际法。全副武装的佩里强行侵入内海，实际上是完全不符合近代国际法的行动。

《测量江户湾》 威廉·海涅绘（出自《佩里日本远征日记》，雄松堂出版社提供图片）

密西西比号侵入江户湾内海之时，日本方面四十五艘番船为阻止测量船而发生对峙，这一情形被与佩里同行的画家威廉·海涅用水彩画描绘了下来。画的中央是测量船，十五六名美国水兵划着船，也有亮出刺刀的水兵。日方番船上，戴着草笠形头盔、穿着红色和服外褂的官员正举扇制止测量船。伸着数支长矛、无数番船队列不断驶来的场景也被精彩地描绘了出来。

远处是富士山，千石船的对面便是黑船，测量船的船尾悬挂着巨大的星条旗，几乎要触及水面（本书的黑白图片可能不容易分辨）。根据参与防卫的川越藩的记录，“番船用扇子做手势，异船伸出剑来”。佩里舰队的画家是为了留下记录被派遣而来，其描绘的内容与日方记录完全一致。

当时的场面剑拔弩张，极易擦枪走火。佩里方面极力避免战争，但正如前面所介绍，在巨大流星划过的深夜，正值停泊在浦贺的第一天，佩里向上帝祈祷“不经流血而成功”，同时也让测量船做好支援的准备，“如果受到攻击，可以进行掩护”。他虽然希望和平交涉，却不顾日方可能的反击，强行侵入江户湾。

美国国务院在佩里出港时下令，“除自卫上必要的情况之外，绝对不应诉诸武力”，并将之作为总体方针，然而在克制使用武力的命令之后又下令道：“如果长官或将校任何一人受辱，断不可宽恕。”美方一方面命令忍耐习俗不同的日本国民的“无礼行为”，另一方面又要求不得损害长官和“合众国的威严”，佩里由此被赋予了广泛的自由裁量权。

近代的主权国家对国家的威严非常敏感，因为国家利益和国民利益失衡而屡屡引发战争，已经成为历史的现实。美方的确希望尽可能避免战争，但如上所示，佩里叩关的本质是炮舰政策，并不是要绝对地避免战争。他们对行使武力的心理准备在《佩里日本远征日记》中有明确记录：“诉诸武力而登陆的问题将根据今后事件的进展决定。”此时，日方让步，川越藩等的番船队按照浦贺奉行“绝不可挑起事端”（《川越藩记录》六月六日）的指示开放了水路。

滨海城市——江户

幕阁中也有主张反击的声音。但在六月六日测量船第一次侵入内海之后，幕阁评议后决定接受美国总统的国书。在老中下达给浦贺奉行的命令书的附加说明中，有明确记录称“连身为大国的中国也终受国土缩小之国难”，可见中国这个“大国”在鸦片战争中战败给幕府外交造成巨大影响。

鸦片战争中，虽然英军战死者很少，但病死者多，牺牲也不小。病死者数量庞大，是动员洪水般庞大兵力的近代战争才会有的悲惨事实。在克里米亚战争中，两军战死者合计二十万，因霍乱、痢疾、严寒等病死的人数远超战死者。基于当时残酷的战争现实，佩里舰队也做好了充分的心理准备。

在鸦片战争中，中国在广州、厦门、舟山群岛、宁波、吴淞、镇江等地不断惨败，在南京防卫的要塞——镇江，八旗的精锐之师一千六百人连同家人全部覆灭，而对面的英军增援到七千人，简直等同于屠杀。尽管如此，清政府并未垮台。

与北京相比，江户是滨海城市，堪称脆弱的首都。佩里从西博尔德文库和荷兰那里购得地图，事先便以军事专家的水平周密研究了接近日本的方法。先派出测量船探水路，再直接对江户加以威慑，正是在观察江户地势之后推敲出来的策略。如前章所介绍，西博尔德等国内外有识之士已经指出江户面向大海的这一弱点。而且，江户是自给率低下的消费和政治城市，如果浦贺水道被封，就会陷入饥荒。

穿鼻海战战败的消息传到北京的皇帝那里却成了捷报——论述清朝及其政治的腐败再容易不过，但话说回来，北京位于内陆广阔的华北平原北端，正处华北与蒙古高原相连的交通要道，整体而言自有其优势。而毗邻大海的江户首战即被暴露于最前线，这是日本与中国在国土和地势上的差别。这不禁令人想起日本侵华战争之际，因领导层轻率鲁莽和难以名状的野心而发起侵略的日军面对中国国土广阔和人力物力资源庞大时切身体会到的震撼。滨海政治城市江户所反映的，正是日本在总体上是军事弱国的严峻事实。

六月九日，幕府在久里滨接受美国总统的国书。美国在国书中指出，进入 19 世纪以来，“国际形势正在发生变化”，并列举了加利福尼亚淘金热（1848）、美中横穿太平洋的航路、日本近海的捕鲸船等例子，要求友好通商，请求补给和保护漂流船员，最后在预告明年会再来日本之后，便启程前往中国。

第二节　幕府外交的实力

人道主义问题

佩里在翌年七月率七艘军舰进入江户湾内海的西岸，在横滨与日本代表进行正式谈判。

第一回合谈判一开始，佩里便对日本全权代表林复斋等人步步紧逼。“日本不重视人命，即便有人在近海漂流也不救助，如果靠近海岸还会开枪防御……而美国会救助漂流的日本人，还将其送回日本，到达港湾附近时却不被日本所接受。日本连本国人民都可以见死不救”，“无情至极”。美方念念不忘莫里森号事件，对日本大加批判，声称日本若不救助漂流船，那便是敌国（“寇仇之国”），言明要“倾尽国力诉诸战争，一决雌雄”，还顺带用意明确地提及美国最近在与邻国墨西哥交战，甚至攻占了其首都，最后以“日本也难保不会重蹈覆辙”作结。

天保八年（1837），莫里森号带着日本漂流民来航却在外国船只驱逐令下受到炮击的事件，前文已经有所说明。在欧美，救助和保护漂流人员，已经作为国际法的规定之一予以明文化，领海内船舶的无害通过权也已经得到承认。美国的捕鲸船也确实救助了很多日本漂流者。在当时，日本虽然是个水上运输国家，但船只的构造很脆弱，密封性很差，漂流船事件不断发生，频率之高令人难以置信。

天保十二年土佐国中之滨的万次郎等五人在鸟岛被美国捕鲸船救助。据万次郎的证言，他们在孤岛上又饿又怕，后被勇敢的黑人水手营救，而且全体船员被照顾得十分周到。之后，开朗聪明的万次郎在美国被培养成船长，进入学校。

弘化二年（1845）同样是在鸟岛，美国捕鲸船曼哈顿号救助了阿波的八名水手，在送还江户途中又救助了快要沉没的八个南部藩人。前文已经介绍过，当时欧美在北海的捕鲸业严酷且充满危险，曼哈顿号这艘限乘二十八人的帆船搭载了二十二名漂流民驶往江户，颁布了薪水给与令的幕府在了解事情经过之后，破格在浦贺郑重接收了这些漂流民。

平尾信子的研究证实，在航海困难的条件下又受制于严苛佣金制度的捕鲸船在当时义无反顾地停止捕鲸，即便可能无法送还成功，也依旧驶向江户。平尾还指出，捕鲸船船长在南安普顿也是出了名的性格温和之人。

如前章所述，那珂港海面上出现的英国捕鲸船曾希望得到一些有助于治疗坏血病的蔬菜，当地渔民也与他们进行了小规模的秘密交易。此时，主张强行攘夷、驱赶外国人的“新论”，与在严酷条件下也要救助漂流民的欧美人相比，让人不由自主地感觉日本史研究者时常过于偏向“新论”的攘夷视点。

欧美近代国际法明确规定领海内的无害通过权，而日本实行外国船只驱逐令，命令“大船如若近前，即予摧毁，此亦合乎时宜之举”，两者间的差别显而易见。此后因兰学家的舆论以及鸦片战争的冲击，幕府颁布了薪水给与令，但史料上也有记载表明幕府正在讨论重新实施驱逐令。但驱逐令在当时的国际社会，无论如何并非通行之法。

《日美亲善条约》的缔结

进入 19 世纪，商业航路发展为全球规模，日本开国势在必行，但因此就可以通过战争强迫日本废除锁国政策、实行开国吗？

近代国际法既然尊重主权国家的排他性主权，以不干涉内政为大前提，那么强制开国在国际法上就存在问题。前述美国国务院总体方针对救助漂流船员的义务是这样陈述的："关于此项义务，国际法学者的见解至今尚未一致，因此不能据此强制其他国家国民。"但是，美国却将无视该义务的国家（日本）视为"人类共同的敌人"，这一逻辑难免牵强。

另一方面，针对幕府的全权代表——大学头林复斋的外交态度，世人多强调其无知无能，但果真如此吗？

根据《对话书》的记录，林复斋进行了长时间的答辩。他首先强调"时机不遇，亦有导致战争的可能"，明示了不回避战争的态度，之后根据事实加以反驳。针对佩里认为日本是"不仁之国"的论调，林表明，日本"至今近三百年的太平"正是因为没有轻视人命才得以持续，继而说明日本的薪水给与令和经由长崎送还漂流者的路径，举出美国漂流船在虾夷地受保护的实例，言明日本的政治并非"非人道"，最后总结道，"即便是贵国（美国），遇到人命攸关之事，亦不愿结累年之遗恨，更不会强行诉诸战争，身为使节对此应三思而后行。"

将漂流船员的问题作为议题是美国国务院的命令。该命令通过“引用”莫里森号事件来要求人道保护，当人道保护都不获认可时，便“立刻转变态度”，“果断传达膺惩之意”。佩里的发言忠实贯彻了国务院的命令。

林复斋在反驳时指出并不是“累年之遗恨”这一点很重要。莫里森号事件发生在天保八年（1837），距离当时已经过去十七年。若要据此发起战争，十七年也未免过于久远，因此林不露声色地提出这一反驳，切中了要害。

林还指出，如果真的“重视人命”，那应该不至于“诉诸战争”，这一反驳也很重要。美国国务院命令的内容是以莫里森号事件为例，将日本视为“不仁”之国，因此认定其为敌国，要通过战争一决雌雄。但战争是最坏的暴力，从救助义务直接联系到发起战争，美国的三段论逻辑跳跃性过强，何况，对于救助是否可以成为强制性义务，从而成为发动战争的理由，国际法的意见毋宁说是否定的。

林复斋从佩里叩关前的嘉永三年（1850）开始，以林家主事人的身份主持编纂江户时代对外交涉史料集《通航一览》（全三百四十五卷）。该书收集了每个事件的多种史料，行文客观，令人肃然起敬，在佩里再次来航之前完稿。可见，在评价幕府外交时，我们有必要排除偏见。

佩里接下来要求通商，希望通过贸易实现“各国共同富裕”。林复斋回答道，即使没有外国商品，日本本土也已足够。

而且本次来航的“主旨”首先是人命，救助问题才是重点，为此他反驳道：“交易之事乃利益之论，涉及人命之事与交易无关。”根据《对话书》的记录，佩里许久没有说话，似乎在沉思，不久才表示不再要求通商。

佩里动辄以“人命”为由盛气凌人地加以威胁，林复斋则巧妙利用佩里的手法，反击其为“利益之论”。实际上如石井孝等学者所指出的那样，佩里搁置通商要求的背后有欧美更重视中国贸易的策略。但林复斋精妙得当的回答，也起到了必要作用。

《日美亲善条约》于嘉永七年（1854）三月三日缔结，是日本缔结的第一个近代条约。条约共有二十二条，第一条强调“永世不朽的亲善”；第二条要求开放下田和箱馆为通商口岸，提供食物、淡水等物质补给，救助遇难船员；第九条规定给予片面最惠国待遇；第十一条则允许领事驻扎。其中，佩里认为第九条的片面最惠国待遇是“最大的成果”。

近代国际法的光明与黑暗

通过嘉永七年的《日美亲善条约》，日本成为国际法共同社会的一员，然而，如片面最惠国待遇条款所示，日本的定位是，同中国、土耳其一样的“半开化国家”。

19 世纪以欧美为中心的国际社会面貌的光明与黑暗，在近代国际法之中得以清晰展现。说起《万国公法》，研究者往往将其视为超脱世俗的、理想主义知识的传入。然而事实并非如此，国际法是记录 18 世纪以来欧美的外交惯例与规则、条约性质、外交使节组织、战争和中立规则等的现实事物，近似于条约集。

近代国际法中光明的部分有前述的国家平等权、内政互不干涉、条约制度、遇难船员的人道主义救助等。另外，国际法明确规定了战时对一般市民的保护（禁止加害非战斗人员）和俘虏保护等内容。

但近代国际法终究是时代的产物。在其中，国家被分成三类，最低级的被称为“未开化”，欧美以外的大部分民族都被分到这一类。正如未开化民族的共同体不被承认为国家一样，居无定所的游牧民族、狩猎民族的土地所有也被单方面否定，欧美以外的土地被定义为“无主”之地，成为文明各国“先占”的对象。先占是指通过发现、移民、开拓等手段征服和占领土地的合法化原则。于是，原住民的土地被文明国家所侵略，而在近代国际法中，这种侵略被视为合法。日本作为半开化国家所加入的，便是这一具有光明与黑暗两面性的 19 世纪社会。

作为后话，西周于文久二年（1862）前往荷兰留学，学习国际法后在幕府的西学教育机构开成所教授国际法，并在明治维新之后出版《万国公法》。他在《万国公法》第二卷第六章以“取有”这一独创的译名准确表达了先占原则。幕末后期，日本得以开始真正理解国际关系。

军舰上的欢迎会

留学荷兰学习国际法的西周所掌握的近代国际法相关知识，是同佩里谈判的林复斋等人所难以比拟的，然而可以因此断定林复斋无知无能吗？如前所述，当然并非如此。而且，将江户时代的日本理解为“封闭的社会”，并且将这一“封闭的社会”在面对异质世界即欧美时的反应想象成“本能的嫌恶和警戒、虚张声势和恐惧”，其实也是一种偏见。

佩里一行还从文明国家的立场考察了日本的武士。如《佩里提督日本远征记》便在序章中全面展开了日本论，在其中，日本被视为“切腹自杀和具有密探制度”的国家，采取恐怖体制。从欧美国家的立场来看，江户时代的日本是处于东方的宗教式专制统治之下的黑暗社会，这一叙事模式可谓根深蒂固。但佩里一行在与现实中的武士会面时，出乎其意料的情景频频出现。他们笔下的全权代表林复斋的初次登场如下所示。

> 身着华丽的丝绸刺绣上衣，端庄威严，神情宽仁睿智，态度谦恭有礼，仪表堂堂。
>
> 他首先与亚当斯舰长寒暄，说话时站起身来，口称得

《波瓦坦号上的招待》（海涅绘，出自《佩里提督日本远征记》，东京大学史料编纂所藏）

睹尊颜，幸甚何哉。日本译员将之译为荷兰语，美国译员波特又以英文复译，继而开始礼节性的会见，双方始终表现得极为友好。

从佩里的角度来看，登场的林复斋也是仪表堂堂，起身以得体的态度与舰长交流，氛围极其和谐，即佩里一方所说的“友好之情”。以中岛三郎助为代表的武士也沉着冷静，礼仪独到且充满自信，这样的形象在幕末的外交舞台上不胜枚举，随处可见。

在《日美亲善条约》成形的二月下旬，美方在波瓦坦号（两千四百一十五吨的护卫舰）上设宴招待日本的官员，《佩里提督日本远征记》收录了海涅描绘该情形的作品。画中，外国人和武士围着巨型大炮交叉列席，美方全体人员起立祝酒。那门巨型大炮是最先进的加农炮，炮尾厚厚捆了一圈熟铁制的固定环，使其能够经受剧烈爆炸产生的冲击力。在画中还可以看见站着与美国人交谈的武士，旁边的武士还把酒瓶放在身后，坐在椅子上吞云吐雾。以下将根据《佩里提督日本远征记》的记述介绍宴会的场景。

武士“表现出一副很能吃的样子”，祝酒时“先起身祈愿健康再一饮而尽，丝毫不控制饮酒”，“不断高声呼喊，叫声中充满欢乐”，比军乐队的音乐声还要大，还“尽情欢笑”。他们把残羹剩饭包起来放入袖子里，让美国人大为惊讶，他们不断劝美国人照做，被拒绝则心生不悦。水兵献上压轴好戏，将脸涂黑跳起舞来，此前独自正襟危坐的林复斋也愉悦起来。

下舰之时，目付松崎“搂着提督的脖子”，“声泪俱下”地不断重复说着“日美心意相通”。“欢乐的一行人全部离舰而去”，萨拉托加号鸣放礼炮，“舰队再次回归平日的静寂，开始执行日常的舰务”。这一结尾的确是佩里等人的真实感受。

武士完全是“欢乐的一行人”，声音压过军乐队，给我们一直以来秉持的幕末“武士形象”一记重击。他们在西洋人面前同样能大口喝酒、尽情欢乐，丝毫没有“本能的嫌恶和警惕、虚张声势和恐惧”。日本人开始畏缩是鹿鸣馆时代以后的事情。而在这里，尽情欢乐与国家主义无疑没有关系。

从林复斋和佩里讨论“人命”的阶段开始，日本人与西欧人同为人类这一事实已经成为大前提。而且如前章所述，虽然兰学在日本受压制，但“在村的兰学”由于生活所需而不断扩大传播范围，西欧的地圆说和日心说都已经广为人知，种痘技术也已普及地方的各个角落。这样的社会状况对日本人认识西欧起到了极大作用。

江户湾入海口的友情

《佩里提督日本远征记》还记录了久里滨国书递交后发生的趣事。

佩里舰队在国书递交不久后，又进入江户湾内海不断示威，在被命名为“美利坚·安克雷奇”（美舰停泊地）的地方停泊，并且在第二天早上放下测量船测量港湾内部，沿入海口溯流而上。岸边聚集了许多想一睹外国人的居民，“有些人手舞足蹈地向小船致意表示欢迎，并且高兴地往小船送饮用水和几个可口的梨”，气氛十分友好，还“交换吸食香烟”。有士兵拿出手枪“开了一枪，让第一次见到手枪的群众非常感兴趣，日本人又惊又喜”。回到舰上的水兵记录道：“日本人亲切的性格和国家的美丽让我们欣喜若狂。实际上，放眼望去的风光如画，从未见过如此美丽的风景。舰队上的人也饱览周围海岸风景而不知疲倦。”

江户湾西岸的入海口 远处的是富士山，近处为岛屿（出自《佩里提督日本远征记》，日本国立国会图书馆藏）

对于这部分饶有趣味的内容，至今似乎还无人研究。上图也出自海涅之手，被收录在《佩里提督日本远征记》中记述海湾的部分。画中远处是富士山和美丽的海港，近处是岛屿。有研究者认为这幅画是虚构的，美国士兵与江户湾居民的幸福邂逅恐怕也被当作虚构之事忘却了。但实际上，这一美景实际存在于江户湾西岸。根据《佩里提督日本远征记》的附录和江户湾测量地图，佩里一行人所停泊的美利坚·安克雷奇实为金泽岸边。

佩里的测量船进入的岛影隐约可见的港口，正是江户湾最大的名胜之地——金泽八景。画中近处的岛屿是夏岛（韦伯斯

家，后成为旗本筒井家的养子，从下级武士徒士组的头目徒头一职开始崭露头角，被任命为江户町奉行，抗拒水野忠邦的改革，后又被任命为对俄外交的全权代表。川路圣谟生于徒士之家，后成为小普请组川路的养子，从支配勘定出役升至勘定奉行，同样被任命为对俄外交的全权代表。水野忠德生于旗本诹访家，后成为旗本水野的养子，就任浦贺奉行、长崎奉行，负责对英外交。

岩濑是旗本之家的第三个儿子，终生未继承家业，从徒头开始被提拔，直至担任通商条约交涉的全权代表。胜麟太郎海舟是四十一石的贫穷旗本的长子，学习兰学后于五年间在长崎海军传习所掌握海军知识，成为技术上的第一人。

此时，海防挂（负责海防的官员）的幕臣和老中之间展开了热烈且直率的讨论。总而言之，阿部和堀田的幕阁十分开明且寻求变革，而在幕府中，谱代大名主导的老中制仍然掌握实权，在人才选拔的变化上，也没有达到天保时期由实务官员主导的长州藩的水平，但幕府内部的政治结构也在缓慢产生重大的变化。

第三节 | 克里米亚战争与日本的开国

俄国舰队叩关长崎

获悉佩里叩关计划后，俄国派遣海军中将普提雅廷作为遣日全权使节，率领四艘俄国军舰进入长崎港。事情发生在佩里舰队停泊于浦贺海面约一个月后，幕府任命筒井政宪和川路圣谟负责对俄交涉。

俄国宰相涅谢尔罗迭的书信首先论述了19世纪世界形势的变化，之后要求日本划定边界，开始通商，另外也言明将遵守日本国法。川路希望通过俄国拒绝各国的通商要求，因此称俄国为“国法稳妥”之国。正如前章所述，19世纪前半期的日本对俄国的认识毋宁说是非常正面的。

在长崎的谈判中，俄国主张将桦太岛的全部和择捉岛（俄称伊土鲁朴岛）的一半归为俄国领土，日本则主张将桦太岛北纬五十度作为国境线，并将整个千岛群岛作为日本领土。对于俄国提出的通商要求，川路则以“异国通商乃国之痛楚，殊为无益”为由拒绝。

在谈判中，川路始终主张对俄保持友好，因此不断推迟幕阁所要求的谈判。而普提雅廷丝毫不让步，反复强调“如果允许他国通商，也应允许邻国俄国通商”，要求“递交书面文件（予以确认）”。俄国最后取得保证最惠国待遇的备忘录。虽然川路预先知会幕阁不要在备忘录上署名，但这比佩里认为是《日美亲善条约》最大成果的片面最惠国待遇还要早两个月。被公认为“老练”的川路在军事和外交经验丰富的普提雅廷面前，也不得不承认最惠国待遇。

普提雅廷叩关约一个半月后，土耳其向俄国宣战（1853年10月4日，克里米亚战争爆发），英法舰队进入黑海对俄施压，土耳其舰队在锡诺普海战中被全歼。荷兰别段风说书[1]详细记录了持续已久的维也纳体系的“静谧”被打破的过程，其间战云密布，俄国在黑海“拥有令人恐惧的众多军舰”。克里米亚战争演变为欧洲大战，英国和法国于嘉永七年二月（1854年3月）参战。《日美亲善条约》签订是在那三天之后。普提雅廷为了躲避英法舰队，退往滨海边疆州的彼得大帝湾，半年后，克里米亚战争在世界战史上留下浓墨重彩一笔的战役——持续了三百四十九日的大消耗战塞瓦斯托波尔攻防战于八月（公历10月）拉开序幕。

斯特林的布告书

闰七月八日（公历8月30日），英法舰队开始攻击位于堪

1 别段风说书，专门针对幕府关心的重大事件收集而得的信息汇总。

察加半岛尖端的彼得罗巴甫洛夫斯克，共一千人的军队登陆进攻俄国要塞，因作战拙劣而败于俄军，英军指挥官因手枪走火而死亡，也有说法称是自杀。

彼得罗巴甫洛夫斯克之战两天后，英国东印度东海舰队司令斯特林提督为追击俄国舰队进入长崎港。斯特林将维多利亚女王的宣战布告书，以及对中立国的布告书、要求获准进入日本各港口的书信送交长崎奉行。斯特林表示，“不会有任何事情违背贵国国法，因欧洲军务来到此处”，言明不会违背日本国法。当时的英国身处战争之中，与无视日本国法的佩里立场不同。

此前日英外交史研究中的一般说法都认为，斯特林要求日本战时中立，但日本因为斯特林书信的误译以及对中立制度无知，最终签订日英协定。换句话说，日本对本无必要签订的条约“用力过猛”。但是，在长崎负责日英交涉的长崎奉行水野忠德是幕臣中典型的能吏，被公认为十分“慎重”，因此外交史研究中的这一说法恐怕是低估了幕府的外交能力。

重要的是 19 世纪中叶之前欧美海战的实际情形。与维多利亚女王的宣战布告书一起由斯特林送交长崎奉行的对中立国的布告书，表示将维持与中立国的通商关系，其中的第五条记有与欧美海战历史相关的关键要点：

维多利亚女王不希望没收非军用违禁品和其他无关之

> 货物，虽是敌船所持之物，但不以掠取为快，切望减少战军之灾，涉及战争之杀伐，均树立法规，以此为凭依，维多利亚女王更无欲成贼情、颁发恶贼之书简、放恣其意之意念。

要理解这条布告并不简单，不禁让人怀疑水野忠德等人是否能够理解（但如后所述，水野正确理解了布告的内容）。当时的日本缺乏英语翻译的人才，因此这一布告是经由荷兰商馆馆长库尔提乌斯将其翻成荷兰文再转译成日文的。条文开头禁止没收军事违禁品以外的货物，即使是敌船，也不能没收其所载（中立国）的货物。接下来则是为了减少战争损失的规则。内容至此尚无大碍，但是在说明规则的“以此为凭依”之后便变得难以理解，“欲成贼情”意指何为，“恶贼之书简”又是什么？

实际上，这一布告在世界海战史上具有划时代的意义。当时日语译文中“切望减少战军之灾”后面的部分，若译成正确的现代语则为：

> 尽可能减少战争所造成的危害，期望其行动仅限于国家正规兵力，目前暂无发放允许捕获私船的捕获许可证之意。

“成贼情”指允许捕获私船，“恶贼之书简”则指捕获许可证。如后所述，日文的翻译准确把握了布告内容的本质。

海战和私掠船

海战比陆战野蛮。即使在现代国际法中，战争中军舰捕获敌国的商船以及货物和人员也被视为合法。但在近代国际法中，截至克里米亚战争之前，国家向民间船只（私船）发放敌国商船、货物、人员的捕获许可证也是合法的。中立国的船舶内如有敌国的普通货物和人员，或敌国船舶内有中立国的货物和人员，都可予以没收。而且，捕获许可证还能分发给第三国的民间船只，无论何种情况，捕获品都归全体水兵和船员所有。被称为“私掠船”的这种轻武装的商船，便由此获得巨额利润。19 世纪中叶之前，欧美海战就如海盗一般。

在野蛮海战的时代末期，即使是英国这样的海军国家，保护本国商船也非常困难。为这种状况画上句号的，是克里米亚战争后安政六年（1859）的《巴黎宣言》，野蛮行径终于被禁止。宣言承认“自由船、自由货”的原则，废除“敌船敌货”的原则，禁止“捕获私船”，由此宣告了海战文明时代的开始。时至今日，战时国际法的教材必定会涉及这一重要的宣言。

《巴黎宣言》的前身正是克里米亚战争宣战之时，英法同时发布的维多利亚女王布告。如前所介绍，将“允许捕获私船”译为“成贼情”，将“捕获许可证”译为“恶贼之书简”，实际上恰恰抓住了“捕获私船”的本质，堪称精彩的翻译。但俄国和美国并不赞同这一布告。不仅如此，在海上处于劣势的俄国，还向身为第三国的美国的商船，探询发放捕获私船（作用类似于现代海战的潜水艇）许可证的可能性。

由此，克里米亚战争的海上战争依然存在事实上横行霸道的海盗行为。英国也察觉到这一点并保持警惕，英国为了确保通过鸦片交易获得巨额利润的印度、中国与英国的商业航线，需要大规模的舰队巡航。克里米亚战争中，在鄂霍次克海和北冰洋对俄国舰队展开搜寻的斯特林指挥的英国舰队就担任了此项重要任务。

安政五年（1858）五月，俄国舰队在黑龙江河口南面的德卡斯特里湾被英法舰队包围，俄国舰队通过当时英法尚不知晓的间宫海峡成功向北突围。斯特林捕捉俄国舰队失败，英国爆发民怒，斯特林被罢免舰队司令一职。

英法舰队经常在北冰洋和鄂霍次克海展开对俄国军事基地和舰队的作战。当时的近代国际法禁止使用中立国港湾作为军事作战的基地，但允许未参与军事作战、只是日常航行的交战国军舰进入中立国港口，只是一般会附加仅限于灾难发生时、二十四小时以内、三个月一次等限制。

克里米亚战争进行中的安政二年和三年之时，英法许多军舰反复进出箱馆港，其中，英国军舰的入港次数远远超过美国捕鲸船。西比尔号、温彻斯特号、斯巴达号、皮克号等核载三百到五百人的大型军舰频繁现身，中型的塔塔号也在安政二年四月至六月，每个月出入箱馆两三次。军事作战中反复出入箱馆港的英法舰队，尤其是英国舰队，其行动几乎无视日本主权的存在。

水野忠德的“慎重”

斯特林写信给长崎奉行寻求战时中立，询问交战国军舰进入日本港口的条件，但书信的日语译文却称“长崎港自不必言，可否前去日本国领有的其他港口以及其他场所”，误译为普通的入港要求，因此日英外交史研究的一般说法认为，是长崎奉行误解之后，才制定了开放箱馆、长崎两港的方案。

但长崎奉行水野忠德在给老中的呈报书中的实际表述如下，从内容来看其实并没有误解。

> 根据荷兰别段风说书可知，克里米亚战争的确爆发了。日本当时已经开始与俄国开展外交，所以让俄国的敌国（英国）接近与否关乎信义，可能的话应予以拒绝。但在现今的“时势”下，对任何国家都不能强硬拒绝入港请求。英国因与俄国开战，所以想在近海通航的想法是可以理解的，但是为什么要在日本港口停泊却很可疑，有必要

再次询问，如果对方提出入港请求，还需要确定具体场所。

水野忠德（大义寺藏）

水野确切地给斯特林的书信打上了问号，不管是开放两港还是三港都需要慎重，而且重要的是，“在现今的时势下，对任何国家都不能强硬拒绝入港请求”，这是水野依据世界形势秉持的慎重看法，是对日本国力的客观判断。

老中评议后下令进一步明确斯特林请求中存在的疑点，“如果同意因与外国战争而申请（入港）的要求，则会对无仇无怨之国失去信义，因此退回为了战争而要求开放长崎、箱馆、不得已则选择下田的书信的英文原本”，可见老中阿部等人的应对很慎重。这也与已建立外交关系的俄国有关。

幕府决定站在不参战的立场上，缔结一般的开港条约，这一选择是恰当的。

水野在与斯特林谈判时开门见山称，“书信的基本意思我方已经理解，还需面语（会谈）悉听详情”，如此反复向斯特林提出疑问并耐心追问。

而日英外交史的研究却忽视这样的史料，刻画了幕府外交的无能。

“军舰在日本近海上逡巡穿梭甚或在洋面之上交火，我方将不予理睬，但不可在港内交战”，水野的目的是避免港内的战争，在这个阶段，他并没有注意到其实可以禁止在“近海”即领海内发生战争。但四天后，水野在交给斯特林的备忘录里称，“港内自不必说，日本的地方、近海均不允许发生战争”，表明了领海内也禁止战争的宗旨，并且声明“既然不是为战争而开放港口，取自敌方的物品或船只也断难容留”，禁止俘获敌船和敌国货物的船只进入日本港，水野在反复交涉的过程中对“战时俘获”的理解也不断深化。

安政元年（1854）八月，日英缔结长崎和箱馆开港的协定，但与普遍观点不同的是，该条约并不是在违背日本意愿的情况下签订的。安政二年鄂霍次克海的冰融化之后，正如前面所介绍的，上一年在彼得罗巴甫洛夫斯克战役中战败的英法舰队从香港、上海向堪察加半岛、黑龙江方向陆续北上，日本的北方水域渐渐变成战场。

塞瓦斯托波尔攻防战和彼得罗巴甫洛夫斯克战役的详细情报，以“非常风说”（非同寻常的传闻）的形式从荷兰传到日本，当时是三月。同样是在三月，下田奉行向乘船而来的法国司令官莫拉贝鲁示意缔结友好条约，以没有权限为由被拒绝。次年四月，长崎奉行又在长崎向莫拉贝鲁提出缔结条约的请求，再次遭到拒绝。当时出示的草案正是日英协议。在英法俄之间爆发世界规模的大战——克里米亚战争的背景下，对日本而言，条约反而从否定性的事物变成必要和应当接受之物。由此，幕府确定了与列强各国进行等距离外交[1]的立场。

弱国的选择

此时的老中针对如何处理俄英在日本领海内发生战争一事征求意见。

身为俄国应接挂[2]的筒井政宪和川路圣谟直言：

> 难以力争，（日本）并无阻止鲁夷、英夷进入内海交战的手段。（安政元年［1854］十月，俄国应接挂呈报书）

他们清楚认识到幕府没有阻止内海战争的军事能力，呈上的建议是"放任自流"（任由他们交战）。需要注意的是，他们坦承日本是弱国这一言论。如先前所见，无论是"连身为大国的中国也终受国土缩小之国难"，还是"现今的时势下，对任何国家都不能强硬拒绝入港请求"等对世界形势的看法，都可以看出幕府对日本国力的分析十分冷静，并没有过于自信。

1 等距离外交，一般指弱小国家面对均势的各大国力量时，对相互对立的几个强国采取不偏不倚、保持相等距离的外交策略。

2 俄国应接挂，负责对俄外交事务的官职。

日本外交向开国政策转变的理由有许多，如物产交易等国内商品流通的发展、对欧美认识的丰富、外交能力的提高等。这些固然重要，但考虑到日本从中国翻译的各种欧美文献中受益良多，也不能一概说是因为日本社会获得了高度发展。

可以明确的是，幕府坦率承认日本是弱国的事实。实际上，正如方才论述佩里叩关时所说，与拥有广袤大地和丰富资源的中国不同，无论从江户的地势还是经济条件上都不得不承认自己是弱国，军事力量脆弱。这样的认识看似理所当然，但这也是幕府自身转而开国，确定与列强开展等距离外交的重要的决定性原因。老中阿部、林、川路、水野等能吏关于日本是“弱国”的坦率的判断，造就了冷静慎重的外交。

与异文化的相遇

由此，幕府迈出了走向开国的坚实的第一步，在幕末的外交史上，不管对幕府外交做何评价，“文明”都是相对于“半开化”“未开化”而言更为发达的阶段。诚然，“文明”是“发展”所成之物，然而发展的方式有其复杂性。

在近代国际法光明的部分中阐述的“交战规则”，也不外是这种复杂发展过程的产物。国际法规定保护投降战俘、禁止对一般市民的杀戮等暴行、保护财产等，这些人道主义的规则是任何人都无法否认的人类宝贵遗产，但这种文明的国际法的诞生并不是仅靠正义的观念。

直到18世纪末，欧洲的战争都充斥着惨绝人寰的暴力，其中，被称为德国最后且最大的宗教战争——三十年战争（1618—1648）堪称典例。这场战争使符腾堡的人口从三十四万锐减至四万八千人。法国铜版画家雅克·卡洛的作品便真实描绘了战乱中女人、孩子、老人、病人的惨状。

据《掠夺之法观念史》的作者山内进介绍，欧洲中近世的暴力并不是一时的失控，恰恰相反，暴力与掠夺正是雇佣兵之战中被社会认可的原则。在这种情形下，欧洲为了克服宗教战争，以及皇帝军和诸侯军的可怕暴力与掠夺，创造出“交战规则”、保护战俘、战时对市民的保护原则等人类史上的“文明”。生物学家西村三郎在论述18世纪西欧的博物学时指出，欧洲大陆的剧烈动荡催生了近代科学这一人类文明的“硕大花朵”，这一观点确实令人信服。换言之，培育出“交战规则”等“硕大花朵”的土壤之中，浸染了欧洲大陆上不计其数的鲜血与悲惨。

如前面所介绍，负责对美外交的林复斋曾反驳佩里说，日本对于人命的重视优于万国，因此才得以维持近三百年的太平，如此来看林的话也有一分道理。

第四节 | 渐进式的开国之策

《日俄和亲通好条约》

如前所述，全权代表筒井政宪、川路圣谟等人与俄国赴日特使普提雅廷的谈判，因为克里米亚战争爆发后普提雅廷退往滨海边疆州而中断。普提雅廷虽然预想到可能会遭遇英法舰队，但依然乘坐狄安娜号再度来到箱馆和大坂湾，在下田继续开展日俄谈判，签订《日俄和亲通好条约》。

谈判恢复不久之后，下田港因安政大地震遭受大海啸袭击。狄安娜号搭救因地震和海啸溺水的日本人，在回航修理的途中沉没。漂流船员的救助问题前面已经叙述过，狄安娜号尽管因大海啸肆虐而受损，但仍坚持救助海啸中的溺水者。对此，川路在日记中写道："俄人救助濒死之人，细心治疗后还施以按摩，被救助的人都哭泣跪拜，真乃可惊可叹之事。"

狄安娜号沉没之后，日本船匠于伊豆国君泽郡户田村（今静冈县沼津市）在俄国造船技师指导下参与建造新船，最终建造出西式木造纵帆船"户田号"。这是日本引进西式造船技术的开端。

在《日俄和亲通好条约》中，与日美、日英条约相同，双方同意开放箱馆、下田、长崎三个口岸，派驻官员，不同的是规定日俄双方相互享有领事裁判权。关于有争议的边界，日方主张“阿伊努由日本管辖，因此阿伊努的居住地也是日本领土”，但普提雅廷不同意，最后双方决定以择捉岛与得抚岛之间的分界为边界，桦太岛不予划分（“保持现状”）。虾夷地、桦太岛、千岛列岛上广泛分布着阿伊努人，但这场领土谈判完全忽略阿伊努民族固有的土地，这一问题被留之后世。

川路圣谟（东京大学史料编纂所藏）

作为普提雅廷秘书官同行的俄国文豪冈察洛夫在《日本渡航记》中，生动描绘了针对日俄边界等问题的紧张谈判场面。普提雅廷在日本面临各种困难但仍不屈不挠，川路对此送以赞美之辞，前者也高度评价川路，冈察洛夫曾写道：“川路非常聪明，他以巧妙的辩论反驳我们，闪烁着知性的光辉，让人不得不尊敬。”

川路的“老练”发挥得淋漓尽致的时刻，是在首次会谈中就通商问题与普提雅廷论战之时。普提雅廷举出俄国的玻璃、堪察加的鱼等丰富物产，同时指出日本的盐可以补俄国之不足，双方可互相以低廉的价格交易彼此不足之物，由此富国。川路表示认同，接着提及前一天获赠的能够显示月亮盈亏和配置有温度计的台式天文钟，指出仅购买这一件物品，日本人就需要把身上的衣服都卖掉。日俄双方的所有人都笑起来，川路一边笑一边马上接着说道："虽说如此，但请把我刚才说的话当作我中意你们赠送的钟表的表达吧。"之后又加了一句："今天的话就权当笑话吧。"然后，"（川路）以高贵之人特有的风度悠然站起身来"。冈察洛夫深受感动地写道。虽然川路是典型的饱经沧桑之人，但是否是所谓"高贵之人"尚存疑问。

通商可以富国，乍看很有道理，但后发国家若在尚未准备好的情况下就与发达国家建立贸易关系，其传统产业通常会遭受毁灭性打击。历史上这样的例子比比皆是。川路能如此回应并不仅仅因为他机智，还因为他曾担任佐渡奉行、奈良奉行、大坂町奉行、勘定奉行等官职，具有长期负责民政与财政的实际经验，对贸易问题有其见地。

负责对英外交的"慎重"的长崎奉行水野忠德也曾担任浦贺奉行，面对荷兰要求自由贸易的劝说，他从其经验出发，以长崎的城市产业为例予以拒绝。对佩里的通商富国论，并无民政经验的林复斋也巧妙地加以反驳。与外国通商究竟会对日本经济造成怎样的破坏作用尚且未知，幕府在外交过程中表现出的慎重应对，实际上应该得到高度评价。

普提雅廷实际上是在日方主办的宴会上向初次见面的筒井和川路提出通商问题的。当时负责应对的是筒井政宪。筒井担任的是精心准备本膳料理（由武士发展出来的最高级宴会料理）的主人角色，以能吏著称的他已是七十六岁高龄，他在宴席的最后“慢慢悠悠”地寒暄。“我们从数百里外（江户）远道而来，”他微笑着亲切地说，“贵客则是不远数千里而来，互相之间此前从未谋面，本是相当疏远的关系，今日却能如此近距离地同席交谈，共同进餐，实乃奇缘，岂有不快之理！”

冈察洛夫等人从一开始就深深“折服”于这位登场的老人，文豪说“那是悠长人生和现实生活的睿智所赐”，也许是由此感受到筒井作为能吏的波澜壮阔的人生了吧。继而，不甘心的普提雅廷突然要求日方答复涅谢尔罗迭书信中提及的边界和通商问题，只见筒井老人“取出怀纸一束，从中小心地抽出一张，擤鼻之后，将纸放入袖中，缓缓答”道：“初次见面不涉要谈，此为日本的一般做法，也是待客礼法之规定。”宴会至此终结。虽然在冈察洛夫的描述中，并非不能感受到他看待未开化文明的目光，但武士的外交表现出与其文化相符的练达，让俄方为之倾倒也是事实。

外交姿态的变化

在鸦片战争后的弘化元年（1844），荷兰国王威廉二世给幕府送来劝说开国的亲笔信，力陈动荡的世界形势、英国在全世界的扩张及威胁等，但幕府向荷兰表示不想更改传统的制度。

荷兰方面此后也要求改革由出岛统管的会所交易制度，安政二年（1855）幕府在学习西式海军方面也有求于荷兰，因而继《日俄和亲通好条约》之后也签订了《日兰亲善条约》。该条约极大程度地放松了出岛原本严格的限制，荷兰人由此可以自由离开出岛，在长崎通行，单方的领事裁判权（治外法权）也首次予以明文规定。

在留名于战史的塞瓦斯托波尔攻防战中，双方陷入胶着，俄国要塞陷落，英国舰队控制了波罗的海，克里米亚战争的形势逐渐明朗。此后，英国对日外交开始强硬，斯特林提督索要英国军舰一度放弃的进入日本各港口的随时入港权，并以战争为威胁，用炮舰外交迫使长崎奉行允许英军进入长崎内港。

安政三年，荷兰开始传来英国使节为签订通商条约要从中国来到日本的消息。此时，阿部正弘正将日本的贸易利益是否是“富国强兵的基础”这一问题作为幕府的要务，并向下征求意见，石井孝将其评价为幕府走向通商的划时代的信号。七十九岁高龄的海防挂筒井政宪还上书要求批准民间贸易，这是幕府要人中最早认可自由贸易的上书。

探讨通商可行性的讨论由此开始，幕府的外交姿态也逐渐发生变化。在终究要与欧美各国开展贸易的前提之下，对开国态度积极的堀田正睦取代阿部成为老中首座，并兼任外国事务官。石井抓住这一连串的变动指出，以岩濑忠震等海防挂目付等能吏为核心的幕阁开始在民间贸易乃“万国一般之法”的认识基础之上，主张通过贸易获取利益。

对此，川路圣谟、水野忠德等海防挂的勘定奉行表达了反对意见："亲善条约乃应形势之变而不得已为之，应尽其所能守护祖法。"目付和勘定奉行的意见出现分歧，但无论如何，幕府中主张开始与欧美通商的议论开始占据上风。

哈里斯的演讲

美国的汤森·哈里斯根据《日美亲善条约》的规定，于安政三年（1856）在下田就任美国驻日总领事。翌年，日美签订包括单方领事裁判权（治外法权）在内的《下田条约》，确定了开港细则。

哈里斯主张，外交官去江户谒见将军是通行的国际惯例，如被拒绝，则乘军舰直接前往江户。为此，幕府认可在首都谒见为"万国之常例"，于是哈里斯十月前往江户谒见将军，继而拜访老中堀田正睦，就"日本的重大事件"——通商与派驻外交官——进行了长达两小时的演讲。

哈里斯的演讲在日方的《对话书》上被详细记录为共一百七十三条的内容，包括美国与日本如同亲友的友好关系、五十年来国际形势的骤变、蒸汽机等产业革命带来的进步、鸦片战争反映出的英国威胁、克里米亚战争和第二次鸦片战争所反映出的英法威胁，以及美国是没有参加任何一场战争的和平主义国家、进行鸦片贸易的英国带来的危害、美国总统与欧洲列强的斡旋等，演讲整体上是在强调美国对日的友好外交。据说堀田正睦被演讲所震慑，事实究竟如何呢？

在将哈里斯演讲详细记录在《对话书》中的两天后，幕府在江户城评定所召集幕阁和全体海防挂，在《对话书》记录的基础之上讨论应对之策。在此，慎重派的勘定奉行和积极派的目付意见相左。勘定奉行主张"稳妥处置"，认为在"不得已"之下才能开国，目付则指出世界的"时势变革"，主张积极的开国论。

此前比较引人关注的是目付的积极开国论，尤其是岩濑忠震向幕府呈报的大胆的积极通商理论，主张开放横滨，将大坂的"天下的利权"收归江户，作为幕府"复兴"的机会。而主张"稳妥处置"的消极派勘定奉行的上书在其阴影之下看似模糊，但其实更加值得注意。

勘定奉行的外交判断

勘定奉行们将哈里斯一百七十三条的演讲内容与以前幕府积累的外交情报相对照，经过两天的检查后向幕府呈报。比如，针对哈里斯宣称美国从未侵略别国这点，即"合众国政府禁止从其他地方获得领土"，勘定奉行利用嘉永元年（1848）和安政元年（1854）的荷兰别段风说书中记述的美国在墨西哥战争中"掠取加利福尼亚"，此后又"掠取名为麦西鲁拉塔鲁（新墨西哥）之地”代替赔款的事实，否认了美国的说法。

而且，哈里斯批评英国向中国输入鸦片，警告说“英国人认为日本同唐国（中国）一样，也会有喜欢鸦片的人，希望前来贩卖（鸦片）”，表示“合众国总统为日本着想”，认为鸦片比战争更危险，陈述了美国对鸦片危害予以忠告的友好论调。对于此条，勘定奉行以唐船风说书中的记述，以及在北京被译成中文的《海国图志》六十卷中发现的“每年美国将土耳其鸦片千余箱运到中国”的记载，证明哈里斯所言为虚。

哈里斯还提醒，若缔结条约便不会重蹈印度覆辙，勘定奉行也对此进行了批评：“听起来似乎言之有理，但听说之前西洋亦多有亡国者，保国之策在于攻守之力，而非条约。”勘定奉行根据典据文献的史料汇编逐一检视哈里斯的言论，其批评之妥当，即使在今日，也有许多值得一听的地方。

另一方面，积极开国论的上书与勘定奉行缜密的点评相比，则对哈里斯表现出过于合作的态度。哈里斯表示，如果时机合适，美国总统会充当“媒介”，目付对此说道：“对天起誓后的言论当非虚谈，即便是虚谈，按其话语，究其义理，有人心者，必当为国鞠躬尽瘁。”“对天起誓”是引用的哈里斯演讲原话，目付的言辞虽不至于是对哈里斯的美国友好论产生共鸣，但其中确实存在过度反应的表现。在这一点上，勘定奉行川路圣谟、水野忠德等人的点评其实把握了当时欧美外交的本质。

在哈里斯的《日本滞留记》中，有他自己对演说的概括，与《对话书》对照可以发现，对比美国友好论与英国威胁论的内容被完全删除。这是因为，从欧美的常识来看，这部分内容并不属实，只是哈里斯对日本所用的外交手段。彻底批判美国友好论的勘定奉行切中了要害。

老中堀田最后没有采纳积极开国之策，而是认同了勘定奉行“不得已”才开国的路线。从通商开始后日本经济产生的混乱即可知，“不得已”这种慎重的开国论更为妥当。在消极派和积极派两种不同的开国论中，有必要重新评价消极派那容易被忽略的冷静且慎重的外交判断。

哈里斯在《日本滞留记》中对日本民众是善意的，但对日本官员却极其刻薄，书中频频出现“他们是这个国家最大的骗子”之类的语句，可以从中想象哈里斯的极大愤怒与不满，而我们经常会不知不觉中站到文明的一边，即站到哈里斯的一边，因为我们对于文明的一方更容易产生共鸣。

但是，冷静思考一下，哈里斯自己的言行又如何呢？从前面勘定奉行的检视中我们了解到，在论述美国的友好外交与和平主义、英国的威胁以及鸦片交易时，他所言并非事实。撒谎的哈里斯也就没有资格批评日本的官员。在外交手段方面，“文明”与“半开化”几乎没有差别，反倒是对“半开化”骄傲自大的言论，让“文明”大打折扣。

此后，岩瀬忠震、井上清直与哈里斯多次交涉，最后在安政五年（1858）就《日美友好通商条约》草案达成共识。草案的主要内容包括外交官的常驻，民间贸易，神奈川、长崎、箱馆、新潟、兵库的开港，江户、大坂的开市，货币的等价交换，美国人的活动范围（十里以内）和禁止输入鸦片等，其中重要的是加入了片面最惠国条款以及领事裁判权，完全是不平等条约。附属章程还规定协定关税，关税的自主权也随之丧失。

近代主权国家拥有领土内的排他性法权、裁判权，在贸易方面拥有关税自主权，是即使现在也没有改变的原则，但该通商条约排除了这两项权利，而且继续沿用片面最惠国条款，这是不平等条约中十分重要的一点，另一方面，禁止外国商人在居住地以外的经商行为也很重要。

条约规定美国人的活动范围为居住地的十里之内，而中国准许欧美人在国内自由经商旅行，两者存在很大的差别，这是日本全权代表强硬主张的结果，从之后贸易的国内影响中可看出这对日本的重要积极作用。而在中国，英国商人在境内自由通行与领事裁判权等不平等条款，一起给中国带来了巨大损害，但是相比劳动力低廉的中国家庭手工业生产的土布（厚布），英国生产的薄棉布并没有在中国打开销路，英国棉布向中国的渗透也没有像英国产业所期待的那样顺利，因此有必要重新评估中国抵抗欧美入侵的力量。

第五章

从开国到尊王攘夷

第一节 | 天皇、朝廷与条约批准问题

"聚拢人心"

自安政四年（1857）十二月上旬开始，日方代表岩濑忠震等人与美国总领事哈里斯磋商条约。翌年一月中旬，关于《日美友好通商条约》共十四条的磋商结束。

其中值得注目的是，幕府曾反复征询大名的意见，幕府方面也对疑问加以解释。第一次征求意见是在十一月初"不得不"回应友好通商条约的阶段，幕府向御三家和诸大名展示哈里斯递交的总统亲笔信并征求意见。接下来是同月中旬，这次则是展示前章介绍过的哈里斯演讲稿全文，再次征求意见。条约谈判开始后的十二月中旬，幕府又公开条约草案和《对话书》，第三次征求意见。在条约几乎确定的十二月二十九日，在将军德川家定出席的情况下，老中首座堀田正睦陈述了开展贸易的"不得已"，向大名咨询意见，这实际上是第四次咨询。

这时，主张攘夷的大名极少，大多数人认可堀田老中"不得已"的通商决断。

例如，谱代大名柳川藩主立花鉴宽上书认可 19 世纪世界的巨变，认为现在已是"即使远隔万里沧海的九夷八蛮之国也如同邻国一般来去自在"的时代，发生了"天地之大变

革”，“清（中国）、鲁（俄国）等大蕃（大国）亦不能成为独立（孤立之意）之国”，开国是“天地之时势”。于是，幕府与大名就友好通商的“开国”达成共识，双方如此努力地达成共识，可以说是由阿部正弘老中首座开启的与大名合作路线的划时代进步。

获得大名同意的幕府表示，此次外交变革“聚拢人心，以至列侯诸藩”。为了“聚拢人心”，幕府决定也征求天皇的批准。因此，安政五年（1858）一月下旬，堀田正睦亲自率领实际负责外交谈判的川路圣谟和岩濑忠震，踏上前往京都的路途。此前，堀田等人向哈里斯要求推迟签订条约，表明即使“君主”反对，幕府也不会改变主意，朝廷的承认只不过是“严肃的仪式”，“仪式有其价值”。（哈里斯《日本滞留记》下）

堀田在二月上旬抵达京都，但天皇与朝廷拒绝批准条约，由此开启幕末的政治斗争。

文部省维新史料编纂会于明治四十四（1911）开始编纂的《维新史》，是一部正篇共五卷、各卷有八百页的鸿篇巨制，最终于昭和十六年（1941）完成。这一编纂工作被视为国家工程，史料搜寻与叙述的精度之高，有些方面在今天仍难以超越。然而，其中的叙述有政治家参与修订，这一点也已得到当时参与编纂的研究者的证实。

《维新史》的政治史叙述从孝明天皇诞生开始，第一章题为“朝权的扩张”，王政复古史观和皇国史观贯穿始终。文部省维新史料编纂会在天皇赏赐金的支持下，将元老组成的彰明会的史料收集工作官方化，在史料编纂中融入意识形态也就成了理所当然之事。从该编纂会设立之初，议会上就有声音批判该工作只是为了彰显萨长藩阀的功绩。

《维新史》将朝廷的天皇和贵族拒绝友好通商条约一事，描绘成反对条约的大名和志士游说的结果。如今广为流传的说法是，幕末日本沸腾的舆论要求拒绝条约，不同于软弱、卑躬屈膝的幕府，天皇和朝廷听取舆论意见，坚决拒绝签订条约。这一论调时至今日仍被反复讲述。如前章所述，“软弱、卑躬屈膝的幕府”其实是一种偏见，那听取舆论意见的天皇和朝廷又如何？让我们来探究《维新史》所描述的“叙事”的真相。

天皇和贵族

在争论是否批准条约的安政五年（1858），孝明天皇还是二十六岁（1831 年出生）的青年。根据贵族的说法，孝明天皇性格活泼。这一年天皇留下了许多书信，信中天皇署名为“此花”，用绵长独特的女房语言[1]书写，这是当时天皇和高级贵族的作风。天皇身边也时常围绕着典侍、内侍、命妇、女藏人、御差、御末等女官。

1 女房语言，宫中女官常用的语言，特点是隐晦，多用隐语、拟态和拟声词，言辞优美。

实际上，在堀田老中等人二月入京之前，孝明天皇便曾表态。

在一月十六日的书信中，天皇认为友好通商条约（“异事一件”）为“国之一大事”，为此“难以周全，惴惴不安”，显得极其为难。这是孝明天皇在阅读幕府送呈的哈里斯演讲稿等材料之后做出的判断。在十七日的书信中，天皇则向关白九条尚忠表达了对友好通商条约的不满，表示“朕之时代遭遇此类事，岂不为遗恨后世之耻辱”，委托关白“妥善处置”，但尚未有积极的行动。

孝明天皇又表示“无论（堀田正睦）供奉何等巨款，为之遮住眼目实乃天下之灾难”，拒绝幕府的献礼，随后又与关白向“三公”（左、右、内大臣）、“两役”（议奏、武家传奏）等公卿征求意见。江户时代朝廷的政务由关白统揽，由三公、两役共计十二名贵族执行。得到众公卿的答复后，天皇在堀田前往京都的途中于一月二十六日向关白致信，明确表示不批准条约。

> 开港、开市之事，无论阁老上京之后如何演说，断不可允准……愚身（天皇）难以认可……异人之辈如若不听，彼时应不惜将其驱逐，愚身心意已决。

信封在关白名字的下方还备注有“内含绝密”的字样。此后，孝明天皇不批准条约、不惜“驱逐”欧美势力、交战亦在所不辞的意向，在安政大狱中受到打压之前都未曾改变。

年轻的孝明天皇向关白九条尚忠、左大臣近卫忠熙、内大臣三条实万（清华家）言明坚决不批准条约的立场和绝不妥协的想法，而且希望公卿让自己“绝对绝对不需担心”、“务请放心”。

在朝廷中，摄关制度自10世纪以来已经持续九百多年，其核心是关白，即“总理（关）禀告（白）万机”，被贵族称为“一之下”或“殿下”，是贵族的代表。天皇被称为“御上”或“主上”，在江户时代受到幕府的强力压制。关白被幕府赋予限制和规范天皇行动的职责，并从幕府领取足有千石的俸禄，势必与天皇相对抗。而且，在幕府大名等有所求（如追赠官阶）时，关白还能得到“辛苦费”，远远超过俸禄。

幕末的公卿集团按照门第等级依次有摄家、清华家、大臣家，以及在此之下的平公家。所谓摄家指近卫、九条、二条、一条、鹰司这五家，是唯一有资格就任关白的门第，拥有压倒性的势力。仅次于关白的三公中的左右大臣也是只有五摄家的家督可以担任，内大臣则仅限于清华家。在幕末增至一百二十八家的平公家作为五摄家的分支，臣服于某一摄家。在江户时代，按照元和元年（1615）幕府（德川家康）所定的《禁中并公家诸法度》，亲王家（宫家、天皇一族）的伏见、有栖川、桂、闲院四家的位次被定为“三公以下、亲王”，位于摄家之下。

摄家与势力强大的武家结成血缘关系，即姻亲。为人熟知的姻亲有近卫家与岛津家、鹰司家与水户德川家、三条家与山内家等。近卫家与岛津家的关系始于镰仓时代，幕末近卫忠熙的夫人便是岛津家的女儿。岛津一族的女儿敬子（笃姬）成为近卫家的养女，后来成为将军德川家定的夫人，这一点后面会有介绍。德川齐昭的姐姐则成为鹰司政通的夫人。此外，山内丰信（容堂）的夫人是三条实万的女儿，实万的夫人是山内丰策（第十代藩主）的女儿，丰信的妹妹也是三条家的夫人。如此，有力大名与高级贵族的血缘关系非常紧密。在探讨摄家对条约的意见之前，以下将先介绍与高级贵族有姻亲关系的有力大名对外交的意向。

改革派大名

一直响应幕府合作路线的萨摩藩主岛津齐彬、越前藩主松平庆永、宇和岛藩主伊达宗城、土佐藩主山内丰信等在佩里叩关之时，与德川齐昭一样主张攘夷。此后除德川齐昭、山内丰信（后来批判攘夷论，之后将讲述）之外，都转变为积极开国派，支持堀田老中的开国之策。但德川齐昭还是坚持攘夷论，主张“砍下哈里斯首级”之类激进的外交政策，被视为“不识时务”，受到孤立。在缔结友好通商条约的磋商不断推进之时，武家的意见虽然存在积极和消极的差别，但都不主张攘夷，而是同意开国。这里存在着幕末史中最为重要的真相。

如前所述，幕府为了“聚拢人心，以至列侯诸藩”，希望天皇和贵族认可条约。根据幕府的合作路线，在大名之外也寻求朝廷同意，是自然而然的决定，因为朝廷也是十万石的领主，而且具有授予幕府征夷大将军权威的职能。

这一合作路线承袭自天保改革后阿部正弘就任老中首座之时开始采取的与有力大名合作的动向，是通过合作推动更广泛的政治统合的开端，这一运动不久后被称为“公武合体”。而《维新史》将堀田上京请求批准条约一事定义为“朝权的扩张”，这种评价将幕府与朝廷的关系过分局限于特殊且狭隘的视野之中。

这时，围绕着将军后继人选问题，岛津齐彬、松平庆永、伊达宗城以及山内丰信等人开始拥立身为三卿的一桥庆喜。在佩里叩关之时，因将军家庆突然去世而就任的第十三代将军家定体弱多病，且无子嗣，结果从血统上看，后继将军最有竞争力的就是与家庆血脉相近的堂兄弟——纪州藩主德川庆福。在将军后继问题上的政治斗争愈演愈烈的安政五年（1858），德川庆福还只是个十二岁的少年，为此，松平庆永等改革派藩主开始拥立一桥庆喜。一桥庆喜是德川齐昭的第七个儿子，受前将军家庆重用而入嗣三卿之一的一桥家，据说家庆期望其成为未来的将军，但此说法真伪不详。一桥庆喜在安政五年时满二十一岁，乃颖慧、豁达之人，这点从其在幕末的活动即可得知。一桥庆喜个人身上承载了许多真诚的期望。

以松平庆永、岛津齐彬为首，伊达宗城、山内丰信等在大广间[1]参政的雄藩大名为中心的改革派大名被称为一桥派，他们希望拥立一桥庆喜，由此划时代地推进合作路线。一桥派除老中阿部正弘和谱代大名板仓胜明之外，还有其他幕臣，如负责外交问题的海防挂等开明派幕臣，以及负责对俄外交的川路圣谟、对美外交的岩濑忠震、对英外交的水野忠德等才俊。与此相对，谱代大名在溜间参政的领头人井伊直弼等对雄藩参政保持戒心，与松平庆永等人对抗，拥立庆福，被称为南纪派。一桥派和南纪派围绕将军继嗣问题的政治斗争由此开始。

老中阿部正弘支持松平庆永等一桥派，成功将岛津齐彬的养女敬子（笃姬）作为近卫忠熙的养女嫁给将军家定，但是动辄言行激昂、偏执又顽固的德川齐昭是一桥派的弱点。睿智的阿部正弘又于安政四年（1857）病逝，对一桥派造成重创。老中首座堀田正睦站到了佐仓藩主、谱代藩主一边，但在后来纪州藩的庆福被确定为下任将军之后，他又掀起扶持庆喜东山再起的运动，但是并没有证据证明他曾在批准条约问题时推举一桥庆喜为下任将军。重振江户幕府的第八代将军吉宗就是纪州藩出身，从那之后直到现在的第十三代将军家定，将军家的血统都与纪州藩有很深的渊源。源于水户藩的一桥派，不管从血

1 大名谒见将军时在将军殿内的不同部分落座，席次按照大名出身和官位由高至低分为大廊下席、大广间席、溜诘（在溜间的席次）、帝鉴间席、柳间席、雁间席等。

统还是人脉来说，形势都十分不利。

但是从大局来看，情况又稍有不同。在将军出席的情况下，大名纷纷针对条约进行解释或提议，一桥派大名和幕臣要求朝廷批准条约。最后，得到大名认可的堀田与一桥派幕臣川路、岩濑一起，为得到朝廷批准而进京。暂且不论将军继嗣问题，从大局来看，当时改革派大名所期待的朝廷与幕府合作路线、幕政改革运动都在有条不紊地稳妥进行。在这一背景之下，改革派的一桥派大名正期待天皇和朝廷迅速批准条约。为了改革幕政，公武合体的协作推进已成为大前提。

联姻的大名和贵族

在有力大名中，最早转而主张积极通商的是岛津齐彬，在哈里斯抵日的安政三年（1856），岛津齐彬就曾说："希望（日本）贸易兴盛，武备充足，被视为世界中的强国。"（《鹿儿岛县史料　齐彬公史料》二）

岛津齐彬在堀田从江户出发进京前，向姻亲的近卫和三条致信称，"迅速同意条约方是良策。"而且在动身当天，就连一向以顽固著称的攘夷论者德川齐昭也给姻亲太阁鹰司政通致信称，"难以无缘无故驱逐（外夷）。"（《水户藩史料》上）曾经批判条约的山内丰信也在两天后向身为内大臣的姻亲三条实万传达了"存在战争的危险，是为下下策，宜将此事委托幕府"

的意愿。松平庆永已向幕府呈递积极开国的意见书（《昨梦纪事》二），主张成为“世界中的强国”，举国获利。他还派家臣桥本左内入京，向朝廷说明批准条约和将军继嗣的问题。总而言之，不只岛津齐彬、山内丰信、松平庆永，连顽固的德川齐昭也请求朝廷批准条约。

原本，摄家的高级贵族是通过姻亲中的大名悉知政治和外交详情的，如《近卫家书类》的记载便称，本应是幕阁独占的荷兰别段风说书等诸多情报都从萨摩藩传到了近卫家。另一方面，摄家间也频繁交换关于武家动向的情报，对姻亲大名已同意条约之事知道得一清二楚，因此在面对天皇和关白询问时，三公和两役等担当政务的公卿，大都对条约表示同意，并称“实是不得已”（近卫忠熙）。

其中特别重要的是老太阁（前任关白）鹰司政通的存在。在孝明天皇十六岁继承皇位时，他曾因天皇年幼担任过准摄政一职。从担任上上代光格天皇的右大臣开始，鹰司政通先后侍奉了光格、仁孝、孝明这三代闲院宫系的天皇，而且担任关白一职长达三十四年，这在历史上非常罕见。在签订友好通商条约时，他时年六十九岁。

佩里叩关前后，鹰司作为关白向幕府递送了强化海防的朝廷意见书，也曾就外交问题多次表态，该意见书与幕府的方针一致，支持幕府的立场。正如幕阁所评价的那样，老练且务实的鹰司政通关白拥有让幕府给朝廷最大限度馈赠的权谋术数。

佩里叩关之时，传闻幕府向朝廷捐献一万两，其中获得最多馈赠的便是鹰司。朝廷贵族评价鹰司政通“相当富裕”（下桥敬长《幕末的宫廷》），鹰司也确实是公卿中最有实力的一位。

鹰司政通从佩里叩关时就已经赞同开国论，他评价美国总统亲笔信“非常平和仁慈，不应憎恶”，主张当时应尽早“开展贸易，获取利益或为上策”，并且评价负责友好通商条约谈判的岩濑忠震是“实际之人”（致近卫书简）。鹰司与幕府间建立“互帮互助”的合作关系，这与改革派大名的立场一致。

读罢顽固的德川齐昭送来的表示不得不缔结条约的书信后，鹰司将齐昭的意见告诉了“深表认同”的近卫忠熙，并将齐昭的书信秘密呈给天皇御览。对年轻的孝明天皇来说，鹰司是“如师如父般”（桥本左内评语）的存在。对于友好通商条约，鹰司政通称“太阁三十多年的成败在此一举”（《三条实万手录》一），积极同意批准条约。如此看来，老中堀田对朝廷批准条约持乐观态度，也是理所当然之事。

向朝廷陈情

孝明天皇曾说，“无论幕府的供奉何等巨款，掩人耳目实乃天下之灾难。”世人大多将这一说法理解为，幕府通过巨额贿赂来控制朝廷，但事实上，江户时代的武家有求于朝廷时，给予“辛苦费”乃是通常做法，天皇不予接受的情况反倒不寻常。

堀田率领消极开国派的川路圣谟和积极开国派的岩瀬忠震两位条约交涉的当事者到达京都，在二月中旬同朝廷的两役会面。川路和岩濑详细介绍了西欧的工业、军事技术与国际情势。他们从“欧洲各国在三四十年前平息战乱”开始说起，论及拿破仑战争的结束、维也纳体系下的产业革命、在全世界扩张的海外贸易、美国独立战争胜利导致日本成为美国和中国的通道、鸦片战争、荷兰的开国建议、普提雅廷来航、佩里叩关、斯特林来航、同哈里斯的交涉、印度民族起义、美墨战争、克里米亚战争等等，并在详细解说的基础之上主张无法拒绝“亲善贸易”。

此外，他们表示欧美各国的主张“并非虚张声势”，“武备不整”的幕府“领会无法锁国之义”，如今武家“十之八九”已然同意。如同游说诸大名一样，川路将幕府掌握的国际知识和盘托出——正如他在日记里写道的——“详尽细致地介绍了西洋的情况”。

第二次会面时，堀田向朝廷提交择其要点的长篇备忘录。如上文所述，认为幕府试图通过金钱控制朝廷的观点，其实是充满偏见的彻头彻尾的俗论。然而，尽管崛田与川路、岩濑等当事者一起进京游说，孝明天皇在接受幕府预先告知的外交情况说明之前，已向公卿表达拒绝批准条约的意向，之后还呵斥了近卫和九条等摄家。

孝明天皇和鹰司太阁的对决

对于坚持不批准条约的孝明天皇来说，太阁鹰司政通是最棘手的存在。鹰司政通“聪明、圆滑”（桥本左内的评价），拥有实力，而且鹰司政通的祖父鹰司辅平是开创闲院宫的直仁亲王的亲生儿子，因此鹰司政通等同于王孙，血统承自东山天皇，以“我比至尊（天皇）血统更优秀”为傲。如前所述，江户时代的天皇受关白等人的限制，孝明天皇也受到九条关白、身为前关白的实权人物鹰司政通太阁的限制。18 世纪末，从旁系入继天皇的光格天皇试图授予父亲典仁亲王太上天皇（前天皇）的尊号，以强化自己的天皇血脉，但因和幕府合作的前关白鹰司辅平（典仁亲王的亲弟弟）阻挠而未能如愿。从光格天皇开始，包括孝明天皇、明治天皇在内的闲院宫系，都如研究者所指出的那样，属于血统较弱的旁系天皇，为此，光格天皇致力于强化天皇权力。尊号事件之后，胜利一方的鹰司家在直到幕末的七十年之中，占据关白一职长达五十余年，深受幕府信任，因此，年轻的孝明天皇唯恐干练的鹰司太阁就批准条约一事向自己进言。

此前，天皇无论何事都说“太阁所言之事，悉皆遵行”（一月二十六日天皇书简），之后却称议事之时，“太阁以多言封住予（天皇）之一言”（二月二十八日天皇书简）。天皇和太阁的这场冲突在二月二十二日于常御所的小客厅发生，九条关白也在场。两日前，天皇致信九条关白，希望他在鹰司太阁见驾时在场。该信充分说明了天皇对高级贵族中的实权人物抱有何种感情。

疾病痊愈后的鹰司政通刚复出便与天皇联络，但是天皇并不高兴，理由是："若与太阁相对而坐，我（孝明天皇）完全无法表达意见。即便开口，依照以往的情形，我所言之事也无法通过。"因为太阁总是坚持自己的意见，在天皇表达的意见和太阁的不一致时，也必须按照太阁的想法行事，因此天皇十分担心出现意见"极其相左"的情况。

天皇希望九条在太阁见驾当日佯作不知（不期而遇的样子）前来同席。在气氛紧张之时"帮腔"一二。因为鹰司家就在九条家的对面，稍加留意便可知太阁何时前来见驾。天皇叮嘱九条务必前来，此非私事，乃为天下计之。当时两家分别位于东宫御所的南面和堺町门，对门而居。两天后，太阁"深怒"（天皇书简），前来见驾，表示有话要说。两人果真发生了冲突，天皇面对鹰司一言不发，太阁顷刻勃然大怒，此时关白九条按照约定在场。鹰司太阁表示要辞去内览（阅读天皇文书的职务），天皇则道"（汝）诚为天之助力"，"此时不宜失去"，与关白商讨对太阁的处罚。

应对鹰司太阁的天皇，与斥责高级贵族时的样子形成鲜明对比。这位侍奉神明的年轻君王在强势与怯懦之间剧烈摇摆，此次通过与作为摄家代表的太阁较量，幕末的年轻天皇第一次开始贯彻自己的言论。

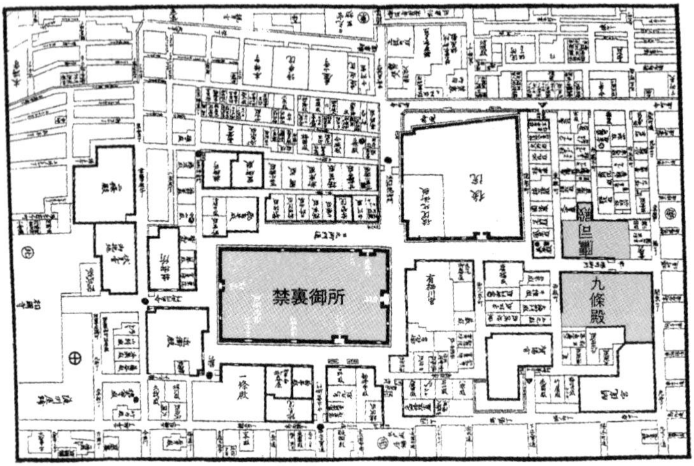

面对面的鹰司家与九条家 公家的住处围绕着图中靠左的“禁里御所”（天皇御所）（出自《掌中云上拔锦（全）》，日本国立国会图书馆藏）

第二节 孝明天皇否决条约

贵族的“列参”

此时在京都，桥本左内和川路圣谟也加入推进条约批准的队伍。同时在将军继嗣问题上，为了推举一桥庆喜继任将军，一桥派正试图请求朝廷密旨（内敕）。对于该动向，一般说法认为，南纪派的井伊直弼派遣谋臣长野义言与九条家的家臣岛田左近联合，成功促使九条尚忠关白赞同南纪派的意见，且令其对条约的态度转为赞同。但这种说法极其肤浅，只是单方面地将南纪派和井伊视为恶人。

孝明天皇为了与倾向批准条约的鹰司太阁抗衡，拼命动员九条关白。“太阁如向尊公（九条）陈情，绝对杜绝模棱两可，务必应对。”（二月二十日天皇书简）天皇不断劝说，但九条关白不顾天皇的鼓动，转而支持幕府。

天皇询问九条改变主意的理由，九条回答说，一旦“公武决裂”（后果难料），对此“担心至极”，作为“官员”（关白），无论内心如何，“断难随心所欲”。可见，拒绝天皇的要求并非因为贵族陪臣或藩士、浪人的游说，而是因为幕府赋予关白限制天皇的职责。

此时，九条关白鉴于青莲院宫与近卫、三条的“危险”言行，禁止他们面见天皇。趁此机会，伏见宫家的青莲院宫，即后来在公武合体运动中十分活跃的朝彦亲王，因为与近卫亲近，便开始作为中间人，走向条约批准问题的前台。

孤立的天皇秘密写信给近卫，吐露“实则寡不敌众”的心声，加以呵斥和鼓说，近卫和三条等人则“抽身”，闭门不出。在此期间，堀田正睦说服与九条关白有联络的武家传奏，令关白感受到强大压力。如前所述，关白制约天皇的任务是幕府赋予的，在九条关白履行职责之时，天皇没有扭转的权势。于是，九条制定了将条约委任于幕府的草案。

但天皇仍在试图反抗，他吩咐关白将草案示以现任公卿（参议以上的公卿），于是现任十二名公卿撰写了草案修订意见书。以此为契机，平公家八十八人集体前往御所和关白宅邸，进行了被称为“列参”的集体强行上告。这种行动只在江户时代光格天皇尊号事件之时出现过，而这次列参中公卿群情激昂的状况要激烈得多，如有官员在日记中记录道：“吵吵嚷嚷，实是前所未有之事，稀世奇闻。”（《桥本实丽日记》）幕末的平公家有一百二十八家，有三分之二参与了列参。

列参公卿的意见书的宗旨是要求再次征求大名意见，如果唯幕府之命是从，朝廷便无存在的意义，但又担心内乱，因此希望稳妥行事。接受列参的关白和三公两役在朝议上协商后，对堀田的最终答复是友好通商条约“难立国威”，这是比列参意见书更进一步反对条约的回答。三条实万制定了草案，天皇的意向在其中发挥了重要影响。

实际上，武士也曾采取列参的措施，后来一桥派大名对井伊直弼进行的不时登城[1]，便是等同于列参的抵抗。如在农民之中所见到的一样，武家也会通过类似国诉和武装起义的列参宣示武力。在国诉中形成多数派的运动，幕府也绝不会视而不见，即使在朝廷，多数公卿宣示武力的行动也会推动朝议，这

1 不时登城，未依规定时间擅自进入将军居城。

显示出近代之前社会中展现武力的重要性。

被建构的“叙事”

《维新史》以来，学界一般说法中完全没有触及的，是改革派大名对这种列参和朝廷反对条约倾向的重大意见。

例如，在由松平庆永派出的桥本左内寄给本藩的中根靭负的信中称，“此类列参出于南北朝以来官家（朝廷）的乖僻，不论事情之善恶，动辄做出此举”，“王纲不振，遂肇此端”，批评关白不“以王法”整肃，指责朝廷“乖僻”“王纲不振”，言辞十分严厉。土佐藩的山内丰信在前述堀田上京时的书信后，也不断给姻亲三条家写信。

在三月初的书信中，他引用“后醍醐帝之覆辙”，即元弘之乱（元弘元年［1331］）中导致天皇流放至隐岐的起义，直言即使天皇“英明果断，一时愤慨之余”，不批准条约，摄家也应思虑周详。山内丰信还警告，此时不同彼时，天下将不响应朝廷。

四月，在得知朝廷的答复之后，山内丰信在信中猛烈地批评朝廷的想法“如同书生之论”，询问“如果引起战端，该当如何”，“朝廷茫然不知如何回答，如此，国家大事有欠斟酌”，甚至有意命令担忧“海内过半不欲征伐之势”的士兵执行“鲁莽之战”，实乃“危过累卵”（《昨梦纪事》三）。山内丰信的论述的确坦率明快。

得知朝廷反对条约的堀田询问议奏，如果拒绝条约引发纷争，该当如何？议奏答，“如彼（哈里斯）引发异变（战争），亦无可奈何”，认为与欧美发生战争也是迫不得已。为此，踏上归途的堀田向江户老中报告说，朝廷“不知理智为何物”（三月二十七日堀田书简），这应该是他的真实感受。

《维新史》以来，人们一直以为，在这段历史中，幕府软弱、卑躬屈膝，相比之下，朝廷与天皇听取大名意见，坚持反对缔结条约，坚决执行正确的主张。但事实上这只是被炮制出的“叙事”，不过是基于称颂朝廷与天皇的皇国史观所虚构的事实罢了。

孝明天皇主张拒绝签订哈里斯的条约，如果美方不听，则决心“即使加以驱逐亦在所不惜”。在堀田回来之后，幕府实际上也在考虑拒绝签订条约，敦促朝廷做好引发战端的心理准备，“一旦予以拒绝，墨夷（美国）同盟之诸蛮一同来袭之事难以预料”，并命令朝廷削减经费和祈祷。

外交并不是观念和思想方面的问题，而是左右国家命运的现实问题。正如陈舜臣指出的那样，鸦片战争是围绕毒品鸦片、事关中国民众存亡的现实战争，对中国来说乃是迫不得已。如前所述，虽然中国在鸦片战争中连战连败，但清朝并没有垮台，但是幕府的情况不同，幕府承认“武备不整”，并冷静地意识到，与身为“大国”的中国和俄国不同，日本是“弱国”“小国”，若事态演变为战争，幕府就会垮台，国家将不再统一，因此认识到危险的大名同意签订友好通商条约。尽管当时是 19 世纪，“强力国家”“大国主义”也并非唯一的道路，外交斡旋也是一种选择。

但是，在现实的外交问题上，岛津齐彬、山内丰信、松平庆永自不必说，连德川齐昭这样的攘夷论者也要求批准条约，孝明天皇却做出“无谋”的选择，在不负责任的冒险主义上游走。在堀田等人说明国际形势，大名也同意签订条约之后，天皇又在信中说，“皆翘首拭目以待朕（天皇）之睿虑。”（二月十六日天皇书简）从这句话中可以推测，天皇对自我评价过高，以为大名对朝廷意向有所期待。

朝廷的世界

尽管岛津齐彬、山内丰信、松平庆永等人拼命游说，朝廷依然没有给出批准条约的答复，这一点非常重要。摄家之间频繁交换有关有力大名行动的情报，已周知松平庆永等人对条约没有异议，连固执的德川齐昭也向鹰司呈送意见书，言明不得不承认条约。处于狭小御所之内的摄家情报网快捷高效，公卿与武家之间的姻亲关系也如同岛津家与近卫家的关系一般极其深厚。这两家经常联络，在政治活动上也不即不离。但当出现批准条约这种具体的重要问题时，近卫家虽然充分了解岛津家的意向，但依然决定与公家步调一致，连鹰司政通最后也屈服于朝廷的大势。

九条家与鹰司家是门对门的邻居，而且如前所述，鹰司政通的亲儿子曾入继九条家成为养子，九条尚忠自身也是二条家的养子。而且，孝明天皇的夫人（典侍）是九条的女儿，鹰司也曾向一条家送入养子。鹰司、近卫、一条、九条均有亲王入继，由此成为王孙。由此，贵族在狭小的御所内形成了世代交织、错综复杂的浓厚血缘关系。

据明治维新后详细介绍幕末朝廷情况的《幕末的宫廷》一书所言，朝廷是森严的等级社会，“宫家不斥责人，所以不让人觉得害怕。但若是五摄家，有人做错事（指御膳配膳之事），五摄家也不会当下斥责人，但当事人不知道会被如何对付，比如我（山科）之后有什么请求的话……五摄家便不会答应，因此大家都害怕五摄家”。旁系的摄家解手时，平公家必须站到廊下为其洗手、递毛巾，因此“没有比麝香间（摄家等待上朝的房间）更恐怖的地方”。另外，“摄家、大臣、亲王平日进宫时会用竹制轿子，在重大节日进宫时则使用马车，总之绝不步行进宫”。

可见朝廷的等级是何等森严。五摄家之中的四家均有亲王入继，以“王孙”身份为傲。原本整个朝廷社会都是在御所之内持续了数百年以上的近亲，自称为“云上”，其中尤其是五摄家与天皇形成了浓厚的血缘关系，支配着“云上”。而无论是九条尚忠还是鹰司政通，即使与天皇对立也无法脱离御所，也是因为与天皇形成了渊源深厚的血缘关系。

云上是武士难以控制的森严的等级社会、朝廷的政治世界，幕府向哈里斯言明的、一桥派大名所期望的“严肃仪式”由此受挫。一桥派肩负众望，试图推进幕末政治改革，以武家的身份拼死游说，却撞上云上这一闭塞空间而失败。

六月，天皇在写给九条关白的信中说明自己攘夷论的由来。他指出，中国选“贤才”为帝王，而日本“皇统连绵之事，诚为他国未有之例”，“日本独有之事，专以天照大神之仁虑，言语难以穷尽”，因为代代天皇乃“万世一系之血脉”，日本是优于中国的“神州”，因此与欧美友好通商是“神州之瑕瑾（瑕疵）”，无法应允。（六月二十七日天皇书简）

前文已经介绍过，幕府认为日本是“弱国”，这是秉持冷静且不盲目自信的对外认识。但孝明天皇基于“万世一系之血统”，认为日本是优于中国的“神州”，由此产生的外交论自然缺乏现实的合理性。

由上可知，批准条约问题的真相与《维新史》创造的“叙事”其实截然相反。稳重、开明、务实的幕府改革派势力受挫，因此坦率的山内丰信和颖慧的桥本左内批评天皇和贵族是“固陋”、不负责任的“无谋”。堀田正睦、川路圣谟以及岩濑忠震等开明派本预想条约会轻松获得皇室批准，结果却以失败告终，他们也为此失去威信。在堀田等人为批准条约徒劳地苦苦斗争之时，作为反改革派的南纪派也在加紧活动，井伊直弼升任大老已经只是时间问题。

不时登城

安政五年（1858）四月下旬，堀田正睦返回江户之后不久（三日后），“无名”的井伊直弼被任命为大老。大名期待条约被批准，但堀田等人在京都受挫，消息已经传到江户。在此期间，南纪派渐渐占据优势，井伊打破先例，在就任大老即日开始在御用房执掌政务，其果断让周围人大为震惊。

五月上旬，将军德川家定向幕阁宣布庆福（后来的家茂）为下代将军，将军继嗣问题尘埃落定。一桥派的开明幕臣川路圣谟等人因“在京都的不合时宜之举”被贬，此后再也没有复职参与幕政。川路在庆应四年（1868）三月江户开城在即之时，留下署名“德川家谱代陪臣、顽民斋川路圣谟”的遗书后用手枪自杀，这是条约批准失败对幕府改革路线造成巨大打击的一个缩影。

此时在中国，英法联军在第二次鸦片战争中取得胜利。美国的蒸汽军舰密西西比号和波瓦坦号带着英军要来日本强迫签订通商条约的情报进入下田。哈里斯趁机要求日本与美国签订条约，幕府则因为朝廷拒绝批准而拖延签订，而赴京都要求批准条约的岩濑忠震等改革派主张立即签订。最终在六月十九日，《日美友好通商条约》签订。

条约公布后，在将军继嗣问题上策划让一桥派逆转的堀田、岩濑也被罢免。一桥庆喜、德川齐昭、德川庆恕（庆胜）等人采用“不时登城”这种等同于列参、集体强行上告宣示力量的行动，与井伊直弼对抗。他们指责井伊“违敕”签约，希望将其罢免，但没有扭转事态，反而在七月受到隐居、急度慎的处分。事实上，条约签署是一桥派幕臣岩濑等人推动的，德川齐昭等人的追究反而让井伊愕然，并且被轻而易举驳倒。一桥派大名的“不时登城”发生于将军继嗣决定公布的两天前和一天前，其中包含了改革派企图扭转将军继嗣决定的目的。他们企图利用条约这一外交问题和“违敕”这一涉及朝廷大义名分的内政问题，让幕政回归合作路线，但最终失败。

“戊午密诏的真相”

孝明天皇得知井伊直弼就任大老后表示，“（幕府）终会还击，贯彻关东（幕府）的意旨”，为此须加强戒备。他还不断申斥鼓说关白九条尚忠等人，“无论（幕府）如何说辞，绝不可心存二念。”听到江户方面签订条约的消息，天皇“愤怒不已，悲痛担心，一筹莫展，悲叹无限”，命关白召集三公和两役等担当政务的公卿商议，朝议决定要求三家和大老中的一人上京。天皇认为幕府有失“征夷之官职”，表示自己“高居帝位，对聆听万机政务、治理之事力有不逮”，暗示让位，但另一方面又担心一旦让位，鹰司太阁与幕府共谋拥立幼帝，从此得偿所愿。

幕府没有接受朝廷希望三家和大老中派出一人上京的请求，而是派出身为老中的间部诠胜上京，而且表示要与荷兰、俄国、英国、法国都缔结友好通商条约。天皇斥责“关东刁横”，向三公等公卿发出要求其考虑对策的意向书。对于大老上京的传言，天皇恐惧地说，“如若上京，宛如进入地狱、恶鬼之中一般”，命令商议起草密诏，“设法考虑密书之事”。但九条关白对天皇的意向书有不同意见，认为“文体过于严苛”。天皇拒不相让，以让位相逼，由此产生“戊午密诏”。

密诏暂且抛开外交问题，阐述国内“治乱”，文中包含排斥井伊直弼、赦免德川齐昭、拥立一桥庆喜的意思。该密诏被送往水户藩，大久保利谦将其评价为朝廷的“宣战布告”，事实上也确实如此。九条关白在手记中推测，密诏出现的根源是近卫与鹰司的“奸计”、水户藩的阴谋、三条的推波助澜。虽然有这些原因，但事实上是孝明天皇发挥了主导作用。战前以来，《维新史》所持的一般说法是认为水户藩和萨摩藩志士在暗中活动，这种说法比九条关白的证言更加穿凿附会，是规避探讨天皇动向、无视朝廷自主性的观点。

密诏出现的背后有萨摩藩等与高级贵族、姻亲等的关联，这的确是事实。

戊午密诏发出之后，左大臣近卫忠熙告诉萨摩藩，幕府的动向“可疑”，如若“发生异变”，“秘密请求”以萨摩藩的“警卫”（出兵）作为“绝密的手段”。翌日，萨摩藩士西乡隆盛估计间部诠胜老中会“暴发”（大镇压），因此制订了联合水户藩、尾张藩、大坂城代的举兵计划。西乡在将军继嗣问题上接到岛津齐彬的密令，曾游说大奥身边的相关人物。

关于岛津齐彬的意向，前几年出版的《鹿儿岛县史料　齐彬公史料》记载称，六月，岛津齐彬对近卫家说，“此与弘安、蒙古不可同日而论，请深思熟悉”，并警告会演变成“内乱的景象”。对于朝廷要求上京警卫的探询，齐彬则表示“恕难应允充分处理”，“此事亦会成为内乱之媒”，于是予以拒绝。但岛津齐彬在此信后的一个月，即密诏发布的前一个月，在萨摩藩地突然去世。

通常说法认为，岛津齐彬做好了率兵三千上京的准备，并且向西乡发出密令，但是其真假不明。岛津齐彬在密诏发出一个月前去世，当时他正在操练兵马。辅佐后继藩主岛津忠义的前藩主，即起用调所广乡进行天保改革、重建萨摩藩财政的岛津齐兴，是全盘否定岛津齐彬政策的慎重派，在对抗幕府压制上不逊于岛津齐彬，但他彻底回避进入中央。

天皇发出密诏请求大名在不测之时出兵，密诏从姻亲的摄家传达给了有力大名。从近卫家传到尾张、萨摩、津三个藩，从鹰司家传到加贺、阿波、长州三个藩，从三条家传到土佐、越前、因州（鸟取）三个藩。长州藩在收到密诏后呈交了承诺书，但没有出兵。据说土佐的山内丰信直接烧毁了密诏（《山内容堂传》），这种应对方式很符合丰信刚毅的性格。总之，在幕府对朝廷进行大镇压之时，各个藩都按兵不动。

从安政五年（1858）到翌年，在大老井伊发起的镇压即安政大狱事件中，一桥派的桥本左内等藩士和浪士、近卫忠熙等公卿、德川齐昭等大名、岩濑忠震等幕臣全部受到处置，受牵连者达百余人，桥本左内与吉田松阴等被处以死刑。

天皇虽在十月对九条关白道，“太过轻率，缺乏思虑”，“毫无疑问，一切均将烟消云散”，表示屈服，却又在十一月对近卫说，“务必秘密潜入萨州等地，必须收服逆贼。”但也如前所述，萨摩拒绝出兵是因为没有机会或机会早已丧失。于是，天皇在十二月份承认幕府的外交方针时表示，“对关东（幕府）诸老（老中）并无疑虑。大致而言，对于蛮夷的处理方式，尽管尚心存疑虑，至此亦冰消瓦解。”

间部再次说明了“清朝的覆辙”，以及第二次鸦片战争清朝战败签订条约的结局，并约定在七八年或十年后修改条约，但天皇坚持将来采取攘夷路线，没有让步。虽然幕府的镇压波及三公、近卫、鹰司、三条及其以下，天皇曾经如此那般地申斥激励，反复言及对于拒绝批准条约“绝对无须担心”，敬请放心，必定不会“折心”，但此时并没有让位，而是继续在位。

在野的历史学家尾佐竹猛在《明治维新》（上）一书中，

以其鲜明的自由主义观点评价了这份戊午密诏，称其显示出朝廷的“一大抱负”，但严厉批评其“高估水户藩的力量，低估幕府的实力，对一般政情认识不足，不得不说是方法有误”。正如他所介绍，深入来说，朝廷认识不足的重要原因是孝明天皇认识不足。纵观大局，幕府的岩濑和川路等开明派势力被葬送是无法挽回的巨大损失。同时，孝明天皇执着于攘夷，导致通过慎重开国论构建的顺畅的公武合作难以继续推进，在外交和内政问题之间引发了难以解决的“错位”。

樱田门外之变

西乡隆盛在藩主岛津齐彬突然去世之后，也制订了萨摩藩的出兵计划。但因安政大狱事件回到藩地后，他与勤王僧侣月照计划一起跳进鹿儿岛湾自尽，最后月照死亡，西乡却捡回一命。为了躲避幕吏的追捕，他制造自己已经死亡的假象，改名为菊池源吾后，前往奄美大岛潜居了三年。在萨摩藩，安政大狱的镇压和前藩主岛津齐兴的压制，让中下级武士堀仲左卫门、有马新七、大久保利通、松方正义等四十余人团结在一起。

他们继承齐彬的“遗志”，联合水户、长州、越前等藩，计划去江户袭击井伊直弼大老，去京都袭击关白九条尚忠和京都所司代酒井忠义。藩主岛津忠义的生父岛津久光通过忠义写的希望他们不要离开藩地的亲笔信，赞扬大久保等人是忠诚之士，请求其珍重。受此鼓舞，大久保等人停止了行动，选择与藩地一起出兵，自称“诚忠组”，形成萨摩藩的尊王攘夷派，但是，与水户藩推进合作的有村次左卫门强行离开藩地。与不断下野、流放、入狱的西乡隆盛截然不同，一直走在实权派道路上的大久保登场了。西乡和大久保两人是同一町内的发小，都是下级武士。

在水户藩，高桥多一郎和金子孙二郎等激进派计划举兵，但是因为在戊午密诏的返还问题上，幕府施加了强大压力，他们于是开始具体谋划袭击井伊直弼。安政七年（1860），水户藩和萨摩藩的尊王攘夷激进派之间达成举兵的盟约。三月三日，那是一个下雪的早上，十七名水户藩士和一名萨摩藩士以手枪声为信号，从两侧袭击登城的井伊直弼队伍，其中，有村新七暗杀了井伊直弼。

岩仓具视的登场

井伊死后，磐城平藩主安藤信正就任老中首座。一桥派中曾被井伊罢免的关宿藩主久世广周也再次担任老中。截至文久元年（1861），安藤与久世执政了一年多。安藤主管外交，久世负责内政，据说安藤的外交手段在幕臣之间颇得人心。在那个政治势力版图正发生巨变的时期，他们共同肩负着稳定幕政的重任，于是两人策划让孝明天皇的妹妹和宫与德川家茂将军结婚，也就是所谓的和宫下嫁。

在此之前的安政五年（1858）安政大狱时期，井伊直弼方面也曾提议公主下嫁，但朝廷以和宫与有栖川宫已有婚约为由拒绝了。樱田门外之变后，权威受损的幕府为了公武合体，重新正式请求和宫下嫁。而天皇表示，虽然幕府提出公武合体，但公武之间并不存在问题，无须担心，只是对“蛮夷之事”“终归无法同心”，（对和宫下嫁）“尚在犹豫”。这时，建议天皇响应幕府请求的便是岩仓具视。

岩仓以“恢复朝权”“王政复古”为基本方针，建议必须从幕府手里收回政权。和宫下嫁，是幕府想借朝廷威风“粉饰”自身霸权的策略。但寄希望于连大老井伊都被暗杀的幕府施行攘夷，无异于“拿竿子打落天上的星星”，是天方夜谭。虽说必须完成收回政权的“大业”，但“口舌之争”无济于事，必须“诉诸干戈”。但是天下大名的形势尚未成熟，幕府尚未衰弱，和大名结盟会“导致天下大乱”，尚非可行的时机。朝廷如今需要等待时机，筹划取得霸权的“谋策”，送和宫下嫁恰好可以消除隔阂，实现名义归幕府、实权归朝廷的目标。

就像“等待时机”一词所象征的一样，岩仓的建议贯穿着现实主义，通俗易懂，很符合他的风格，这种“聪明、成熟”是他在侍奉老练的鹰司政通时所学到的手法。如此一来，今后的政治展望不是和大名联合，而是将重点置于“王政复古”之上，这也是岩仓毕生不变的重要立场。此时朝廷追求的“王政复古”顾名思义是包括天皇、摄家在内的朝廷的“王政复古”，与明治维新时期岩仓所策划的“王政复古”不同，后者是在推翻持续九百年之久的摄关制之上的天皇自立，实际上是新型的王政复古。

天皇接纳了岩仓的建议。岩仓的“王政复古”方略虽然在这一时期尚未涉及否定摄关制，但由一介平公家岩仓来主导策划天皇恢复权力，与后来的王政复古已有相近之处。

纵观大局，摄关家的实力派鹰司政通、近卫忠熙、三条实万由于安政大狱而受罚隐退，方才开辟了岩仓活动的舞台，一直被压制的年轻的孝明天皇才有自立的可能。鹰司、近卫、三条并没有因为和宫下嫁而免遭惩罚。对于近卫、三条等人，天皇也曾如此那般承诺让他们“放心”，但到安政大狱时又对他们弃之不顾，这正是“政治的黑暗”之处。

被删减的天皇书信

对于和宫与将军的婚姻，主流说法大都认为孝明天皇是迫不得已同意的。这个问题与安政大乱后天皇的政治立场有关，直到今日仍有许多解释不清楚的问题点。

据《维新史》记载，万延元年（1860）幕府同意七八年或十年后攘夷，朝廷接受幕府希望和宫下嫁的请求，但由于和宫不同意，九条关白想要处罚和宫的生母（观行院）与兄长桥本实丽。为此，书中还引用了遭到和宫方面抵抗的孝明天皇写给九条关白的书信，信中天皇计划用皇女寿万宫替换和宫。

信中，天皇认为和宫下嫁是“一和之上之一和与喜庆之事”。宫内省编撰的孝明天皇史料集《孝明天皇纪》以及日本史籍协会发行的《九条尚忠文书》中都收录了该信。但是对比二者发现，在《孝明天皇纪》中，书信的中间部分被删除了，删除的部分如下，这些内容恰恰记录着天皇的本意。

> 对两人（桥本实丽和观行院）的处置，务必向幕府申请，务请（九条关白）加以处罚，如若与关东的亲事（与将军家茂的亲事）未成，亦不可善颜恩准其与有栖川宫结亲，彼有此心，朕（天皇）亦不准。岂不知尚有出家为尼之路？以上种种皆有赖尊公（关白），由予（天皇）出面，甚为有害，如尊公（关白）亦与朕同存此心，诸事拜托。

从让和宫去当尼姑这一部分可知天皇自身对公主下嫁将军的迫切意向。《维新史》的记载称，九条关白想处罚桥本实丽等人，但实际上是天皇自己秘密指示关白请求幕府处罚桥本等人。由此可知，自从因安政大狱同意幕府的主张之后，天皇对幕府的政治立场实际上骤然发生了巨大转变，急速向幕府方面靠近，但这一点是二战前《维新史》中避免触及的部分，也是战后被实证为幕末史中的黑暗部分。天皇一直对正式承认攘夷持保留态度。

第三节 | 萨长的幕政改革

周布政之助

安政五年（1858）发生了重大政治变动，朝廷不批准友好通商条约（三月），井伊直弼就任大老（四月）。在这种形势下，长州藩的藩地政府（相对于江户而言的地方政府）在五月中旬确定了“藩是三大纲”。

所谓“藩是三大纲”是指，“对天朝（朝廷）忠诚，对幕府信义，以及继承洞春公（藩祖、毛利元就）以来的忠志，重视（对藩祖的）孝道。”长州藩将“对朝廷的忠义”置于首位，开始从幕府政治中独立出来。藩地政府的领导者是天保改革领导者村田清风的继承人周布政之助。依照近世的藩制，藩地政府原本是不可以越过江户政府（江户藩邸的政府）直接站到前台处理“外政”的，但是此时，周布等人的藩地政府从坪井九右卫门所在的江户政府手中夺取了政权，以此为契机，周布派开始自称为正义派，坪井派则被冠以俗论派之名。

八月下旬，戊午密诏的复件经由鹰司家和正亲町三条实爱，被带到长州藩厅，藩厅暂时予以接受，但是于九月秘密入京的周布与鹰司辅熙（政通的亲生儿子、右大臣）等人会面，明确表示，“古代也有朝廷和外国交流沟通的先例”，攘夷论乃“固陋之弊”。

此后，周布提拔木户孝允（当时名为桂小五郎）和高杉晋作，并且一直主导长州藩急剧变动的活动直到元治元年（1864）。物产交易政策便先后经由村田派和坪井派，以及之后的周布派和坪井派之手轮流推进，藩地的政治路线也明显向独立于幕府政治的方向转变。

周布派通过藩主出席的御前会议推出安政时期的藩政改革纲领。主持御前会议的不是毛利家族，也不是担当重要职位的加判役和家老，而是作为右笔役的周布政之助等实务官员。周布派在“本邦（日本）时运由此一变”的安政五年（1858）的形势下，主张“自国（长州藩）坚守之政道”，即主张自立崛起。

在御前会议上，周布派决心在此“内乱外患”的时代为“专心备战”而推进完善“西洋枪阵”，而且在改革纲领中规定，事关重要“大义”之事由藩主出席的御前会议决定。主导御前会议的是石高百石以下的周布等实务官员，即有司。虽然此前重要的政策也在御前会议上决定，但此“规定”（掟）制定之后，则变成必须在御前会议上决定。这表明实务官员的有司集团建立了拥护藩主、自上而下强化藩国统治的体制，御前会议体制成为明治维新前长州藩政治活动的基石。

长州藩的开国之策

如第三章所介绍，长州藩经济政策的特点是大规模推行物产政策，激发地方经济活力，在此基础上维持较高的年贡率。文政年间的物产政策是从农民手中“低价收购全部”物产的征收政策，由此爆发了第二章所介绍的天保二年大起义，农民集中捣毁了物产会所，认为那是“文政物产征收政策的大害”。如今的物产政策正是从对这次失败的反省中产生的。长州藩在藩外大力推行藩直辖的物产交易政策，一直掌握着地方经济的主导权。

天保改革设立了国产方，登记农村的在乡商人，采取向领外各地外销藩内物产的政策。但是，如前面所介绍，由于幕府天保十三年（1842）颁布的株仲间（行会）解散令，诸国的专卖制被禁止。翌年，萨摩藩的唐物走私事件被揭发，新潟领地被收回，又一年后，摄津飞地被收回。与此同时（九月），长州藩废除国产方官署，物产交易也被迫停止。

20 世纪 50 年代恢复物产交易，下页图描绘了 50 年代以

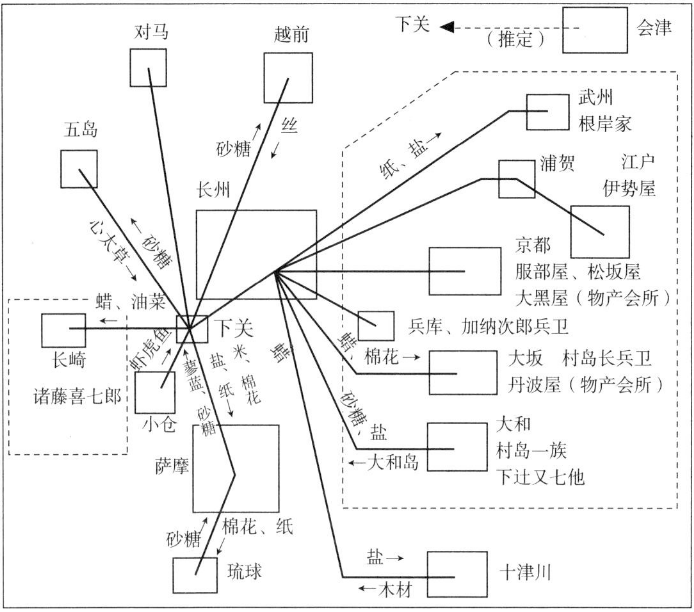

长州藩幕末的物产交易图　本图只标注主要的物产。参照田中彰《幕末萨长交易的研究》《萨州御交易录》《产物事》《忠正公传》《周布政之助传》《佐藤家文书》制成

来幕末长州藩开展的物产交易全貌。虚线圈住的部分是京都、大坂、大和周边的上方，以及浦贺、武州等江户周边地区。在江户附近的浦贺建立据点是文久元年（1861）的事情，周布也参与策划，以金钱纠纷事件为借口征收浦贺船运商的股份和房屋宅地。着眼于浦贺是因为这里有检查运输船的浦贺番所，周布计划在此建立据点，“随意操纵”运往江户的物产。

安政三年（1856），长州藩在萩的小畑浦初次建造的纵帆船——君泽型的丙辰丸开始在萩和江户之间航行，从事长州藩与江户的贸易。为了建造藩船丙辰丸，长州藩聘请了曾为普提雅廷在君泽郡户田建造纵帆船的伊豆造船工匠，还动员毛利水军的造船工匠，通过融合日本船的造船技术建成西式帆船。该船全长二十四点五米，船员十七人，装有四门大炮。安政七年丙辰丸的首次江户航行中，萩首屈一指的豪商菊屋、产物方官员，以及高杉晋作都在船上，高杉还写下了航海日志《东帆录》。此后，长州藩又投入两万两建造更大型的庚申丸，还用江户藩邸地板下储藏的“穴藏贮藏金”，在横滨购买价值十二万美元的蒸汽船壬戌丸和二十万美元的癸亥丸。

在丙辰丸驶往江户的同时，木户孝允为了躲避幕府的追捕，秘密潜入横滨通商口岸，将外国贸易的情报呈送给领导者周布，如“平纹细棉布（金巾、英国薄棉布，进口商品第一位）一百反的价格比江户便宜约二十两”。

参与江户和大坂周边（上页图的虚线部分）贸易的是豪农与豪商，图上江户贸易中出现的武州的根岸家是幕末活跃的关东草莽（在野的志士），也是曾经参加新征组、上京的大里郡胄山村的大地主，在庆应二年（1866）武州改造社会起义之时组织村落自卫团，因以武力击退起义队伍而闻名。根据《新编埼玉县史》和沼田哲等的研究，根岸家在武州改造社会起义之前也曾参与蓑负暴动——天保时代围绕荒川治水而爆发的农民起义事件——为农民出谋划策，后被幕府处以流放江户的重罪。

根岸家是相对于幕府而言的地方豪农，表现出扎根于地方发展的政治动向，拥有当地的广泛人脉。周布就曾在情况紧急之时拜托根岸家为长州藩从江户藩邸秘密逃跑的妇孺提供中转地。

图上大和的村岛家是葛下郡高田村的村岛一族。高田村被评为大和国第一的大和棉花集散地，村岛本家则是其中最有实力的大和棉花商人。长州藩通过村岛家与上方的豪农商人交易，在村岛家与长州藩之间联络的是小滨藩的浪人梅田云滨，他与朝廷的青莲院宫来往密切。安政大狱事件中梅田云滨被捕，还在长州藩引起了是否应该整肃物产交易的质疑之声。当时恰逢安政大狱最激烈的时候，长州藩令产物方官署独立，致力于大规模的藩外交易。

文久元年（1861），长州藩在幕末政局中登场，提出“航海远略策”。长井雅乐根据藩命提出的航海远略策，是在长州藩开展物产交易的背景之下生发的政论。他主张“制造军舰、振兴物产、改革军制”，认为随着世界形势渐趋开明，国策转而开国也是“自然之时势”。这样的外交论与堀田正睦等人在友好通商条约承认问题上的议论异曲同工。

在航海远略策的附论中，长井还陈述了使用藩船丙辰丸和庚申丸的“武士兼职商人政策”，即所谓的重商主义政策，从中可以窥见长州藩让幕府认可物产交易政策的意图。要增强国力，“航海之外别无他法”，由安藤和久世掌权的幕府也接受了这一建议。但与幕府缔结条约时一样，让朝廷接受还是个问题。第二年，朝廷批评长井雅乐蔑视朝廷，后者被迫自杀。长州藩的周布、木户、高杉的政治出发点其实可以说就是航海远略策这一开国之策，只是当时的航海远略策并没有攻击继续否定幕政改革的安藤与久世政权，而是试图说服朝廷开国，因此才归于失败。

萨摩藩兵进京

萨摩藩主岛津忠义之父岛津久光认为，大久保利通等人进入中央的计划为时尚早，因此加以压制，与此同时，下级武士以大久保等人为中心组成了诚忠组。激进派的有村次左卫门参加樱田门外之变一事，也给萨摩藩带来冲击。慎重的大久保制订了以久光为中心的藩方上京计划，不久与高级家臣小松带刀等一起被破格提拔到小纳户役这一重要职位，推进萨摩藩的出兵计划，并且努力压制激进派。

文久二年（1862）初，大久保利通前往京都，拜访姻亲近卫家。近卫家的户主前左大臣近卫忠熙在安政大狱中所受的处罚依然没有解除，大久保与其子近卫忠房会见，表明了久光的计划。大久保批评道，和宫下嫁的问题只是幕府将和宫作为“掌中之物”，幕府并不害怕朝廷，朝廷如无兵力也只会重蹈“戊午的覆辙”（重演戊午密诏的失败）。大久保表达了萨摩藩的重大决心，若久光拥兵上京，会令近卫忠房顶替九条尚忠的关白之位，并且准备足以守备的兵力，继而在天皇的“敕命”之下前往江户。萨摩藩内也有人主张“舍弃德川家”，但如此便“首尾难以相顾”，故欲采取要求改革幕政的立场，但在不得已之时将“无暇顾及是非”，“时机在此一举”。萨摩藩的目的是让受罚的一桥庆喜和松平庆永进入幕府中枢，恢复幕政改革政策。这次他们吸取安政五年（1858）的失败教训，调动兵力以重大决心寻求实现幕政改革。

大久保利谦在传记《岩仓具视》中指出，对于萨摩藩的重大提议，近卫采取了“回避的态度”。这是幕末史中的重要论点。面对萨摩藩的提议，近卫忠房论及朝廷的形势，“九条尚忠关白是和关东（幕府）一体的，追随他的贵族很多”，而“睿虑（天皇的表态）或不出”，由此拒绝了久光的计划。

如前所述，孝明天皇曾经在安政大狱之际期待岛津齐彬等人上京，但是此次天皇的回应只有一首和歌：“忧天下，诚心可鉴，武士无瑕之魂。”这首和歌的意思是“已了解武士无瑕（纯粹）的心情”，其中微妙且模糊的否定意味，十分符合天皇的风格，也只有和歌才能表达出来。在条约批准之前的安政二年（1855），年轻的孝明天皇曾通过近卫忠熙赠了岛津齐彬和歌一首：“武士如同心。秋津洲（日本）之国有望，携手共治乎。”这两首和歌的区别相当明显。大久保和久光肯定了解天皇通过和歌表达的消极态度，而久光并未将其视作问题。

三月中旬，岛津久光与小松带刀、大久保利通一起率兵一千余人从鹿儿岛出发。有马新七等诸藩的尊王攘夷派企图利用久光上京的机会，袭击关白九条和所司代酒井，计划在伏见的寺田屋起义。致力于让朝廷和雄藩推动幕政改革的久光，在入京后的四月二十三日派出平定起义的藩士，有马等拒不服从的八人被杀害，这就是寺田屋事件。

井伊政权镇压由阿部正弘和堀田正睦推行的幕政改革路线，引来全国范围内的反抗。九州和西日本各地的草莽（在野的志士）如小河一敏、平野国臣、真木和泉等人联合开始行动，岛津久光和大久保利通以妨碍藩地行动为由加以镇压。长州藩的久坂玄瑞在反对长井雅乐的航海远略策过程中，曾号召起义，打破藩主和贵族壁垒，声称："诸侯不足恃，公卿不足恃，唯有纠合草莽志士共襄义举，舍外别无他策。"这是安政大狱发生之际同为长州藩人的吉田松阴所提倡的"草莽崛起"的思想。因为藩地运动是有组织的战斗，不满足于此的志士登上历史舞台也是情理之中。草莽志士中有脱藩的藩士和浪人，也有豪农豪商出身者，实际上无论人员还是运动都呈现出多样性。

岛津久光经濑户内海上京之时，土佐藩身为乡村武士的豪商次子坂本龙马也像很多草莽之士一样脱离藩籍。但他没有参加京都的寺田屋起义，而是沿着相反方向从下关前往萨摩。不久后，没有去京都而是进入江户的坂本龙马，与衷心敬佩的

“日本第一人物”胜海舟命中注定般地相遇。草莽之士的运动错综复杂、多彩多姿，实际上无法单纯地一概而论。

像坂本龙马一样并不尊王攘夷的开国派草莽之士的运动其实也不计其数，但往往被人们所忽略。在寺田屋腥风血雨、龙马漫步九州之时，长州藩尊王攘夷派的高杉晋作身在长崎，为了前往欧美列强的居留地、中国太平天国军正兵临城下的上海。

入京的岛津久光对犹豫的近卫等人表示，人数众多的家臣之中也有“偏固短虑者”，极其担心他们迟早“失控”，并且表明要充分利用自己刚刚镇压的尊攘激进派的“失控”。可见“失控”这一危险的存在也是有必要的。

萨摩藩的“尊王”

四月中旬，岛津久光拜访京都锦小路的藩邸，与朝廷的议奏会面，要求赦免在安政大狱中受罚的近卫忠熙，令近卫忠熙担任关白，让幕府方面起用松平庆永和一桥庆喜。提倡雄藩操纵论的岩仓具视受天皇委托特地出席，也被举荐为前往江户的敕使候补。五月，大原重德被确定为派往江户的敕使，其刚直不逊于岩仓，是被称为“鵺[1]卿”的年长公卿。于是，自条约批准问题以来一直担任关白的幕府派九条尚忠因为萨摩藩的要

1 鵺，日本传说中的生物，据称会判断人的善恶，对善者加以保护，对恶者则以极其残忍的方式杀害。

求而被罢免。

实际上，在前面介绍过的日本史籍协会丛书《九条尚忠文书》（一）收录了九条被罢免翌日，孝明天皇写给他的“敕书”。天皇对九条的辞呈表示“实是遗憾，且无可奈何至极”，“浪徒之失控，着实危险”。天皇的想法正如前几日和九条商谈之时的态度一致，重又提及“并无他虑，还望见谅”。至于依照岛津久光要求而赦免摄家，天皇表明“前右府”鹰司是“令人担忧之人”。这封书信对九条家来说是重要的文书，因此九条家在“敕书”的题目之下特意添笔写了“重要之事”几字。天皇对九条的辞呈表示“无可奈何至极”，反映出其倾向幕府、赞同和宫下嫁的心思，以及对岛津久光行动的真实想法。

根据议奏中山忠能的记录，萨摩藩曾威胁议奏，如不确定敕使则会“失控”，为此中山忠能还感叹，“危险之至，（萨摩藩）偏固之国风令人无语。”另外值得注意的是，天皇亲信久我建通在书信中将天皇称作“玉”。关于池田家和井伊家上京的传言，幕府方面知道“浪士夺玉之计策”计划先在彦根城将天皇“幽闭”，“玉之心意，如困彦城则无力”。如亲信所表示，天皇的真心并不倾向岛津久光。

岛津久光在京都的萨摩藩邸位于东洞院锦小路的西鱼屋町，正处于如今的繁华街道，距离御所只有两公里，极易向天皇施加威慑。需要注意的是，如果控制并幽禁天皇，看似是对天皇施暴，但对武家来说，这也是毫无疑问的“尊王”。这和今日所谓皇室崇拜不同，对我们而言是异文化的“尊王”。

于是，萨摩藩向幕府提出“三事策”，要求将军进京，设置五大老，以及令一桥庆喜任辅佐职、松平庆永任大老。萨摩藩的目的在于庆喜和庆永的回归，为此岛津久光率兵前往江户。七月，庆喜任辅佐职，庆永排除万难后任政事总裁职。幕府还在京都设置新的京都守护职，由会津藩主松平容保担任。幕政改革在庆喜和庆永的领导下进行，隔年的参勤交代制度改为三年一次，（大名的）妻儿被允许回藩，幕府向大名要求合作的主张做出让步。

岛津久光在归途中，于神奈川近郊的生麦村（今横滨市鹤见区）与四名骑马的英国人擦肩而过。藩士以英国人对大名队列无礼为由，斩杀商人理查德森，重伤两人。横滨居留地瞬间沸腾，外国商人集会，传闻战争随时可能打响，局势最后被英国外交部和海军所压制。这场“生麦事件”导致了翌年的萨英战争。

物产交易

岛津久光到达江户是八月七日，前一天长州藩主毛利敬亲正好从江户出发，避开岛津久光沿中山道前往京都，这一擦肩而过成为幕末史上萨长对立的开端。毛利敬亲到达京都河原町的藩邸是七月初。在此之前，岛津久光在京都推进向江户派遣敕使的政治活动，掌握朝廷的主导权，与此同时，长州藩接到敕书，己方的航海远略策被斥责为诽谤朝廷的攘夷论，因此遭受重大打击。而且，“三事策”包括启用庆永和庆喜、将军上洛、设置五大老这三“策”，是萨摩藩、长州藩、岩仓三方策略的综合，是岩仓所构思的雄藩操纵策的产物。其中，萨摩藩只是推进本藩的策略，即庆永和庆喜的启用，长州藩则在摸索着收回失地。

万延元年（1860），幕府出台的“五品经由江户令”在樱田门外之变后的翌月发布，该法令规定生丝、杂粮、灯油、蜡、布匹这五种产品必须经由江户批发商发往横滨。外贸开始后，生丝等由产地的商人直接发往横滨，以江户批发商为中心的流通体制解体，物价由此高涨，因此幕府企图通过江户批发商垄断生丝等，控制贸易。贸易因此一度衰退，但由于外国商人、横滨商人的反抗，以及萨摩藩等地的走私贸易，幕府的控制未能成功。

长州藩的航海远略策确实如萨摩藩所批判的那样，是“自己航海的自私之论”，在深层隐藏着扩张物产交易的目的。萨摩藩政治运动得以开展的基础，也是通商开始后商品流通的新形势。

如前面所介绍，萨摩藩通过走私中国唐物和松前海产品、垄断奄美的贸易等，获取藩内财政半壁江山以上的巨额利润。但与外国的贸易开始后，虾夷地的海产品开始由外国商人从箱馆出口到上海，其中出口量较多的，正是为萨摩藩带来巨大利益的海带。中国的苏木也经外国商人之手进口，糖开始从东南亚低价进口。形势对萨摩藩来说日益不利。美国南北战争导致棉花价格高涨，在这种情况下，一直在横滨秘密买卖生丝的萨摩藩从大坂及其他地方收购大宗棉花。长州藩也在横滨购入舰船，木户孝允还在横滨调查英国薄棉布的行情。

高杉晋作根据长州藩的命令，乘坐幕府试行出口贸易的千岁丸前往上海。佐贺藩士和萨摩藩士都十分关心与上海的贸易，他们目睹了高杉到访上海商会的情形，后者还去拜访了商会。在这一背景下，长州藩提出航海远略策，策划雄藩参与贸易。松平庆永的越前藩也积极参与横滨和长崎的贸易。航海远略策、久光上京、庆永的幕府改革论与公议政体论等的深远意义正在于此。

第四节　尊王攘夷和京都

实施攘夷的决定

航海远略策是宏大的开国论，在这一主张受挫之后，长州藩于文久二年（1862）七月的京都长州藩邸御前会议上立场一变，选择尊王攘夷的政治路线。由此京都的形势骤然发生巨变，雄藩长州藩成为尊王攘夷运动的盟主，提议破约攘夷。

一直被压制的尊王攘夷派的活动家开始陆续走到前台。从江户回来的岛津久光面对骤变的形势，失落地向萨摩藩出发。之后不久，朝廷又派出实行攘夷的敕使。推动朝廷做出决定的是长州、萨摩和土佐三个藩的尊攘派，分别是长州藩的久坂玄瑞、萨摩藩的藤井良节、土佐藩土佐勤王党的党首武市瑞山等。九月，三条实美为正使，姉小路公知为副使，在土佐藩主山内丰范的陪同下奉天皇之命前往江户，向幕府传达实行尊王攘夷的敕旨。三条和姉小路是朝廷方面尊攘运动的急先锋。

将军德川家茂在江户城接受敕旨，同意前去京都。十二月，朝廷设立国事御用挂（国事调查委员）一职，共二十九名公卿被任命。翌年一月，近卫忠熙辞去关白一职，由孝明天皇一直十分顾虑的鹰司辅熙接任。二月，又设立国事参政和国事寄人，参政由姉小路、东久世通禧等四人担任，寄人由中山忠光、泽宣嘉等十人担任。此后，国事参政和国事寄人这两个职位便成为尊王攘夷激进派公卿的巢穴。德川家茂将军入京，与担任后见职（辅佐将军职务）的一桥庆喜和担任政事总裁一职的松平庆永一起留在京城。

三月，庆永和庆喜开始试图挽回局势，结果接到将军参内、重新对将军“庶政委任”的敕旨。但是，因为关白鹰司当场传达了朝廷也会就“国事”直接指示诸藩的意思，“庶政委任”的命令并没有挽回幕府的形势，其背后有长州藩的策划。长州藩世子毛利元德留在京都，建议天皇行幸贺茂社和男山石清水社，为攘夷祈愿，此建议后被付诸实践。幕府方面屈服于尊攘派的运动，将五月十日定为实行攘夷之日。

五月十日，长州藩尊攘派炮击经过下关的美国商船。长州藩不仅要求发布攘夷命令，而且要求攘夷亲征。此外，由于久留米的尊攘派真木和泉等人的暗中活动，朝廷也发布了大和行幸的命令。

在京都及其周边，人称“天诛”的暗杀活动十分猖獗，是针对九条家臣岛田左近等在安政大狱时期的活跃分子的报复行动。岛田在京都的四条大桥被枭首。推动和宫下嫁的岩仓具视、千种有文等与幕府合作、主张公武合体的公卿也难逃此劫，被处以免职和出家。还有人将已经被暗杀的千种家臣贺川肇的一只手砍下，扔进岩仓的官邸。

天诛的时代群像

就像在和宫下嫁部分所介绍的，岩仓是“尊王”的政治家，致力于恢复朝廷权力的“大业”，一直在等待以“干戈”（武力）实现夙愿的时机，这时却出于无奈在岩仓村隐居五年，过着连孩子都抚养不起的生活，刚毅果断的他在日记里留下“落泪”之语。大久保利谦所写的传记《岩仓具视》是首部对宫廷政治世界进行实证研究的著作，该著作在详细梳理岩仓隐居的日子之后指出，对于在庆应三年（1867）宫廷政变里表现出惊人的果断的政治家岩仓来说，这五年是必要的“冬季”。

庆应三年“王政复古”政变之际，与宫廷中的岩仓相呼应的武家领导者西乡隆盛，也一度被允许离开奄美陪同久光上京，却因为批评岛津久光的能力，以“不从主命之罪”为由，再度被流放奄美，此时正在冲永良部岛的狱中坚志苦守度日。

萨摩藩的大久保利通受岛津久光之命进京，开始了与长州藩的对抗。其间，姉小路公知被暗杀，这是公武合体派进行的暗杀（逆天诛）。长州藩的木户孝允是长州藩政治活动的核心人物，与京都天诛的黑暗世界关联密切。

另一方面，高杉晋作于文久二年（1862）八月从上海返回后受命在江户任职，该年十二月中旬，与同藩的久坂玄瑞、伊藤俊辅（博文）、志道闻多（井上馨）等十二人在深夜穿过围栏，用炸药炸毁了品川御殿山正在建造的英国公使馆，他们还计划在横滨暗杀外国公使，被世子毛利元德和周布阻止。

此外，将于庆应二年推动萨长结盟的坂本龙马作为胜海舟家臣，在文久二年十二月乘坐幕府军舰顺动丸，从品川出发进入正处天诛风暴之中的京都。坂本龙马在土佐藩邸通过胜海舟的说情，被赦免脱藩的罪名，还将土佐藩天诛的著名刺客冈田以藏引荐给胜海舟，使之成为胜海舟的护卫，而且将入京的土佐勤王党的青年引入胜海舟门下。翌年四月，幕府的神户海军操练所建成，坂本龙马成为“天下无双的大兵学家胜麟太郎大宗师”的“类似客卿身份”（致姊乙女书简）。姊小路公知和木户孝允等人视察参观幕船顺动丸，坂本龙马也参加了，胜海舟在此力陈组建海军的必要性。坂本龙马行动领域广泛，如茫茫海洋般广不可测。

孝明天皇本身对带兵上京的岛津久光并不积极。如前所述，凭借尊攘派公卿势力而就任关白的鹰司政通亲生儿子、原右大臣鹰司辅熙从安政大狱事件中赦免，天皇对此并不感到高兴。于是，正如被暗杀的公卿家臣的一只手被扔进岩仓宅邸一样，激进派的“失控”动摇了朝廷的稳固。久光进一步利用这种“失控”，这也是这个时代的“尊王”。萨摩藩察觉到孝明天皇其实并不接受尊攘激进派。于是，萨摩藩和会津藩发动武力政变，试图驱逐尊王攘夷派。对于岩仓等人来说，终于不再是“口舌”之争，而是进入了“大动干戈”的时代。

幕末武士的御前会议

从文久二年到三年（1862—1863），京都风起云涌的尊王攘夷运动发展成文久三年五月的攘夷行动与大和亲征。也有观点认为天诛的风暴象征着政治的狂飙突进。攘夷行动也被称为“观念性攘夷付诸行动的号角”。

高杉晋作为自己取了“西海一狂生”或“东洋一狂生”等

不同寻常的名号。他目睹英法军队将太平天国军队逐渐逼近的上海据为“属地”，回国后便企图暗杀在横滨的外国公使，烧毁正在建设的英国公使馆。这些行为来源于面对西欧时产生的强烈危机感。

尊王攘夷运动中涌动的这种狂热的危机意识是无法否定的。但是另一方面，在京都因天诛而狂热之时，长州藩的高杉晋作和领导者周布政之助都在江户。因此长州藩策划的京都尊王攘夷运动，仅通过京都盆地的狂热是无法理解的。京都的尊攘激进派的核心人物有周布的继承人、长州藩的领导者木户孝允。若是翻阅其书信，我们便能感受到这位政治家身上闪耀着的沉着与理性之光，他老成持重，坊间传为“逃跑的桂”，因为生于已经领养养子的和田家，后入桂家为养子，曲折的成长经历为其政治能力笼上了一层阴影。

处于长州藩西式军制改革中心的，是木户的同志来原良藏。来原是亲身参加过长崎海军实践学习的长州藩年轻领导者，赞同长井雅乐的开国之策——航海远略策。与木户不同的是其初心不改，论调始终如一，最后于文久二年（1862）领责切腹自尽。来原也是木户的妹夫。木户自身以西式军制改革为出发点，曾师从佩里来航时登上历史舞台的中岛三郎助，一生都为自己发动的运动导致来原自杀而深感内疚，痛悔不已。

文久二年和三年，领导长州藩的是周布、木户和高杉，长州藩在天皇为攘夷祈愿而行幸贺茂社和男山石清水社之时，拒绝了幕府让其担当兵库警卫的命令，尽管兵库是进入京都的重地。这是长州藩的政治范围不局限于京都的证据之一。

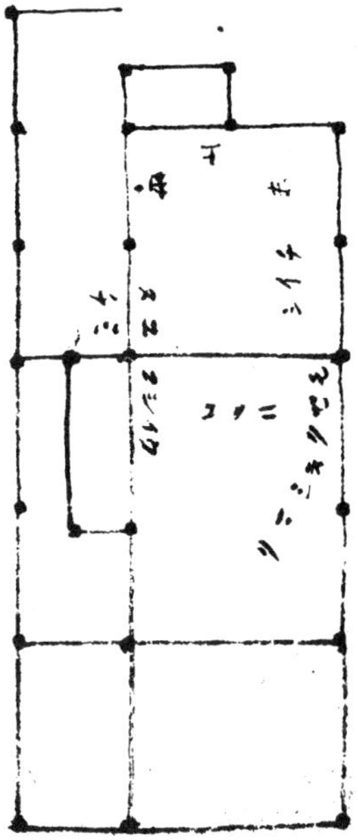

御前会议的座席分配（出自《浦日记》，山口县文书馆藏）

作为起点的文久二年（1862）七月上旬，长州藩主为了躲避进入了江户的岛津久光而前往京都，在京都河原町藩邸召开御前会议。在此，长州藩的藩策由航海远略策一转而变为尊王攘夷、"破约攘夷"。右图是家老浦靭负在日记中对当日御前会议的座次图解。此次御前会议是秘密地"破约攘夷"，即决定开战的御前会议，参加的家臣分为赞成与反对两派，会议在争论中持续数日。武士的御前会议像大日本帝国的御前会议一样，并非事先备好提纲的仪式，而是讨论实际问题的会议。

图的上部，倒过来写的"上"指的是藩主毛利敬亲。在藩主对面的二之间有三人并排而坐，从左至右依次为"コ""ク""マ"，这三人是主导御前会议的主角。"コ"是木户孝允（当时名为桂小五郎）；"ク"是宍户九郎兵卫，在两年后的元治元年（1864）被俗论派斩首；"マ"是最高领导人周布政之助，同样在两年后自刎。

持反对意见的，是二之间左列的井上小丰后（江户方用谈役，记作“コ”）、兼重让藏（江户方右笔，记作“シ”）、山田宇右卫门（江户方右笔，记作“ウ”）等。井上小丰后等人虽是周布派，却是实务派里立场中立的能吏。据说，攘夷的赞成派和反对派争论了数日，最初持反对意见的周布政之助在最后“奋然”而起，坚定表达了赞成意见，会议由此得出结论。

在战争中失去印版、战后终于出版的《周布政之助传》便详细记录道，七月一日入京途中的周布遇到前来迎接的木户，“秘密向桂小五郎吐露”转变藩策的必要。感动的木户写信给周布称，“不知不觉泪水打湿衣袖，感动的泪水禁不住簌簌而落。”两人在御前会议数日前实际上已经肝胆相照。他们还是与前面介绍的幕臣川路圣谟、筒井政宪、水野忠德等人相比毫不逊色的会议高手。

会议的议论中令人注目的是，慎重派顽强反对“我等少数者”做出的决定。与之相对，周布否定了询问“藩士一干人等意向”的必要，而是主张根据大义当场决定，由此为会议定下基调。于是，尊王攘夷的藩策作为藩主的“上意”被送往藩地，“上意”也称“御意”，对于江户时代的武士来说是要绝对服从的。由此，尊攘藩策成为藩士参加攘夷战争的动员令。安政五年（1858），将御前会议作为常规会议的意义正在于此，即可以掌握绝对的权力。

长州藩的藩地情况和京都不同。俗论派对尊攘藩策的议论十分热烈，流言不胫而走，招贴现于街头，后来被称作“御意难事件”。“上意”是绝对的，不服从就要被处刑，但也会产生非难“上意”的“御意难事件”。这就是武士的世界。

天皇在京都为攘夷祈愿而行幸、尊王攘夷派貌似气势最盛的文久二年（1862）年末，木户主张返回藩地。木户对周布说：“自今日起，下定决心割据”，“周防国与长门国乃一方天地”，“他日难免勤王之决战”。木户的信充满苦涩。藩政改革的核心人物是周布、高杉、木户三人，他们决定回藩后便以周布为“（长州藩）改革领航者”，“必须抱着必死之心志效命”，确保主导权，并与高杉商议，若是不能成功，周布、木户和高杉便“亡命”。然而，木户实际上直到九月都未能归藩。木户等人处于改革藩政或脱藩亡命“二者择一的时世”（前田孙右卫门两年后被判斩首）。

文久三年二月，长州藩发布“藩地与江户政府合并命令”，这一命令是在京都藩邸形成的，藩地政府与江户政府因此被合并，加判役和家老被缩编为加判役一个部门，财务部门、政务部门、地方统治机构、城镇统治机构彻底地精简集中化，代官也完全被废除，实务官员右笔成了“政务座役”。

用谈役宍户九郎兵卫也与木户、周布志同道合，翌年十一月被斩首。周布因与土佐藩发生纠纷，表面上被处以禁闭，名字没有出现。七名政务座役当中，木户与山田亦介以外都是政治上中

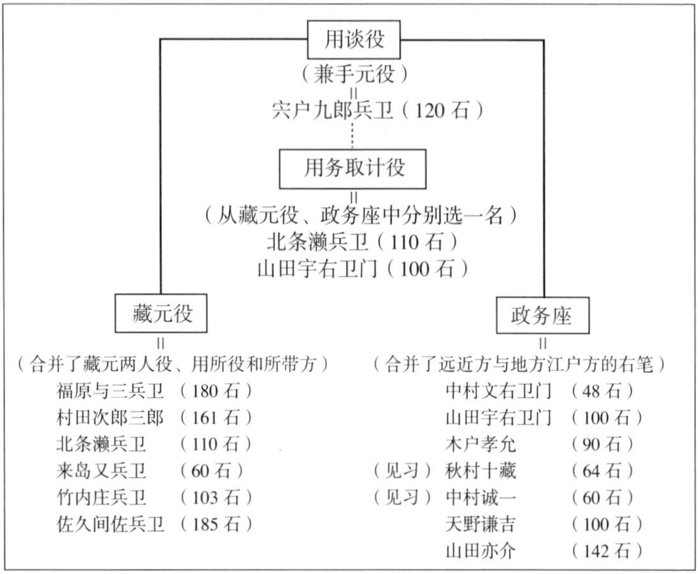

长州藩文久藩政改革图　参照《修订防长回天史》第三卷下册，第 352—361 页《萩藩分限账》制成

立的稳健实务派，这一点容易被忽略，但非常重要。庆应时期，虽然长州藩变成讨幕派，但藩政的形式并未改变。木户坐上了宍户的位置，但多数还是稳健实务派。召开御前会议的政事堂也在六月下关攘夷战争之后不久从萩迁至山口。

奇兵队与高杉晋作

萩开始流言纷飞、招贴四出，政事堂于是被迁至山口，萩便成为俗论派的“巢穴”。俗论派是周布派赋予的称呼，该派自称“正义派”，称周布派为“慷慨派”。俗论派也不畏死刑、远流、窘迫、隐居等重罪而发动起义。

不惧幕府生疑、试图将物产交易向上方扩展的，原本是长州藩坪井九右卫门领导的俗论派。萨摩藩的调所派也大规模开展违反幕令的走私贸易。根据幕府命令被派到琉球的藩兵，也秘密返回鹿儿岛。调所完全没有考虑能否与西欧的军事力量抗衡，在对抗幕府方面不逊于岛津齐彬，但其路线是彻头彻尾的现实主义，这点与岛津齐彬不同。在长州藩，坪井于文久三年（1863）十月在萩被处刑。如果观察坪井等俗论派不惧处刑的“御意难事件”，便可知这并非面对攘夷战争而心生胆怯的表现。攘夷战争中，正规藩兵比较消极的政治问题是存在的。

周布等人认识到，攘夷战争等同于“以卵击石”，“令其成为愤兵、陷我（长州藩）入死地外别无良策”。

文久三年三月，高杉晋作在京都剃度，被长州藩给予“十年之暇”，改名为“东行”。周布将自己的甲胄相赠，高杉在甲胄的内衬上挥笔写下“如有攘夷之战”，则披戴上阵，木户孝允也在场。高杉在途中尽兴游玩，直至身无分文才回到藩地，时值四月上旬。木户孝允归藩，也有京都发生八月十八日政变的缘故，这时已是九月之后。

年长的领导者周布政之助在五月九日实施攘夷的前一天刚刚回到山口，并在攘夷实施的第二天，担任政事堂勤务、政务座笔头和藩地的领导者。通常的说法认为，高杉被给予“十年之暇”后迷失了方向，但这种观点并未切中肯綮。虽然可以依仗的木户已经不在，但藩中形势整饬一新，渴望回藩的木户直到九月也未能如愿，此时才是斩断一切的高杉“十年之暇”的意义所在——高杉已抛下一切，置自己于死地。

攘夷发生于五月十日，长州藩的庚申丸在下关海峡开始炮击，从京都归来的尊王攘夷派草莽组成的光明寺党——以下关的光明寺为据点的尊攘激进派——乘坐庚申丸，趁深夜靠近美国商船实施炮击。同一天晚上，下关正规藩兵的大本营纹丝不动。在连续不断的炮击外舰事件中，长州藩炮手的熟练技能让列强震惊，但欧美军舰的反击也非常猛烈。六月一日，美国小型护卫舰怀俄明号将长州藩海军歼灭。五日，法国护卫舰塞米勒米斯号的陆战队将前田村烧成了废墟。

六月六日，高杉晋作在呼声中站了出来，于第二天在下关组建一支由武士和平民自愿参加的混编军队“奇兵队”。“奇兵队”并不只是一支志愿者聚集在一起的军队，而是作为藩厅公认的“志愿队”组建而成的，这一点十分重要。久坂玄瑞等藩医和轻卒出身的尊王攘夷派三十余人，便是奇兵队的原型，他们组成了这支“不分陪臣、轻卒、藩士而同等相交”，只重视“力量”的长州藩新型军队。

虽然高杉在《队法》中写道，使用的武器不论日式或西式，但从长州藩军制改革的发展脉络来说，军队的重点是得到西式派的认同。组建九个月后，奇兵队从藩厅借来米尼枪。这是克里米亚战争中英军歼灭俄军所用的步枪，在 19 世纪中叶引发世界史上的军事革命。

如前所述，长州藩在安政时期周布派的改革中决定实行西式军制改革。木户孝允的妹夫来原良藏参加了长崎直传习（军事讲习课程），学到了荷兰枪阵，于樱田门外之变之前在长崎和横滨购买大量步枪，但是正规藩兵对于西式军制改革反抗强烈。近代军队需要均质化的士兵构成，正规藩兵复杂的上下级关系令改革丧失可能性，来原良藏还被同藩的藩士投掷石块。藩厅不得不决定让足轻[1]以下的轻卒组成枪阵，但是“先于士队而行，有扰乱秩序之弊，由此，轻卒之操练不得已在藩地中途而废”(《修订防长回天史》)，因正规藩兵的激烈反对而中止。

文久三年左右，周布甚至构思了民兵论，“百姓训练五六个月便可成为士兵”，“十八宰判（郡）可募集民兵约九个大队”，之后由于改革派强行发动下关炮击外舰事件这一“对外战争”、投入死地而终于建立士庶混编的志愿队。新的奇兵队并不是高杉晋作个人创建的，而是周布、木户、高杉等长州藩改革派的共同意志和决定的产物。

1 足轻，最低等的步兵，平时从事劳役，战时则为步卒。

第六章

动乱的幕末

第一节 | 贸易的开始

横滨开港和进出口贸易

安政五年（1858）《日美友好通商条约》签订，规定开放箱馆、神奈川、长崎、新潟、兵库为通商口岸。横滨港在东亚一跃成为仅次于上海的国际贸易港，其所在的横滨村于安政六年贸易开始之前，还只是人家不足百户的沼泽遍布的贫寒村落。幕府决定对横滨村加以城镇化，并赶建成通商口岸，还半强制性地让三井等大商人从江户来此开设分店。

另一方面，幕府按照条约向全国发布命令，让有意在通商口岸行商者提出申请。安政六年三月，建设工程开始时，分配的规划用地已经被申请者预订一空。聚集到横滨的商人分为两类，一是受命到此开设分店的江户“门阀豪商”，二是从关东周边自愿前来的“冒险投机商”。由此，占全日本贸易额七成甚至以上的横滨贸易开始了。最初入港的船只寥寥无几，欧美也没有什么期待，但此后却取得出乎意料的大发展。

从全日本贸易额的变迁来看，安政六年六月开始贸易时，出口和进口分别仅有八十九万美元和六十万美元。翌年（万延元年），出口达四百七十一万美元，进口达一百六十六万美元。开港七年后的庆应元年（1865），出口剧增至一千八百四十九万美元，进口为一千五百一十四万美元。从最初全年开展贸易活动的安政七年（1860）开始的五年间，出口增长四倍，进口增长九倍，贸易总额增长五倍。进口此后仍继续增长，维新之前的庆应三年（1867）达二千一百六十七万美元，出口则在增长到一千二百一十二万美元后便停滞不前，这一年开始日本出现贸易逆差，之后也在继续，停滞不前的出口一度复苏，逐渐开始增长。

从开港之时起，生丝一直占据日本出口商品的首位，在整个幕末达到出口总额的五到八成。位于第二位的是茶叶，占一成左右。生丝和茶叶占据出口的大部分，而且因为日本的金银兑换比率偏离国际行情，大量金币（小判）外流。第二年，幕府通过货币改铸（万延改铸），使金银汇率与国际趋于相等。此前的研究者甚至推算认为，当时日本金币的外流量为八十万两，强调给日本经济带来的混乱，而现有推算认为，流出金币只有十万多两，只是一时的动荡现象。

贸易开始两年后，受文久元年至元治元年（1861—1864）美国南北战争的影响，日本棉花代替美国棉花开始大量出口，文久三年和元治元年两年里出口的激增导致国内棉花价格暴涨。庆应元年到庆应三年，欧洲因为蚕微粒子病大肆流行，蚕种匮乏，引发从日本进口蚕种的热潮，但由于欧洲经济危机及普法战争影响，蚕种价格急剧下落，恢复稳定。无论是棉花还是蚕种，都成为一时性的出口商品。

在进口方面，推进产业革命的棉织品占第一位，毛织品占第二位。美国南北战争时，棉花出口激增，但日本棉花的纤维长度不足埃及棉和美国棉的二分之一（一至一点九厘米），属于短纤维，不适合机械纺织，出口增长也只是非常短暂的现象，之后反而因为棉花价格高涨，开始从外国进口棉纱。棉纱自此成为日本重要的进口商品，使用进口棉纱进行机械纺织的棉布生产也成为维新后日本棉产业的基础，不久后，棉业得到飞跃发展。文久三年（1863）以后，由于日本政局动荡，舰船、步枪、大炮等武器进口也盛行起来。

贸易的对象国中无论进出口都是英国占首位。开港之初，贸易额相当于英国一半左右的美国因南北战争而贸易额减少，结果英国开始相当于据压倒性地位。法国直到元治元年（1864），无论进出口都占比极低（只有几个百分点）。该年之后，积极开展外交的罗什公使就任，贸易额出现增长，但无论如何也不至于动摇英国的压倒性地位。

英国公使阿尔科克对横滨贸易的评价非常高，认为已超过“（英国方面）最乐观的预想”，也“远超上海作为通商口岸初期的发展，可谓前所未有的蓬勃”，“无论付出怎样的牺牲，无论如何不合时宜，都必须维持下去”（阿尔科克旅日见闻录《大君之都》）。备受英国重视的棉织品，在日本的人均进口额达中国的两倍以上。与贸易影响止步于通商口岸周边地区的中国相比，贸易对日本的影响深入渗透到了内地的各个角落。

推销生丝的商人

进入日本的外国商社中，有在鸦片、茶叶、生丝等对华贸易中占主导地位的怡和洋行、颠地洋行等大商社，也有以长崎的哥拉巴商会为首的中小规模商社。由于英国 P&O 汽船公司在横滨开设定期航路，东方银行在横滨开设分行等，国际金融逐渐发展完善，灵活机动的中小外国商社开始占据优势。

将占据出口商品首位的生丝推销给外国商社的商人被称为“冒险投机商”。从开港之初，日本生丝便十分畅销，其中的原因有很多，如法国、意大利等生丝产地遭受蚕微粒子病的巨大打击，太平天国战争导致亚洲主要产丝国中国市场的混乱，日本生丝价格远低于世界市场水平，日本生丝具有容易上色的优点，等等。

在横滨推销生丝的商人中，有并称为“双雄”的龟屋的原善三郎和野泽屋的茂木总兵卫，另外还有甲州屋的筱原忠右卫门、吉村屋的吉田幸兵卫等，但关于原善三郎和茂木惣兵卫的初期经营史料没有保留下来。原善三郎原本是武藏国儿玉郡渡濑村（今埼玉县神川町）的在乡丝绸商人，野泽屋的茂木惣兵卫原本在上野国高崎（今群马县高崎市）经营当铺，在庆应三年（1867）从幕府的“市中融通御贷付金”（幕府的公款）中借了两万五千三百两做大买卖。

吉村屋的吉田幸兵卫等人是上野国山田郡大间间村（今

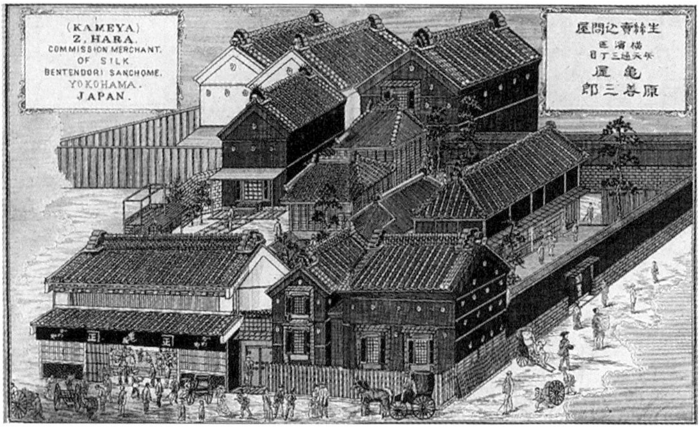

横滨商人龟屋的原善三郎豪华的店铺 （出自《横滨诸会社诸商店之图》，神奈川县立历史博物馆藏）

群马县绿市）的富农，在乡丝茧商出身，也触及奥州（东北地方）的生丝贸易，一年投入数千两的资金。自文久元年（1861）起，川越藩允许横滨商人专卖“前桥丝”，吉村屋接受了销售委托，从横滨出口的生丝百分之几十都是“前桥丝”。根据研究者西川武臣的估算，这些推销商人每年可获得一万五千两以上的佣金。

石井孝细致研究了甲州屋筱原的经营状况。筱原忠右卫门是甲斐国八代郡东油川村（今山梨县笛吹市）中等规模的豪农，开港时虽然已是五十岁，面临退休，但依然与邻村的豪农两人一起在横滨申请开店，历尽艰难困苦，在文久二年抓住推销乡里生丝的商机，在元治元年（1864）和元治二年迅速发展成收入数万两的生意。另一方面，推销商人的兴衰也堪称跌宕起伏。开港之初的安政五年（1858），推销商人超过百人，但在文久三年只剩三十三户，有“大推销商人”之称的商人减少到十七户，形成横滨贸易商人的垄断格局。

初期的推销商人依赖于乡里的豪农和在乡商人的出资和共同发货。筱原忠右卫门曾在横滨开店申请书上写道：“甲州物产销往国内各地，诸种物品皆逢生意渐起之时，如上交易，诚为收获幸运之义。”对日本在乡商人来说，贸易是“收获幸运”，是千载难逢的良机。不久，生丝推销商人从前桥藩等采取贸易生丝专卖制的大名和幕府或豪商三井等的押汇贷款那里募集资金，赚取巨额利润，其中的一部分人不久后成长为近代日本的代表性资本家。

“民族的壁垒”和棉织业的重组

日本的情况和中国不同，按照友好通商条约的规定，外国人在居留地以外的交易概不允许，而《天津条约》规定外国人可以自由在中国进行商务旅行。但横滨的外国商社会向日本的买办商人预付巨额资金从产地直接收购，尽管此举有违反条约的嫌疑。据历史学家石井宽治所言，“他们（带着巨额资金的日本买办商人）带着生丝回来需要数月时间，在通信不发达的当时，这等待期间想必也是惶恐不安”，因此从产地收购的策略并不成功。在通商条约中禁止外国商社在居留地以外的经商行为，已被认为是日本的一种“民族的壁垒”。

在进口方面，三都商人和横滨当地的商人之间还时常进行汇款，其背景是发达的信用机构，日本的进口商进行巨额的现金交易，让外国商人放弃侵入内地的念头。活跃的在乡商人、条约的严格规定、三都成熟的信用机构等，都在阻止外国商人进入国内。第一章介绍的18世纪日本经济的成熟，以及推动19世纪经济进一步成熟的活跃在乡商人对贸易的积极应对，共同构成了日本民族自立的广泛基础。

欧美与中国的贸易正如鸦片战争部分所介绍的那样，欧美方面累积了巨额的贸易赤字，这是鸦片战争的间接原因。但是欧美方面对日本却是贸易黑字，且顺利得超出想象。

在生丝贸易中，日本的推销商人和三都商人积累了巨额资本，由于英国产薄棉布的大量输入，日本厚棉布受到挤压，部分地方传统产业衰退。但另一方面，棉丝的进口也急剧增长，国内的“纺”和“织”已经分工化，“织”不断专业化。由在乡商人掌握流通主导权的和泉和入间等地，从18世纪70年代开始重组适合机械纺织的进口棉线催生的棉织业，进一步向前发展。在乡商人与担任藩营专卖的官员不同，能够巧妙应对生产者的要求。

正如中村哲和谷本雅之等经济史研究者近年指出的那样，此前的论调一味强调通商使日本传统产业遭受毁灭性打击，对社会造成“不安和混乱”的印象，如今看来这种观点实在过于片面。

但是在“纺”和“织”没有完全分离、在乡商人的主导权尚未确立的地区，如藩营中心的越中新川棉布就因为没有跟进重组而衰退，长州藩濑户内海一侧的周防棉布也没有转变换棉制这种纺和织一体化的家庭工业生产方式，进入近代以后急剧衰退，甚至今天的当地人已经渐渐淡忘繁盛一时的“周防棉布”的存在。

萨英战争

关于开放通商口岸对日本经济造成的影响，此前的观点一般认为传统产业受到“毁灭性打击”，社会陷入“不安和混乱”。前文已经指出这种评价过于片面，那外来的军事危机又如何？幕末日本真的遭受着殖民地化危机吗？

文久三年（1863）六月，因为萨摩藩拒绝交出生麦事件的犯人，英国派七艘军舰进入鹿儿岛湾，虽然英军认为舰队入港和扣留船舶会使萨摩藩屈服，但是由于萨摩藩开炮，战争于七月二日爆发，炮击战在暴风雨中持续了两天，这就是萨英战争。

英国方面战死者达十三名，萨摩藩虽然死伤者不多，但由于遭受到最新的阿姆斯特朗炮（后装式线膛炮）的炮击，城市街道被烧毁，损失惨重。萨摩藩希望讲和，双方于十月在横滨议和。由于英军也遭受巨大损失，因此有评论认为萨英战争的胜败不明。

精通日语的英国公使馆青年翻译生欧内斯特·萨道义参加了实战，他在回忆录《明治维新亲历记》中记述道，英军士兵对舰队撤退非常不满。这一回忆录以日记等确凿史料为基础，记录的幕末外交场景让人身临其境，并因此闻名。

根据萨道义的记录，值得关注的是，当时代表英国外交部的尼尔代理公使（公使阿尔科克暂时回国）说，对于派遣若干士兵登陆的要求，英军舰队的库珀提督也拒绝“一兵一卒登陆”。在英国海军迅速撤退这一决定的背后，是海军提督认为没有充足兵力可以兼顾“鹿儿岛远征和居留地防卫”的判断。

在前一章介绍的生麦事件中，英国外交部压制了要求立刻报复的群情激愤的横滨外国商人。实际上，正好在生麦事件发生时，由于有英国舰队停泊在港口，横滨的外国商人甚至集体提议，为了报复岛津久光而让一千名士兵登陆。对于这样的举动，英国外交部认为这等同于和日本开战，因此从一开始便施以压制，库珀海军提督甚至要与这些外国商人划清界限。细读萨道义的《明治维新亲历记》会发现，英国外交部对日本秉持的方针十分谨慎，以香港为大本营的英国远东舰队则比外交部还要慎重。

当时年轻的萨道义对此颇为不满，虽然之后进行了深刻反思。在萨英战争翌年的四国联合舰队炮击下关事件中，英国海军也认真考虑了兼顾“远征和居留地防卫”这两项任务。英军在远征中因收到正式公文而解除居留地防卫的任务，但在炮击作战结束后，又立刻恢复了原本的居留地防卫任务。

如历史学家萩原延寿介绍，与中国不同，英方判断日本某一地的战争会立刻演变为全国战争。想来，正如近年学界所指出的那样，在当时的日本，“风闻”“风说”等消息得以迅速传播，以将军为中心的日本国家的整合程度实际上处于相当高的水平。

关于萨英战争的炮击作战，英国本国的议会认为，炮击城市街道是非人道的行为，因此问责外交部，追究提督的责任称，“对烧毁鹿儿岛街道表示遗憾，英国对鹿儿岛的攻击违反了文明国家之间的战争常态，应追究库珀提督个人的责任。”英国议会的这一决议在某种程度上遏制了英国海军的行为。

殖民地化的危机

对幕末日本是否面临“殖民地化危机”的争论产生巨大影响的是俄国军舰占领对马事件。在此择要点加以论述。

时间稍微往前回溯，文久元年（1861）二月，俄国军舰波萨得尼柯号来到对马的芋崎浦修建兵营等设施，占领了芋崎。这一行动是海军在箱馆的俄国领事不知情的情况下单独做出的冒险行动，显然是违反条约的行为。

这一事件之所以被反复引用并为人所熟知，是因为《维新史》介绍了对日本影响巨大的英国公使阿尔科克的如下重要发言：

> 假如俄国舰队拒绝从该岛（对马）撤出，英国应该占领这里。为达该目的，将强行要求日本政府保证履行条约（友好通商条约），在大坂、兵库开市和开港，如不接受，日本便应当为违反条约做出赔偿，割让对马岛。（下略）

阿尔科克的报告是文久元年（1861）六月二十六日题为“关于在中国和日本海的俄国政策的紧急通报——兼及条约国和日本的关系”的文件。

上面介绍的部分明确透露出英国占领日本领土的意图，《维新史》以来直至现在该文件都会在围绕殖民地化危机的争论中被引用。但学界也不断有新的研究出现，以下择其要点加以介绍。

留学日本研究对马藩的韩国学者玄明喆，通过重新梳理英国议会史料原文，发现了令人意外且值得注意的事实，并在学位论文中予以阐明。

《维新史》等著作中的译文实际上是意译，原文开头的部分内容如下：

我（阿尔科克公使）有机会与霍普提督（英国舰队副司令官）就以上问题进行协商。我必须表明：他不同意控制或占有对马诸岛或（对马）……他的理解是，若（将对马港）作为中立港可以避免占领带来的纷争和代价，或英俄交战的危机，那便同其他的外港一样，可以如同自己的东西一般使用。他的见解和 1860 年 2 月我提交的报告意见一致。（根据玄明喆的翻译，这里的“他的见解”，准确来说应该是“他后半部分的见解”。）

就这样，霍普司令官完全没有考虑过占有对马的可能性，虽然阿尔科克考虑过，但霍普司令官断言，占领对马岛对英国而言不过是“负担和灾难”。阿尔科克将霍普司令官的这一断言作为专家（海军当局）的重要见解提交了报告。至于前面介绍的《维新史》中要求日本割让对马岛的内容，其实是幕府而非英国在提议开放对马作为港口，并希望借此避免兵库开港。事实是，英国并没有要求开放无贸易利益的对马作为港口，阿尔科克也将占领对马视为“违反条约”。

在与幕府的秘密会谈中，对于老中安藤信正提出的敏锐问题，阿尔科克也明确表示，如果自己下令让英国海军做出类似俄国军舰的行为，违反条约，“我将受到被召回的惩罚”（秘书奥利芬特的报告）。

《维新史》的译文错误介绍了阿尔科克的报告，是夸大强调英国占领日本领土欲望的误译。这种误译，最终按照《维新史》的皇国史观，导致人们过高估计当时的外部危机，有悖于事实。

若说当时到底有没有殖民地化危机，以军事力量巨大的差距来说，一般而论也不可能没有危机，这是毫无疑问的。但在日本签订条约并开始通商之后，危机已经相对较小。如前所见，对于英国而言逐渐产生顺差的贸易发展也遏制了危机。在政治层面应对危机，不是抽象而论，而必须依赖于现实的具体处理。

第四章介绍了当时英国等文明国家的光明与黑暗，那部分阐释恐怕会让读者只对“文明之中的野蛮”印象深刻，但正如笔者所介绍的那样，当时欧美的“文明”是多面的，不只有野蛮，也确实存在应该予以赞赏的“发展”的一面。

正如幕府为避免战争而选择等距离外交一样，条约这种机制毫无疑问也是人类历史上的进展。如前所述，19 世纪的外交是光影交错的多方位的近代国际法构成的，因此不应单方面地抽象判断，重要的是结合具体的国际形势来调整观点。本书将在留意这方面的同时，尝试考察愈加动荡的幕末后期。

第二节　攘夷战争

八月十八日的政变

前一章已经介绍过，文久三年（1863）八月中旬，京都公布了攘夷亲征、大和行幸的方针，尊王攘夷激进派的真木和泉主张攘夷讨幕。于是，萨英战争向议和发展之时，京都攘夷运动迎来最后也是最大的高潮。

上一个月还身处萨英战争之中的萨摩藩迅速展开行动，在当月为议和开始与英国接触，在英国公使馆申请购入军舰。在横滨的英国公使馆见到萨摩藩使节的萨道义写道："我们虽然很惊讶，但仍以愉快的心情表示欢迎。"（《明治维新亲历记》）萨摩藩的立场自岛津齐彬以来就是开国论，在萨英战争中直面英国的军事力量，确立了以军事改革为目标的开国路线。虽然没有成功让朝廷承认条约问题，岛津久光率兵入京也没有实现，但是他们此时再度提出正当参与幕府改革计划的要求。与京都的长州藩攘夷激进派正面对抗的，正是萨摩藩中公武合体派的大名，所谓公武合体派顾名思义便是要求公（公家，即朝廷）和武（幕府率领的武家）协商解决改革问题。

文久三年的"八月十八日政变"，是朝彦亲王、近卫忠房和萨摩藩、会津藩的公武合体派周密计划的。十八日深夜，公武合体派的兵力在御所九门暗中加强守备，在御所召开朝议，决定推迟攘夷亲征。长州藩和尊攘激进派被赶出京都，三条实美、东久世通禧、泽宣嘉等尊攘派公卿七人和长州藩藩兵等千余人败走长州，史称“七卿出逃”。之后，鹰司辅熙被罢免关白一职，德川家族的外甥即亲幕派的二条齐敬就任关白。

这一时期的尊攘激进派中，土佐的吉村虎太郎和备前的藤本铁石等为呼应天皇行幸大和，组成攘夷讨幕的天诛组，拥戴朝廷的中山忠光，并吸收河内国的村吏加入，于八月十八日政变的前一天袭击大和国五条的幕府代官所。他们在此设置大本营，宣布五条作为朝廷领地年贡减半。但之后由于京都政变，形势骤变，吉村等人集结十津川乡士进攻高取城，但败于各藩藩兵。最终，十津川乡士也发生哗变，中山等人逃往长州藩，吉村、藤本等人战死。

另一方面，但马地方上的豪农中岛太郎兵卫和北垣晋太郎等致力于农兵的组织化。八月十八日政变后，被逐出京都的平野国臣等尊攘激进派、拥戴泽宣嘉的来自长州藩奇兵队的脱藩藩士河上弥市等人也加入其中，计划与天诛组合作，举兵攘夷讨幕。

大和天诛组被灭的消息令内部出现是否举兵的严重对立，但他们还是在十月占领了生野的代官所。与大和国一样，当地也被要求执行年贡减半令，他们召集豪农率领的两千农民组成农兵，但是被镇压的诸藩包围，翌日受拥立的泽宣嘉等诸多骨干都逃走了，剩下的河上等人也被他们召集的农兵倒戈杀害。

在被处刑的二十七名尊攘派中，被农兵杀害或被迫自杀的有二十四名。此后，被动员的农民试图打倒地方豪农，可以说是极其激烈的捣毁农民起义运动。

在京都盆地，这种狂热到主张攘夷亲征的攘夷讨幕运动迎来了出乎意料的凄惨结局。这是一场由下级武士和豪农即所谓的中间层组织农民参与的运动，他们以攘夷和保卫乡土为口号，对外"防御外夷来袭"，对内"防止突然暴乱"，即防卫频发的农民起义。但高木俊辅研究后指出，防卫农民起义才是但马豪农的真正目的。

倘若日本当时正实际面临殖民地化的危机，那保卫乡土的民众运动应该与中国的太平天国运动和朝鲜的甲午农民战争一样，由中间阶层所领导的农民组织超越地域社会的内部对立，团结一致，势力波及广大地区，声势激烈高涨，但在文久三年（1863），长州藩挑起炮击外国船只事件，之后是萨英战争后的议和交涉开始，在军事上并不存在引发保卫乡土的武力起义的具体侵略危机，无论如何都谈不上"外夷来袭"已迫在眉睫。

正如本章开头介绍的那样，在乡商人欢迎通商，视其为"收获幸运"之事，开始在地方豪农的支持下积极且广泛地参与贸易。这虽然引发了地方豪农和贫民之间的分裂，但也形成了日本经济自立的广泛基础。就开国问题而言，幕末地方上并不只有对异国人的"不安与恐怖"这种贫乏空洞的感受，而是丰富多彩的。

尊王攘夷派在京都以及京都周边掀起的“攘夷”风潮，其实是一般意义上缺乏具体性的空泛的危机论，这一点从当时被尊王攘夷派评为“功名勤王”的高杉晋作即可看出。十津川乡士叛离，被动员参加农兵组织的农民高呼尊攘激进派的河上弥市等为“无耻浪人”（《山口权之助目击谈》，收于《生野义举及其同志》），进行猛烈地反攻，毫不留情地用竹刀将他们杀害，这些事实道出了幕末日本殖民地化危机的真相。

参予会议[1]

不久之后，一桥庆喜（将军辅佐）、松平容保（会津）、松平庆永（越前）、山内丰信（土佐）、伊达宗城（宇和岛）、岛津久光（萨摩）六人被朝廷任命为政治参予。元治元年（1864）一月上旬，六人开始进宫谒见。武家参与朝政是前所未有的变革，在二条城召开的参予会议使雄藩诸侯得以参与国政。

岛津久光想要确立开国论的立场，一桥庆喜表示反对，主张维持政变前幕府被迫认可的关闭横滨港的政策，并斥骂久光等人为“天下的大蠢货”“天下的大奸人”。庆喜明知不可行却主张关闭横滨港，其真正意图至今也不清楚。据说理由之一是

1 参予会议，幕末时期朝廷将数名有力大名或曾任大名者任命为参予，由他们组成合议制会议，实现公武合体，但由于参予间意见不一致，该会议只持续了两个月。

幕府老中排斥岛津久光的意见强烈，但更根本的原因是，与文久二年（1862）岛津久光率兵上京之时相比，幕府和萨摩藩的对立进一步深化。

萨摩藩为了筹措引入西式军制所需的巨额费用，私铸天保通宝，据说铸造总额高达二百五十万两。萨摩藩在横滨做生丝走私的后盾，在大坂购买囤积因南北战争爆发而价格暴涨的棉花，再转卖给长崎的外国商社，据说长崎的棉花价格是大坂的四倍。他们为了改革军制，一边要求参与贸易，确立并强化独立于幕府的强有力的藩制，另一方面又要求幕府放弃独裁，形成合作态势，为了实现这一目的，必然要求幕府做出更大的让步。

让我们把目光转向三十四岁正当壮年的孝明天皇身上。天皇在八月十八日政变后仍然宣扬“不辱神州，皇国辉照，永世无穷”，无疑是要将攘夷的信念坚持到底。为此，他言明要召开有天皇出席的“御前评议”，即公卿的朝议，因为在“朕（天皇）缺席的评议（会）”上，有“时时刻刻难以预料会回到十八日前”之虞。此后，朝廷的“御前评议”开始常态化，一直持续到天皇死后。如前章所介绍，试图摆脱摄关家控制的天皇开始发挥其自身的个性。

孝明天皇的发言的确很有个性，政变之前的表态“真伪不明”，宣布十八日以后所说乃“朕之真实意思”，甚至全面取消此前的表态。关于推翻前言之事，孝明天皇表示，即使觉得“（尊攘激进派）无法无天”，但因“寡不敌众”，“朕之愚言钝语亦无力反驳，徒然应付而已”，在“圣旨”中公开表明自己“无力”，承认自己没有整合政治势力的能力。元治元年（1864）二月末，山内丰信回到土佐藩，三月上旬其他参予也相继辞职，朝廷予以批准，参予会议历时两个月便告终。

随后在六月，新选组攻击尊攘激进派，引发池田屋之变。在长州藩，俗论派势力壮大，志在确立藩体制的周布政之助和高杉晋作终止向京都进发的计划。但是，尊攘激进派为了反击池田屋之变而拒绝从命，率领长州藩诸队中的游击队等进入京都。七月，在御所西侧的禁门附近，长州藩与萨摩藩、会津藩发生激战，长州藩兵被击退，这就是烧毁京都城中两万八千栋房屋的“禁门之变”（蛤御门之变）。

四国联合舰队下关炮击事件

长州藩在禁门之变中败走不久后的八月上旬，为了反击攘夷炮击的长州藩，英国、法国、荷兰、美国四国在下关集结了拥有十七艘军舰、二百八十八门大炮、五千零一十四名兵员的大联合舰队。英国舰队的最新式阿姆斯特朗炮摧毁了长州藩的炮台，两千六百人的陆战队登陆后将大炮破坏或接收。

继奇兵队之后，长州藩又组建游击队、八幡队、集义队、义勇队等士庶混编的各种志愿队。游击队等因禁门之变而上京，奇兵队成为与欧美联合军战斗的核心力量。奇兵队军监山县小辅（有朋）与亚历山大上校率领的英国海兵大队展开枪战，派长矛队冲进敌阵。联合军手持最新式的米涅步枪（首次登场的步枪），在军事装备上具有压倒性优势，但死伤者有七十余名，与长州藩几乎同等数量。这次战斗中长州藩方面虽然彻底战败，但奇兵队表现出了极高的斗志。

当时萨道义也参与了陆战队登陆后的白刃战（近距离战斗），他在《明治维新亲历记》中写道，长州藩是“勇敢的敌人”，“顽强地战斗”。在他笔下，和服外褂下一袭白衣的高杉晋作为了议和，“如同恶魔（路西法）般傲然”出现在英国舰队旗舰尤里亚勒斯号的后甲板。但是，高杉随后马上“态度转柔”，接受了欧美提出的全部条件。高杉当时二十五岁，在议和时诈称为“家老”。长州藩甚至婉转暗示希望下关开港。

禁门之变后，下关战争之前的一个月，征长令颁布，征长总督德川庆胜（前尾张藩主）率领西国二十一藩（兵力）进发。此时，一直被压制的长州藩俗论派转而反击，对以周布政之助为首的正义派穷追猛打，夺回了藩政的实权。长州藩三名家老被斩首，在京都开展政治活动的木户孝允在但马潜伏下来，领导者周布政之助也在写下“天性缺乏杀气之人，终归无可奈何”（九月二十四日遗书）之后自刎。

长州藩由俗论派组成的藩厅向奇兵队等诸队发出解散令，但是诸队创立了“诸队会议所”这一领导机构，自律性极强，并为获得民心发布“谕示”以强化纪律。总共七条的“谕示”中有“不可妨碍农事，不可随意进入农家”等规定。由此，奇兵队熬过了因诸队解散令而成为非法军队的艰苦岁月，在高杉等人的领导下从“长州藩元治内战”中崛起，在“绘堂之战”等战斗中打败了俗论派的藩兵。

于是，长州藩正义派夺回藩政实权，恢复之前的一元化藩制，潜伏在但马的木户被召回，就任最高职位的用谈役。

攘夷战争与民众起义

萨英战争和四国联合舰队炮击下关事件无疑可以称为构成幕末历史转折点的事件。

诚然，长州藩战败了，“攘夷时代”落下了帷幕，但是正如前章对长州藩航海远略策的介绍，木户、高杉、周布的出发点无疑都是开国论。作为战略，故意将长州藩“置于死地”，创建奇兵队等士庶混编的军队，将民众也驱入战争态势之中。讨幕派长州藩由此登场。对此，高杉晋作如此说明：“所有家臣以至土民（庶民）……防长两国枕戈待旦。”（《回复私议》）

了解讨幕派长州藩是怎样的存在，是把握幕末维新史的关键一环。近年来，这方面的研究逐步推进，讨幕派长州藩的细节也变得清晰起来。下文将深入剖析讨幕派长州藩，但预先声明，笔者的描述并不将长州藩视为胜者，也将明确地介绍其黑暗面。

四国联合舰队炮击下关事件的导火索是前一年的攘夷炮击事件。原本预计实施攘夷的当日，美国商船准备通过下关海峡，因躲避强风而停泊，长州藩的下关总奉行毛利能登向前询问，对此美方出示了幕府的用状（通行证），表示幕府的领航员也在船上。因此，下关总奉行制止了长州藩尊攘激进派对商船的炮击。但是，久坂玄瑞等从京都而来的光明寺党趁着黑夜乘坐军船偷偷靠近商船并开始炮击，对其造成巨大损坏。激进派发起的攻击与日本的规则相悖，无疑也是违反当时近代国际法的行为。美国商船这次侥幸逃脱，但长州藩之后又突然对法国通信舰、荷兰军舰发起炮击。这与鸦片战争时林则徐销毁鸦片的行动在道理上没有可比性，尽管如此，制止炮击的下关总奉行仍被指为俗论派，被攘夷派追究，后世为史家所诽谤。

当时在长州藩的濑户内一带，由于美国南北战争导致棉花价格暴涨，依赖进口棉花的棉织品生产受到巨大的负面影响。因此人们通常认为当地普遍存在强烈的排外情绪，但需要注意的是，欧美的军事侵略行为和殖民地化危机，并非下关的现实情况。

观察世界民族运动的实例也会发现，单纯经济方面的受害抑或具体的军事侵略，两者之间的界限截然分明，由此也决定了是否会引发民族武装运动。越前藩的村田巳三郎对坂本龙马说，长州藩的行为是“日本对外国所施之不义无道”。高杉晋作等人所说的使欧美成为“愤兵”、自作“死地”的战略，其实是在日本并不实际面临殖民地化危机时，由日方制造危机的危险手法。反殖民地化的武装起义虽然在历史上的评价很高，但也仅限于现实存在殖民地侵略的威胁，要与侵略者展开斗争之时。

萨道义在《明治维新亲历记》中叙述道，下关战争后，联合军卸下大炮运走之时，长州藩的民众“极其热情”，毋宁说“是以自己（长州的民众）之手卸下大炮交过来的”，还听他们说战争“陷自己于非比寻常的苦境”。法国水兵鲁森的记录《英美法荷联合舰队幕末海战记》也证实了萨道义的话。

关于长州藩的攘夷战争和民众，历史学家布引敏雄发掘出了重要事实，四国联合舰队十七艘军舰为炮击下关而在丰后水道的姬岛集结是在八月二日，舰队于四日行进至海峡东端，战争开始是在五日。其间的三日和四日，在舰队集结地附近的三田尻（今防府市），由于囤积大米导致米价暴涨，拥有五六百人的岸边村庄（岸津、新田、滨方等）掀起捣毁起义。

捣毁起义的农民在深夜敲响了海滨安养寺的大钟，呼吁民众参加。四国联合舰队在姬岛集结后，封锁海峡，针对官船、商船一律派小船临检（《明治维新亲历记》）。商品流通断绝，物价飞涨。姬岛旁的三田尻是长州藩统治濑户内的中心，此时民众的捣毁起义扩散，让长州藩的临战态势崩溃。尽管还称不上是战争，但也已经成为严重事态。三年后，高杉晋作在临

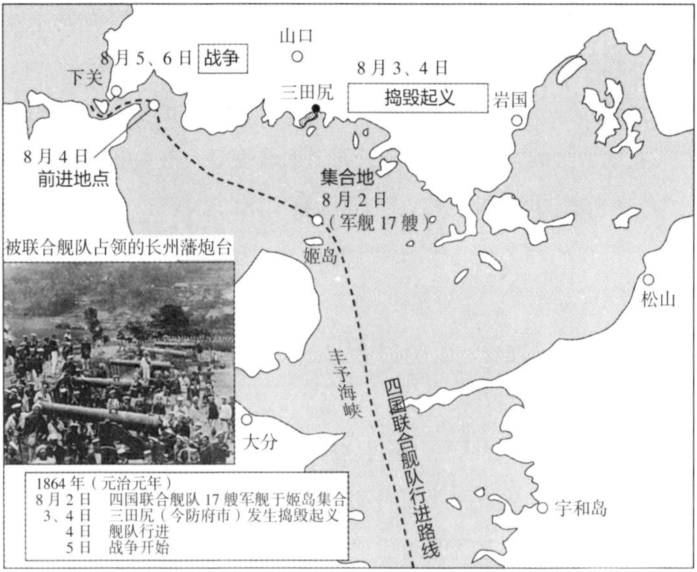

四国联合舰队下关炮击事件与民众起义 （地图中的照片藏于下关市立长府博物馆）

终遗言中也十分在意“农民的起义”（庆应三年［1867］四月，《楫取家文书》一），这是因为他曾在这种重大局势中亲身体验过民众起义的危机。

长州藩和民众

另一方面，长州藩以大庄屋为中心，动员并组织民众参加对外战争。近世后期的长州藩允许村吏拥有姓氏和佩刀，但让其捐献资金作为回报。长州藩在文久三年（1863）决心实行攘夷时，便令通过制盐业致富的三田尻豪农时政龟藏屡次献金，将地方上的青年聚集起来成立剑术训练室。在实施攘夷之后，他们根据藩厅的指令，成立名为报国团的农兵队。在生野之变中出现的农兵队与作为常备军的奇兵队等不同，是务农的民兵，也是藩厅让豪农组织的民兵。时政龟藏属于捣毁起义攻击的阶层——豪农，如在生野之变中介绍的，这些豪农组织民兵的目的不只是攘夷，还为了防备农民起义。

四国联合舰队炮击事件之际，值得注意的一点是，时政龟藏等人的农兵报国团在农民起义平息、与联合舰队停战之后不久的八月六日又开始活动，自次日起在海岸制造和埋放地雷。而且，报国团的驻地就在捣毁起义于三日和四日晚上敲响起义钟声的那个安养寺。八日，时政龟藏就任当地被歧视的部落民组成的常备诸队——“一新组”的总管职务，参加了第三年的幕长战争。这一活动的背景是被歧视的部落民寻求主体性解放的运动。

但事实上，幕长战争后，被歧视的部落民的战死者依然被区别对待，与战死的平民不一样，他们的名字不被记录在死者名单上，只是记为“屠卒”，并未从被歧视身份中解放出来。而且率先被袭击的对象也是他们，这成为捣毁起义的开端。与第二章所见的长州藩天保二年（1831）大起义一样，积极追求解放的部落民被置于与农民起义对立的立场。根据布引敏雄和北川健的研究，长州藩厅其实事先了解部落民追求身份解放的活跃动向，并将他们组织为常备军。

如此，长州藩在实施攘夷之时，也致力于组织村吏和民众。民兵组织之所以形成是因为豪农、被歧视的部落民、百姓内部有相应的动向，而且长州藩实施攘夷也的确在一定程度上赢得了以豪农为核心的民众支持。但是否可以说超越了捣毁起义中展现出的地方内部对立，获得藩内地方民众的“广泛支持”，似乎还存在疑问。为了形成大规模的集结，有必要超越地方内部的对立。

在萨道义的记录下，有民众将攘夷战争理解为灾厄，还有证据表明，在欧美联合大舰队逼近眼前的情况下，日本民众爆发了持续两天的捣毁起义。攘夷战争与地方民众的关系并非只有一种模式。总而言之，一方面有破坏长州藩临战态势的民众运动，另一方面藩厅又动员和组织以豪农为核心的民众，并且得到响应，民众的这两种动向互相重合、竞争。被歧视的部落民寻求解放的运动也在此基础之上展开。

萨长同盟

参予会议解散后，在萨摩藩，西乡隆盛从冲永良部岛返回，指挥禁门之变和征长军。庆应元年（1865）五月，将军德川家茂为再度征伐长州而从江户出发。以再次征长为契机，萨摩藩开始疏远幕府，亲近长州藩。

长州藩的攘夷战争刚开始便经受了各种批判他们“不义无道”的声音。但是，正如坂本龙马反驳村田巳三郎的批评称，“长州藩是为国家而战”，长州藩将强大的列强舰队的攻击作为现实之物招引进来，使事态发生了变化。四国联合舰队炮击事件之后，大久保利通建言道，现在征讨是“前所未有之大事”，会受到后世的批判。另外，作为最基本的问题点，雄藩寻求幕政改革，希望其正当地采纳大名的立场，主旨是希望幕府让步，而非让其强大。因此，无论是作为征长总督的德川义胜，还是越前藩的松平庆永，都反对再次征长。

巧合的是，此时，英国公使变为哈里·史密斯·巴夏礼，法国公使也在前一年由罗什接任。巴夏礼作为上海领事时，在第二次鸦片战争中被清军俘虏，但他拒绝为释放而与清军交易，曾在死亡线上挣扎，其手腕强硬，与拿破仑三世的法兰西帝国派来的罗什共同要求朝廷批准通商条约（“敕许”），聚集七艘各国军舰，停泊在兵库海面。

联合舰队停泊的九月，朝廷由于幕府压力而公开批准再次征伐长州藩，一直在宫廷游说的大久保利通断言，“非义之敕命，非敕命也”，“朝廷不过如此”。联合舰队继续施加压力，如果条约不被认可，便直接与朝廷交涉。当然，当时日本的贸易总额远超三千万美元，阻碍了开国的进展，此为题外之话。反对批准条约的萨摩藩反倒站在推进贸易的最前列。当时的重要问题是，由谁，以及以怎样的方式进一步推动开国。

对大久保利通等人而言，朝廷批准条约问题是反击坚持合作态势不让步的幕府难得的绝佳机会。为了与之对抗，一桥庆喜在小御所向垂帘另一边的天皇上陈道，外国军舰即将开启战端，试图“抚杀”天皇，日本有成为属国之虞，诚为遗憾。

一桥庆喜的发言在朝廷的记录《朝彦亲王日记》等中有明确记载，其所言确是如此。但是，联合舰队完全没有“杀害天皇”“征服日本”的计划，这只是一桥庆喜以大久保利通所说的“暴威”逼迫朝廷的政治手腕。公卿纷纷移座参加朝议，一桥庆喜趁机游说，在藏人口等候的大久保利通也不断与近卫忠房商议如何反对批准条约。一桥庆喜不断上陈，直至天亮，但结论依然是不批准，庆喜又“流泪上陈”。在激烈的拉锯战之后，第二天夜晚，从前一日开始便彻夜进行的朝议决定最后翻转，批准了除兵库之外的开港。

如萨道义所记，巴夏礼代表的英国方面十分关注萨摩藩不断推动的拒绝批准条约活动的政治斗争手段，并对此保持警惕（《明治维新亲历记》）。此前在下关四国联合舰队炮击事件中长州藩慨然应允的巨额赔款（三百万美元），巴夏礼同意延期支付，并同意将兵库开港一事延后，但作为交换，英国方面在关税问题上向幕府施压，将原本从价税的关税改为对欧美有利的从量税百分之五，并于翌年庆应二年（1866）五月签订改税协议。庆应二年幕府的关税收入为一百七十四万两，占岁入的百分之十八以上，比例不小。但贸易额不断增长，关税大幅减少，对幕府甚至对日本都是重大损失。附带说明，19世纪前半期美利坚合众国的关税占国家岁入的九成以上，是当时近代国家的重要财源之一。

另一方面，大久保利通所代表的萨摩藩也承认了一桥庆喜令人恐惧的政治力量，他对朝廷以“暴威”立言，寸步不让，也深化了萨摩藩对幕府造成的危机感。同时，萨摩藩在无力抵抗的朝廷身上看到了寻求突破口的局限性，由此逐渐向长州藩靠近。

长州藩依靠坂本龙马从中斡旋，仅此一年就通过萨摩藩从长崎哥拉巴商会购入一万二千挺米涅步枪和格威尔步枪，为幕长战争做准备。按照通商条约规定，各藩不能从外国商人手中随意购买兵器，但购买兵器和舰船已经是公开的秘密，雄藩的威力发挥了巨大作用。萨摩藩的兵粮米为长州藩的下关提供补贴，萨长贸易也开始进行。

庆应二年一月上旬，木户孝允秘密潜入京都伏见的萨摩藩邸，与西乡隆盛等人会面。虽然两人曾经交火，心结不易解开，但由坂本龙马居中调和，还是达成了萨长同盟。在木户孝允为获得坂本龙马对协议内容的确认而写就的书信上，记录了木户认识到萨长同盟将成为关涉日本未来的“大事件”。坂本龙马在回信中特意记下了干支，书写奔放强劲。协议的内容在藩内秘而不宣，包括（长州藩）与幕府作战之时萨摩藩要出兵京都和大坂、即使长州藩战败萨摩藩也要继续支援、在幕府掌握朝廷之时萨摩藩以兵力而战等等。协议条款中有“幕兵”字样，显然是做好了与幕府交战的准备。

协议未言及消灭幕府，也就是说协议的目的并非讨幕，而是应对幕府攻击的防卫协定或攻守同盟。但是根据木户孝允的书信，木户、西乡与小松已经“详细了解”“未来的前景”，坂本龙马也“同座”，其回信也对木户的书信予以确认，回应道“将来也绝不改变”，讨幕一事肯定在讨论范围之内。

后来从朝廷方面参加、为木户等人所说的“未来前景”赋予形式上合法性的岩仓具视，仍然在岩仓村隐居，虽然公家几乎都被赦免，但是被诽谤为“奸物”，处于实际未被赦免的逆境。大久保利通和坂本龙马接近岩仓是该年（庆应二年［1866］）的年末。

幕长战争和奇兵队

长州藩拒绝了幕府将石高三十六万石削减十万石的要求，庆应二年（1866），幕长战争在濑户内海的大岛开始，双方继而在艺州境、石州境、下关海峡开战。长州藩的主力是奇兵队等军队，参谋是高杉晋作和大村益次郎，指挥是奇兵队军监山县狂介（有朋）等诸队干部。在将军驻扎的大坂和兵库一带发生捣毁起义。七月中旬，滨田城陷落，二十一岁的德川家茂在

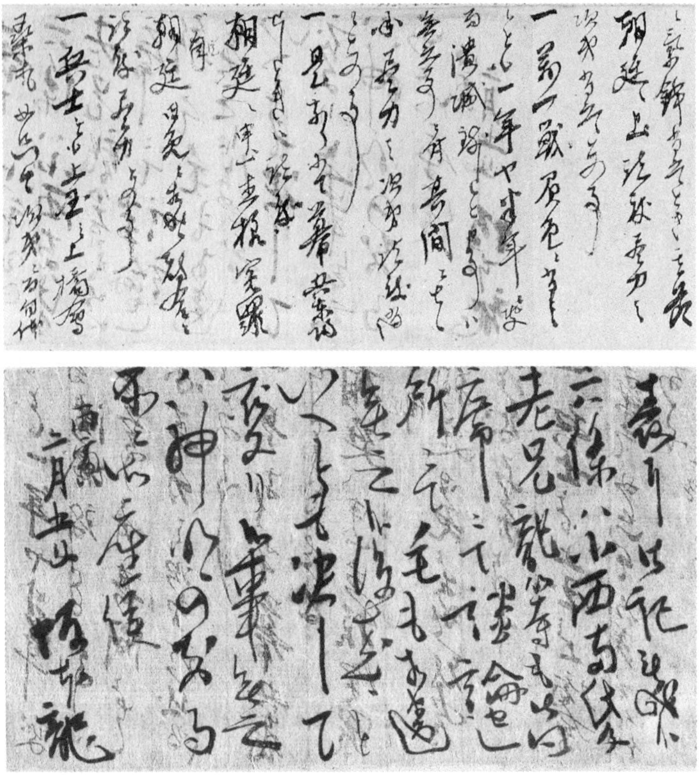

上为木户孝允给坂本龙马的信（部分），下为坂本龙马在该信背面用红毛笔写的回信（出自《木户家文书》，宫内厅书陵部藏）

大坂病死，幕府秘而不宣地继续作战，但八月初小仓城也陷落，九月十九日继承德川宗家的庆喜命令撤兵。

关于打败幕府军的长州藩奇兵队诸队此时的真实情况，近来学界发现了一些新的重要事实。北川健和三宅绍宣经过详细研究发现，在幕长战争中，小队跑上山“下射”（向下射击），绕到近道从侧面用枪射击，散成三十人左右的小队单位后再度集结，在诸队领导机关“会议所”的系统作战指导下展开机动作战。

例如八月六日在艺州口的大野夜袭中，暗号是“天地”，一声笛声是集合，三声是进军。战时诸队士兵规定“军服穿着之事，和服外褂一件、汗衫一件”，其他“无须随身携带”，只带步枪和子弹的“轻装步兵”由此出现，抄近路的迅速迂回和登临高地作战成为可能。“轻装步兵”这一兵种是在欧洲进行露营和就地补给的拿破仑军队出现之后才初次登上历史舞台的。

四国联合舰队事件中，奇兵队使用的格威尔步枪是滑膛枪（没有膛线的枪）的一种，旧式的球形子弹不经旋转即被发射出去，弹道因空气阻力随意弯曲（与棒球的指叉球原理相同）。奇兵队用格威尔步枪和火绳枪猛烈射击，但如萨道义所记，“日本军（长州藩）……发射球形弹，但没有造成多大损伤”，命中率很低。此时，敌方的英军持有的是米涅步枪，是从枪口装填子弹的前装式，使用尖头圆柱形子弹（与现在相同），枪膛内部所刻的膛线让子弹产生自转，通过陀螺效应保持弹道稳定。

由此，可以强力狙击的革命性步枪——来复枪登上历史舞台，还引入拿破仑军队尚未采用的跑步走，战斗变成真正近代式的机动战。在幕长战争中，长州藩厅还为奇兵队等队配备了数千支英国造米涅步枪。

奇兵队士兵是士庶混编且常年在“队中”的常备军，即职业军人的军队。藩厅“不问士庶，厚其俸禄，专募强健者”，支付士兵充足的“月俸”。武器、弹药、装备均由藩厅提供，接受藩厅管理。有农民参加的“士庶混编”有时会留给人务农民兵的印象，但实际上是由藩严格管理的常备军，不是民兵。

军事训练由大村益次郎负责实施。大村自己翻译的《兵家须知战斗术门》是嘉永六年（1853）欧洲出版的荷兰军事家克诺普最新的战术书。从下页奇兵队士兵的照片来看，当时所用的确实是步兵，由此可知奇兵队作为近代军队的情形，幕长战争也证明彻底的训练非常重要。

奇兵队的日常训练非常严格，每天从早晨五点开始，除了中午休息两小时，几乎不停地练习到晚上八点，每天训练实际达十三个小时。在剑术、枪阵、大炮的训练之外，早晚还要各花两个小时学习学问。这种严格的教育在军事上具有迫切需要。

“一种农民反抗”

奇兵队留下了正式的记录《奇兵队日记》，其中记录了各种各样的入队经历，之所以如此参差不齐，是因为组建奇兵队时的纲领规定，“同等（对等）相交”，“尤以力量”为重，在被称为“队中”的队内承认固有的平等。

例如在文久四年（1864）七月四国联合舰队炮击下关事件之时，小郡村上乡出身的河内市之助（本名是市惣）在队中被处以“斩首”，理由是其“明明是宫番却谎称为庄屋或畔头（相当于其他地方的年寄），谎报姓名入队”。长州藩的宫番是被歧视部落民的一种，如第二章所介绍，部落民的身份解放运动在19世纪蓬勃发展，连出生地也谎报并以假名进入奇兵队“队中”的市惣，必定希望从原有身份中解放出来。

奇兵队士兵 （武广成子藏）

翌年，在村方被处以“组合看管”（交由村里看管、藩厅处刑的前一阶段）的渡边兵卫出逃，“躲入奇兵队中”，被船木郡的代官要求引渡，于是又逃出奇兵队，在营地后面的山里死去。“躲入奇兵队中”这一记录很容易让人联想到“避难所”（帮助出逃妇女避难的寺院等），可见兵营也包含了个人解放的期待。

从这些入队经历可以看出奇兵队的强大，但是否可以因此说奇兵队就是解放当地的力量？绝非如此。从上面所举的两人或被处刑或逃走便可知，奇兵队中固有的“队中”平等并不是不受社会约束的自律的平等。

关于奇兵队有一著名描述：昭和十八年（1943）写出《日本的士兵和农民》的E. H. 诺曼曾经将奇兵队形容为“被统制、面向幕府的一种农民反抗”。知日派诺曼是之后成为麦卡锡主义牺牲品的自由主义历史学家，若换种方式表述诺曼的观点，奇兵队便是严格贯彻长州藩厅“统制”的“一种农民反抗”的组织化。

实际上，长州藩在天保时期以后没有出现农民起义，这通常被认为是藩内统治比较成功的结果。但是在四国联合舰队炮击下关事件中，也有规模虽小但在重要地区发生的捣毁起义。在幕长战争之时，无论战前还是战后都发生了农民起义。

战前发生起义的地点是奥阿武郡弥富村，时间是幕长战争开始的四个月前，即二月。在石州口的征长军的包围圈中，弥富村二百五十余名农民聚集在镇守社，发动两次起义，担任领导者的三名农民都是从各自被处以“组合看管”之处逃出来的。

引人注目的是，三个逃走的农民“也可以自然地进入队中”，藩厅向奇兵队下令抓捕，这与从“组合看管”中出逃、“躲入队中”的渡边兵卫非常相似。而且，奇兵队也被委托搜查逃亡的起义领导者，这些正好反映了诺曼所说的“被统制、面向幕府的一种农民反抗”。

“脱队事件”

在幕长战争开战前的四月，处于临战态势的长州藩诸队之中发生了引人注目的事件，在此将加以介绍。

浪士出身的立石孙一郎等第二奇兵队士兵约一百三十人杀害首领后逃离营地，一部分回到村里，其余约半数逃至幕府领内的仓敷，发生了袭击幕府仓敷代官所的“脱队事件”。大肆暴乱的脱队士兵失败后又回到藩里。这一脱队举动蔓延至全队，藩厅将出逃参与仓敷事件后又回藩的士兵四十六人全部处斩，被斩首的士兵有四分之三是农民士兵。下达这一指令的是木户孝允与广泽真臣（当时名叫藤右卫门）。

广泽将逃走的士兵视为“没有宗旨的杂兵”，并不特别担心，而且认为“破坏之后始有建设”，可以在开战前“整顿纪律”，是“不幸中的大幸”。如第二章所介绍，原本江户时代后期的大名在为镇压农民起义而杀戮百姓一事上有所克制，据说参加人数超过数十万人的长州藩天保二年大起义中，被诛伐的农民也只有十人。但此次的处刑连参与之后自杀的人也一并“斩首”“弃尸”，可见处罚极其严苛。

第二奇兵队的长官（步卒出身、维新后成为政府高官的林半七）要求，包括逃入村里、未参加仓敷事件的人在内的全部人员，都处以诛伐。若真如此，被处死者将会倍增。而且，行刑还特意选择在脱队士兵出身的郡内进行，由处刑队游街之后

脱队事件的指导者立石孙一郎之碑

处斩。记有处刑宗旨的布告牌在全郡公示，让长州藩当地不寒而栗。顺便说明，维新后明治二年（1869）发生的大规模“脱队运动”后，被处刑者也是在出生地行刑。这些事件也是一般士兵对干部的反抗，清楚反映出长州藩组织和统制活跃的民众、创立“精锐军队”的另一面。

民众对此事件的反应也值得关注。被处刑的士兵，根据藩命应该被“弃尸”，但当时地方民众建了许多墓碑，现在仍保留着。山口县的国广哲也和光地方史研究会发掘并搜集相关史料，出版了《长州藩第二奇兵队脱队暴动史料集》（昭和五十二年［1977］）。根据这些史料记载，被处刑的士兵虽然没有戒名，但在领导者立石的墓碑（明治二年所建）上刻有“立石灵神社”，成为当时民众祭祀“死于非命者”的孤魂信仰的对象。就这样，面对日渐活跃的士兵和民众，长州藩厅通过大量处刑打造了严格的纪律。

虽说民众入队，但军队未必是人民的。放眼世界，在后发国家的精锐军队也有很多相反的例子。但奇兵队通过藩厅支付的丰厚“月俸”、英国制造的世界最新的米涅步枪、严格的训练，成为精锐军队，也是事实。

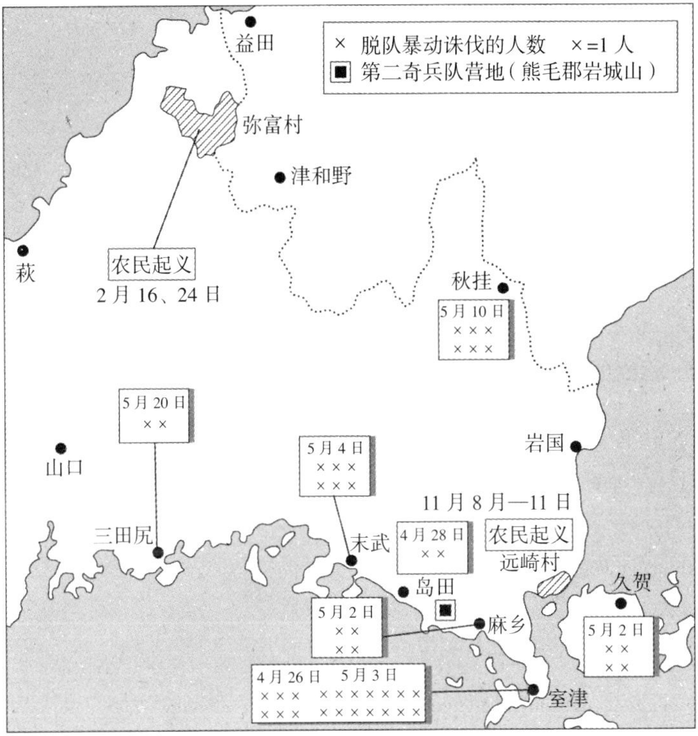

幕长战争与脱队、民众运动

高杉晋作在四国联合舰队炮击事件中败给了配备米涅步枪的联合军，此次他吸取教训，让自己的部队全队装备米涅步枪，对军事胜利几乎信心满满。

此后，奇兵队在戊辰战争时期，使用的是由藩厅配备的改良自米涅步枪的后装式史奈德步枪（依然是英国制造）。这种步枪如第 313 页的照片（北海道开拓纪念馆所藏的史奈德步枪），扳开枪身的后部填充如图所示的博克赛式实弹（现在的步枪也在使用），与现在来复枪的性能几乎没有差别。装备有这种来复枪、训练严格的步兵无疑是“令人恐惧的精锐”，是幕藩体制下的武士完全无法阻挡的。

长州藩的“神风神话”

在长州藩，则正进行着如高杉晋作所说“所有家臣以至土民……防长两国枕戈待旦”的民众动员。

例如在小郡郡，攘夷战争之际，郡内被称为“头百姓”或“十人头”的下级村吏数百人被叫到代官所，按照代官的指示，组织所有郡民每日到氏神神社参拜，这样的活动一直持续到戊辰战争。代官解释道，如果“人心一致”，“如往昔弘安年间蒙古袭来之时，神风忽吹起，行覆溺夷贼军舰之事无疑”（《小郡农兵事》），明确地宣传“神风神话”。值得注意的是，这里产生了日本在侵华战争中宣扬有“神灵护佑”的超国家主义。幕长战争之际，长州藩的村民便是以这种信仰与“夷贼”作战的。

军事上的领导者大村益次郎在幕长战争中确立了“人民战略”，十分意味深远。（《大村益次郎献策》，昭和十九年［1944］收于《大村益次郎》）

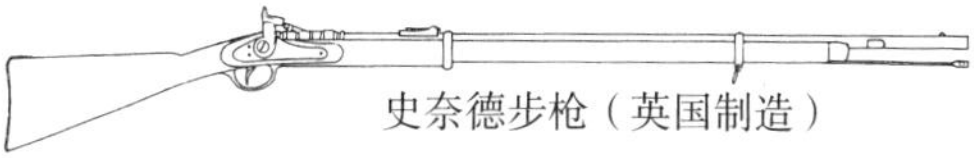

史奈德步枪（英国制造）

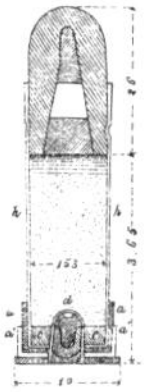

博克赛式实弹

戊辰战争期间，藩厅为奇兵队配置的史奈德步枪局部图

> 小濑川口（山阳道）……久波、小方处于敌兵之手，烧光之时，人民之仇恨归于敌兵……我兵固守苦坂之时，敌兵未能退，久守阵地之时，人民之苦，难以尽数，（敌兵）必与艺人生不和，不战而退敌之兵已是必然……石川口之事也……让敌予大森，我攻大森之时，大森土人不堪使役，人心自必离散，不战而让敌兵疲于奔走、内部分崩离析已是必然……

这种“人民战略”是先让敌兵烧毁村庄，将“人民的仇恨”引向敌人，由此牵制敌人。（敌兵）必致“人民之苦”，因此故意将要地让给敌兵，再通过攻打导致“人心离散”。这是“依靠”人民的战略，也是充斥着“人民的仇恨”“人民之苦”“人心离散”主题的“人民战略”，是认可人民“反抗的力量”并加以利用的冷静而彻底的战略。

从大村的“人民战略”中是否可以看到与人民共命运的认识？答案当然是否定的，因为这一战略设法让人民仇恨、痛苦、不堪使役。但即便如此，大村无疑认可人民生生不息的力量。由此，从整体形势来看，历史在一个阶段站在了人民的一边。高杉晋作说“所有家臣以至土民……防长两国枕戈待旦”，木户则表达了“引领人民慷慨赴死”（庆应元年［1865］七月致大岛友之允书信）的志向。利用这样的战略，在地方上组织并统率日益活跃的“人民反抗”力量，这正是走向近代日本的崛起。

第三节　幕末政治斗争

庆应的幕政改革

庆应二年（1866）八月二十日，一桥庆喜在幕长战争中继承了德川宗家，撤走征长军，实现停战。但一桥庆喜坚决不接受将军职位，对此，松平庆永批评说：“不劝就不喝酒，非得劝到位才喝。”

朝廷方面，以天皇为首的关白二条齐敬和朝彦亲王等人支持一桥庆喜。另外也有反对的公卿势力，如中御门经之、大原重德等，被迫隐居在岩仓村的岩仓具视也暗中与反幕派的公卿联络。

尚处于战争中的八月末，二十二名公卿列参，希望罢免拥护一桥庆喜的朝彦亲王和二条关白，并解散征长军等。“鵺卿”大原重德代表列参，当着天皇的面批评“朝廷失体”。天皇震怒，从御帘后面断言道：“征长之事，不可解兵。”可见，孝明天皇对庆喜的信任没有动摇，“不劝就不喝”的庆喜更加巩固了地位。大久保利通注意到了这一列参，在日记中写道：“朝廷的态度发生了不可思议的变化。”岩仓虽然失败，但正是此次失败为萨摩藩的大久保、中冈慎太郎、坂本龙马等人创造了接近自己的契机。

十二月上旬，一桥庆喜肩负着天皇的信任就任将军职位，推行庆应幕政改革，设立国内事务总裁、会计总裁、外国事务总裁、海军总裁、陆军总裁等，任命专职老中。这是模拟内阁制的行政机关制，幕府由此走上近代集权国家的制度改革之路。另一方面，他推进人才选拔，首先起用的是曾在安政大狱中受罚的永井尚志，将其任命为此前只有谱代大名才能担任的若年寄，令其成为自己政权中的栋梁。

另外，庆喜还效仿土伦军港开始建设大规模的横须贺炼铁厂，任命法国海军技师弗朗索瓦·莱昂斯·韦尔尼担任厂长，于十月投入生产，直至幕府垮台共建造两艘小蒸汽船。同时，在西式军事改革中，他计划将所有旗本编入枪阵，幕府已经通过怡和洋行等订购数十门阿姆斯特朗炮，这些改革对雄藩而言构成巨大的威胁。西乡隆盛曾对萨道义表示“一桥深得天皇信任”，因此三年内万事休矣，正是在这个时候说的。（《萨道义日记》）

新将军庆喜向外国公使宣布，按照条约，将于次年庆应三年（1867）实行兵库开港。

如前面所介绍，庆喜在庆应元年“流泪上陈”请求批准条约时，也唯独兵库开港一项没有被批准。萨摩藩预测，如果庆喜强行开港，或许会失去朝廷的支持。此后，尽管大久保利通多次游说，朝廷也反复就拒绝兵库开港开展朝议，但庆喜单方面宣布开港。兵库开港、大坂开市成为幕末政治斗争最后的转折点。

如第一章所介绍，大坂作为商品市场萎靡不振（即便如此也肯定是日本第一的市场），但正如经济史研究者所指出，大坂在金融和信用方面不断成长，掌握了西南诸藩财政的生命线，大坂市场向世界的开放与幕府和萨摩藩的命运息息相关。庆应二年（1866）十二月听了西乡隆盛说明之后，萨道义点头道，兵库开港是“你们（萨摩藩）最后的王牌了”。因此，萨摩藩受到牵制，庆喜的政治能力超出了他们的预测。

英国外交和庆喜

庆喜也宣布举办外国代表的谒见仪式。英法荷美四国之中，在大坂城最早谒见的是英国公使巴夏礼，萩原延寿利用萨道义日记和外交文书写成的大作《远崖》中便详细刻画了谒见情景。谒见外国公使一事是按照欧洲礼仪进行的，幕府提供烤牛肉、加了松露的火腿、红酒煮斑鸠、抹奶油的蛋白酥皮等多种西洋料理，在另外的房间还准备了餐后咖啡、威士忌等。与巴夏礼的谒见长达约三个半小时。

萨道义对庆喜的印象是“睿智的额头、好看的鼻型、典型的绅士”。庆喜气量豁达，当巴夏礼称赞墙上挂着的三十六歌仙图时，庆喜当场就要送他一幅。巴夏礼说：“英国和日本过去的关系中所有不愉快之事在今天都付之流水。”而紧张的萨道义在翻译过程中出丑了。在社交上身经百战的庆喜则表现出作为武士素日的练达。萩原指出，“庆喜以其见识和人格魅力，深深打动了巴夏礼这位在亚洲舞台上久经沙场的老兵。”巴夏礼向本国常务次官报告说，庆喜是日本“最优秀的人物”，值得信赖。

按照一般说法，法国亲近幕府，英国则放弃幕府而与萨长两藩亲近。幕末的这一国际关系框架也是战前的《维新史》等史书所塑造的。认为法国罗什的外交指导了庆喜改革这一观点，在最近的研究中受到质疑，学界也已查明法国外交部并不支持罗什。在此笔者仅指出下面一点。

罗什提供给庆喜的外交意见只是权宜之计，认为即使兵库开港，也要暂缓大坂开市。但是，庆喜自身的外交政策与罗什不同，他决定严格遵守条约。巴夏礼得知庆喜这一表态之后，便产生“不可动摇”的信任。

萩原否定了英国与萨长亲近之说。他认为，按照萨道义的回忆录《明治维新亲历记》所记，年轻的翻译官（庆应元年［1865］由翻译生升为翻译官）萨道义无疑对萨长抱有“亲密”之感，但公使巴夏礼与萨道义不同。

此时的英国对日外交，无论本国外交官还是公使馆贯彻的基本方针，都完全“只注重贸易发展”而不欲“施加政治影响力”。英国对日贸易正在向英国稍有顺差的方向发展，总体上是顺利的。对此，英国方面基本上是欢迎、赞赏的态度，日本严守条约正是英国对日本的要求，巴夏礼了解日本政治局势的动荡情形，收集政治情报向本国报告，但英国外交部反复严厉禁止“任何形式的内政干涉”，巴夏礼对外务省的方针也没有异议，因此英国与萨长“亲密”之事并不成立。反而是在条约批准和兵库开港问题上，萨摩藩反复纠缠不休的阻挠让英国公使馆产生警惕。

庆应二年（1866），英国海军提督欧内斯特·金访问长州藩，与藩主父子、木户等会面。萩原介绍，关于此次会面，巴夏礼并没有向本国外交部汇报长州藩欢迎英国一事。会见是在四国联合舰队炮击事件之时发生捣毁起义的三田尻举行的，英国方面冷静地观察并报告称，长州藩未举行任何民众欢迎提督的仪式。（《远崖》四）如前面所介绍，长州藩不断向民众宣传“夷贼逃走”的“神风神话”，因此可以理解在三田尻很难有民众欢迎提督的仪式。

岩仓的再度登场

庆应二年十二月，孝明天皇身患天花，一度缓解之后突然去世。当时的记录显示最后病情恶化，因此关于死因有两种说法。

一种是医生报告所称的急性出血性天花，另一种则是砒霜中毒，即毒杀，而且传言岩仓具视是凶手，直到今天在研究者中间仍有争论。先前说到孝明天皇因反庆喜派列参而大为震怒，虽然天皇是攘夷论者，但却如此信任庆喜。此后，庆喜被“宣下”（正式承认）为十五代将军是在十二月五日，天皇于一周后患天花，二十五日突然去世。倘若信任庆喜的孝明天皇健在，即使岩仓与萨长合作，也很难发动夺取天皇的宫廷政变。天皇三十六岁去世，毒杀说即刻流传开来，这类说法恐怕今后也不会消失。

中山忠能的外孙祐宫成为新天皇，时年十六岁，即后来的明治天皇。由于新天皇即位，岩仓、中山忠能等本应受到处罚的公武合体派和尊攘派的公卿被赦免。岩仓从翌年庆应三年三月开始终于被允许每月入京一次，在这天来临之前，岩仓已经隐居五年。大久保利通和岩仓开始通信是在二十二人列参运动失败之后。四月，中冈慎太郎前去拜访岩仓，他是最早拜访岩仓的倒幕派武士，中冈在五月又前去拜访，六月又与坂本龙马同去拜访。大久保到访岩仓的隐居地则在“王政复古政变”（十二月九日）不久之前的十月六日。岩仓和萨摩藩等讨幕派的联合实际上是短时期内形成的。

决裂

在兵库开港问题上，朝廷批准的手续尚未完成，萨摩藩将此作为最后的抵抗依据。该藩为了实现岛津久光、松平庆永、伊达宗城、山内丰信的上京而活动，四大名聚齐是在庆应三年（1867）五月初。

率兵七百多人上京的岛津久光立刻向摄政要求朝廷起用人才。他的要求简单明快，就是指起用前一年二十二人列参的中心人物、被处罚的中御门经之和大原重德。但是，发生了对萨摩藩不利的新事态，岛津家的姻亲兼长年盟友近卫忠房正在以继承“孝明天皇的遗志”为由拒绝尽力协助大久保利通。

兵库开港的批准问题和长州藩处分问题引起纷纷议论，五月末的朝议持续了两天一夜。大久保和西乡的游说极其猛烈，另一方面，庆喜和老中都等候在小御所施加压力。朝彦亲王、二条齐敬、鹰司辅熙、九条道孝等摄家支持庆喜，近卫忠房也终于没有站在萨摩藩一边。两天后的早上，公卿一起晋谒天皇，最后朝彦、鹰司、九条以共同辞职要挟动摇的二条摄政，由此兵库开港被批准。

庆喜得到亲王朝彦、摄家二条、鹰司、九条、近卫的支持，完全掌控摄家和亲王组成的朝议。由于孝明天皇去世，庆喜失去了强有力的支持者，但另一方面，兵库开港也是由于天皇去世才得以批准。于是，萨摩藩失去了通过朝议抵抗幕府的路径，陷入走投无路的境地。

六月，大久保批判庆喜“掌控朝政，以邪讨正，以逆伐顺”。庆应二年年初的萨长盟约便达成了“倘若幕府掌握朝廷，萨摩藩举兵而战”的共识，当时设想的事态在这时成真了。大久保等决定“备兵声援”，口舌之争已无立锥之地。六月，长州藩和萨摩藩达成武力讨幕的共识，讨幕派登上历史舞台。

讨幕派的战略

讨幕派的构想充分体现在九月上旬长州藩的木户孝允写给坂本龙马的书信中。

木户孝允说，京都的“戏”要上演了。这里的“戏”是指整个萨长武装暴动，而此次的“狂言”要奠定“大舞台”的基础，世间“堪堪有用之首领”自不必说，“堪堪于舞台之上奔忙之人亦引为伙伴”可称“紧要”之处，“狂言”若有偏差，则成“世上的大笑话”，“大舞台”也会崩塌，“戏”也就“曲终人散”了。

木户的主张分成从“狂言”到“大舞台”两个阶段，整体上构成一部“戏”。“狂言”是指京都即将上演的“政变”，木户的书信也正是为此而写。

与“西（西乡）座元”磋商确定“程序”乃是“急务”。“座元”是江户时代的戏剧用语，指“剧团领班”，表示西乡是讨幕派武装暴动的负责人。“大舞台”指决战，即与幕府的战争。对木户的书信，坂本龙马回信道，“一出大戏，虽早已知晓，亦知必会妙趣横生。”

“狂言”即政变，他们甚至计划将不参战者等所有势力都聚集起来，要点是“将玉（天皇）抱至我方”，详细考虑了实现夺取政权的正当性。木户在十一月写给京都萨摩藩邸同志的信中叮嘱道，“（天皇）万一落入彼手，则绝不可走错一步”，可见讨幕派细致推敲了夺取天皇的计划。

“船中八策”与大政奉还

在萨长讨幕派准备暴动的同时，也有人正在制订不使用武力的政治改革计划。此时，在土佐藩的活动下，“萨土盟约”于六月中旬签订，提出了幕府大政奉还这一避免动武的国家构想，这点后来由土佐藩撰写的大政奉还建议书所继承。计划武装暴动的萨摩藩为了将土佐藩拉入讨幕阵营也加入盟约。

萨土盟约的国家构想以坂本龙马制定的“船中八策”为基础。盟约提出，在朝廷之下设置议事堂，所有政令均出于议事堂。公卿、陪臣乃至庶民都可参加，上院聚集诸侯，将军也成为诸侯的一员，下院连庶民也可参加。“庶民”参加下院的设想让巴夏礼等人也震惊不已。盟约前文指出，将以“诸侯会议、人民共和”为宗旨，目标是“与万国并立”，认为秉此“大道理”不断前进是“今日堂堂诸侯之责”。

十月上旬，土佐藩向德川庆喜提议大政奉还。与萨土盟约一样，公议政体的构想也是在朝廷设置上下议政所，万机出于此。德川庆喜就此咨询左右幕臣和各藩，最后于十月十四日向朝廷提交大政奉还申请书，同席的萨摩藩、安艺藩、土佐藩各藩都高度称赞德川庆喜的英断，表示赞同。

德川庆喜提出大政奉还的真实意图已不可考，但是一般的推测认为，他打算在归还“大政”之后成为诸侯，再重新作为诸侯的首领在朝廷中掌握实权，为此暂且让步，同意土佐派的公议政体论。

讨幕派和英国

萨摩藩和长州藩在六月达成讨幕的共识。七月下旬，萨道义与西乡隆盛会面时，西乡表示，“贯彻日本国体之事，不敢厚颜与外国之人商谈，此处必当充分尽力”，面对英国的翻译官，陈述了拒绝外国援助的著名论断。八月中旬，“十分细心沉稳、彬彬有礼”的木户孝允对萨道义大胆宣称：“从未考虑过推翻大君之事。”(《萨道义日记》)

若要了解讨幕派对外国人的态度，还须稍加回溯。庆应二年（1866）六月下旬，在幕长战争激战正酣的下关，木户孝允对巴夏礼和罗什两位公使曾如此表态，萩原的翻译如下：

> 希望外国公使能够清楚了解，我们不要求外国援助，今后也相信外国将完全避免介入两方阵营。(《远崖》三)

巴夏礼将这次木户会谈的备忘录连同报告书一起呈送给英国外交大臣克拉伦登。

另外，萨道义在庆应三年（1867）秋天风云激荡的时期前往土佐、长崎、下关，会见坂本龙马、西乡隆盛、木户孝允、伊藤俊辅。萨长两藩的讨幕计划于六月确定，最初预定暴动的时间是九月末，萨长两藩没有任何人向英国方面透露计划。

年轻的萨道义完全没有察觉到讨幕派的动向，但公使巴夏礼感觉到了。在王政复古政变的一个月前，他注意到土佐藩大政奉还建议书的第二条，其中记有“议政局下院”将录用“庶民”，巴夏礼引用之后向常务次官进行了如下报告：

>……（第二条）或许会令斯坦利阁下（新外交大臣）发笑。……现在的新动向与其说是主君（藩主）造成的，毋宁说更多是由“家臣”造成的。或许，“家臣”并不满足于只被允许表达他们阶级的意见。我只期望他们不要因为提出荒唐的要求而成为笑柄。（《远崖》五）

巴夏礼之所以说“下院录用庶民”“或许会令人（外交大臣）发笑”，是因为录用庶民听起来让人难以置信。在此先不讨论其恰当与否，但正如巴夏礼所预料，“家臣”并不满足。

此时，萨长讨幕派谋划的不是“笑柄”，而是令人恐惧的计策，迫使德川庆喜陷入困境。这是一场“大戏”。木户孝允对坂本龙马说，如果“狂言”失败，有可能成为“世上的大笑话”，暗合了巴夏礼所说的“我只期望不要成为笑柄”，实在是饶有兴味。从这部分也可以感觉到，巴夏礼并不欢迎“家臣”的动向。

在朝廷批准大政奉还一个月后的十一月十五日，坂本龙马于夜间在河原町三条的寄居地与中冈慎太郎一起被暗杀。

王政复古政变

实际上，与大政奉还同时，“讨幕密诏”已经由岩仓具视秘密交给萨摩藩和土佐藩。“讨幕密诏”经中御门经之、中山忠能、正亲町三条实爱三位公卿之手制成，诏书的体裁并不完备，缺少天皇所注的日期及批准；也不是亲信在天皇口述下所发的“纶旨”，因为幼帝祐宫对讨幕计划一无所知。如学者井上勋所指出的那样，如果告诉幼帝，讨幕计划肯定会泄露给庆喜方面或公议政体派。这一密诏是岩仓等人擅自做成的“伪诏”。此前，研究者只是指出：这一密诏不是经正规手续出台之物，而是岩仓等的“计策”，因此只能说是“密诏”。但事实上那根本不是“密诏”，不像安政五年（1858）的“戊午密诏”确定无疑地反映了孝明天皇的意志。

也有观点认为，即便是“伪诏”也无大碍。但明明是“伪诏”，却一直称之为“密诏”，难免“古怪”。历史应该正确地叙述事实。讨幕“密诏”的存在本身为人所知是在19世纪80年代，实物首次以照片形式公之于众则是在美浓部达吉的天皇机关说[1]被抨击、天皇神格化确立的昭和十一年（1936）之后的事情。

王政复古政变发生于兵库开港两天后的庆应三年（1867）

1 天皇机关说，认为一国主权属于国家，天皇是其最高机关，在内阁等多个机关的辅弼下行使统治权的学说。

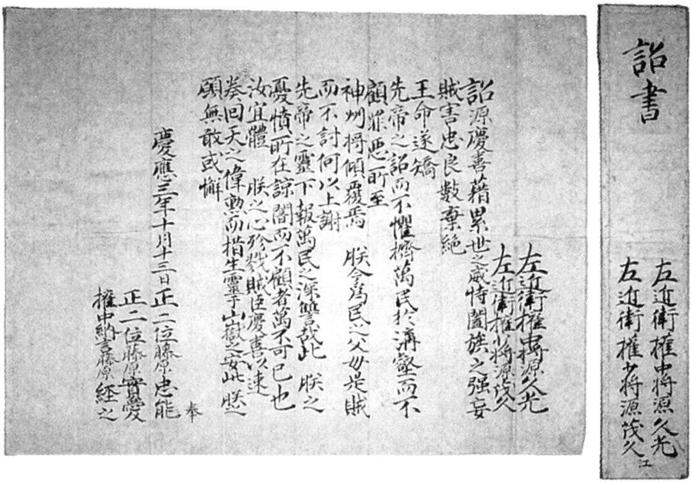
詔書
左近衛權中將源久光
左近衛權少將源茂久

詔源慶喜藉累世之威恃闔族之強妄
賊害忠良數棄絶
王命遂矯
先帝之詔而不懼擠萬民於溝壑而不
顧罪惡所至
神州將傾覆焉 朕今爲民之父母是賊
而不討何以上謝
先帝之靈下報萬民之深讐哉此 朕之
憂憤所在諒闇而不顧者萬不可已也
汝宜體 朕之心殄戮賊臣慶喜以速
奏回天之偉勲而措生靈于山嶽之安此 朕之
願無敢或懈

左近衛權中將源久光
左近衛權少將源茂久

慶應三年十月十三日 正二位藤原忠能 奉
正二位藤原實愛
權中納言藤原經之

“讨幕密诏”的诏书 （玉里岛津家藏，寄存于鹿儿岛县历史资料中心黎明馆）

十二月九日。早上，岩仓具视带着发布王政复古命令的文书进入御所，与三位宫廷革新派公卿中山忠能、中御门经之、正亲町三条实爱拥戴幼帝，宣布王政复古。被迫隐居的幕后演员岩仓具视一跃成为新政治的主角。从岩仓与宫廷革新派的公卿联手可以看出，要废绝幕府的王政复古，也意味着宫廷内的岩仓等革新派打倒摄关政治，这两个剧本相互重叠。

西乡隆盛指挥讨幕派和土佐藩等公议政体派的藩兵加强宫门防卫，处于御所军事压制的中心。天皇的居室和回廊布置了萨、土、艺、越四藩的士兵。土佐藩和越前藩等公议政体派也参加政变是为了谋取本藩的存续。如木户写给坂本的书信中所记，要纠集不能参加“大舞台”（讨幕）的势力、成功实现“狂言”（政变）的愿望。“狂言”有意识地广泛集结了萨长等讨幕派、宫廷革新派、公议政体派，将所有“堪堪”能用的角色集合起来，巧妙解决了新权力的正当化。“狂言”除了西乡、大久保、木户、岩仓外，只有几个人知道详情。

王政复古的大号令批准了德川庆喜“归还大政和辞去将军职位”这两项要求。为了奠定“王政复古、重振国威”的根基，号令宣布废除“摄关、幕府等”，立即“暂设总裁、议定、参与三职”。既然是“暂设”，那便是“临时政府”。总裁与议定分别由五名公卿与五名藩主担任，参与则由公卿五名，再从五藩中各选出的三名藩士担任，西乡、大久保、岩仓也位列其中。这里的五藩是指萨摩藩、安艺藩、土佐藩、越前藩、尾张藩。长州藩在前夜的朝议中刚刚恢复官位等旧制，长州藩主与木户并未参加，但长州藩的奇兵队和游击队连夜入京，也加入政变的援军。

有观点认为这一政权是公议政体派的政府，但并不能这样断言，因为这一政府只是通过西乡、大久保、木户、岩仓等讨幕派之手极其秘密地策划建立的。正如巴夏礼所观察到的，它是由不满足于大政奉还的“家臣”缔造。而且政权被明确宣布为暂设的“临时政府”。决战还是要等到“大舞台”，其目的是与幕府的军事力量对决，让幕府瓦解。这就是翌年年初的鸟羽伏见之战，即戊辰战争。

天皇的“御前”

从政变当日黄昏开始，三职在小御所召开“御前评议”，小御所被重新命名为“御前评议所”。这次会议虽然以小御所会议闻名，但实际上是孝明天皇予以常规化的御前评议的重新启动。如前所述，王政复古有两个剧本，即讨幕派的武装暴动和朝廷内部革新派的配合，朝廷内部的压制由岩仓主导。

但其中也存在问题。其一，十二月九日这个时间是在明治天皇元服[1]之前，虽然这一天废除了摄政，但由元服前的天皇重开御前评议没有先例，因为元服前尚不被认可为成人。十一月二十四日，天皇的元服仪式被定在正月二十四日举行。

山内丰信在小御所会议的开头意气轩昂地说道，“拥戴幼冲之天皇，盗取权柄，此乃引发天下大乱之兆。”岩仓具视反驳称：“此乃御前会议，卿，慎言。”岩仓具视所说的是天皇权威问题，但山内丰信所指出的“幼冲之天皇”也是理所当然的疑问。

会议上众议纷纭，中途暂停休息时，席外的西乡隆盛说“如有一把短刀，立马料理妥当”，岩仓也表示“我于呼吸之间决定”，显露出决心，据说山内丰信最后让步了。“短刀”其实是指暗杀。当然会有人认为这是阴谋或不合理，虽然岩

1 元服，奈良时代之后日本的成人礼。

仓在“御前”加以反驳，但有些问题却让山内丰信难以认可。重新回顾条约批准问题的话，就会理解山内丰信难以接受的原因。

“原自癸丑以来，遭蒙未曾有之国难，先帝频年为之所苦”，是王政复古大号令开头陈述的废除幕府的理由。就“癸丑”即嘉永六年（1853）佩里叩关以来的外交问题等，本书前面已经介绍了许多与过去看法不同的观点。

例如岩仓具视在文章《王政复古议》——这篇文章被视为请求讨幕的“密诏”——开篇说，“方今海外万国，不拘大小，举国力致富强之术，人智日开，万里雄飞，宇内（世界）之形势大变，当此之时……”这与条约批准问题时幕府的堀田正睦、川路圣谟、岩濑忠震等向朝廷充分说明的宗旨完全相同。但是，堀田被处罚，岩濑被免职，两人都已经去世。被免职的川路则是在数月后自杀。意气轩昂陈述反对意见的山内丰信在条约批准问题上，也是以同样的宗旨批评朝廷，反复要求批准。

王政复古大号令在批判“近年幕府之失政”时，首先提及“签订各国条约”。签订条约是幕府的失政吗？需要公开讨论的问题有很多。近代日本将幕府签订条约定位为“失政”，并以此为外交的大前提，将“万国对峙”（以大国主义为目标的对峙）作为第一国策。岩仓则以天皇御前的权威压制了议论。

后来，新政府的国家建设以天皇权威的正当性为核心，以“万国对峙”为旗号。新政府对外国的布告、五条御誓文、对外国公使的谒见、政体书等，都在构建天皇的神权尊严和权威。

多姿多彩的世界

本来近世朝廷的朝议会上的讨论就常常十分活跃，持续两日两晚也不鲜见。如前所介绍，“鶴卿”大原重德曾在庆应二年（1866）八月向孝明天皇上陈“朝廷失体”，天皇大为震怒并反驳称征长军“不可解兵”。孝明天皇虽然畏惧鹰司政通，但在鹰司“勃然大怒”、面见天皇陈述意见之时，双方也曾发生冲突。可见，在江户时代的朝议中，公卿并没有必要遵循岩仓所说的“慎言”，岩仓自己也十分能言善辩，还曾被指摘为“直截了当”。在政变的小御所会议上，刚毅的山内丰信之所以沉默，大概是顾虑此时包围御所的萨摩藩，以及长州藩正在赶来的精锐兵力吧。天皇的权威和军事力量是近代史上接下来的重要问题。

议论热烈的江户时代朝议的情形，经常被用来描绘因循守旧的公卿的负面形象，这是不是偏见？据学者高木博志所述，江户时代京都御所内从九门到天皇居住的“禁里”之间的空间是京都庶民自由通行的观光景点，在那里可以见到摆摊卖东西、坐在九门内的公卿门前一边喝酒一边参观的庶民。

庶民观看即位仪式的情形如《御即位行幸图屏风》所描绘，“宣命使在宣读贺词，周围吵嚷嘈杂，有袒胸喂奶的妇女、觥筹交错的男人，一派杂乱而充满活力的风景，观众还拥到紫宸殿边上，站到宣命使身后”，江户时代的日本连朝廷也展现出“多姿多彩的世界”。高木所指出的下面一点也引人注目：由于幕末有各藩兵士护卫九门，御所成为“封闭空间”，多姿多彩的世界就此消失，这是近代日本的另一面。

萨道义在回忆录《明治维新亲历记》的序论中断言大名是“傀儡”，这一表达迎合了实行废藩置县的明治政府。实际上，与青年萨道义最为意气相投的武士之一是四十九岁隐居的伊达宗城。庆应二年（1866）到访宇和岛的萨道义一行被欢迎的民众围得水泄不通，民众“爽朗”“礼貌”地靠近。萨道义记下了从日本民众身上感受到的难以抑制的“温暖的心情”，尤其是宗城父子与整个家族众多妇孺一起出迎接待。萨道义与宗城叙话喝酒，“轮流唱歌”，宗城“陶醉于欢乐之中”，还与英国海军士官、家老三人手牵手跳起苏格兰的“里尔舞”。这里或许正萌发着日本开放豁达、多姿多彩的嫩芽，它尚未长成大树，但确实是近代时期在日本崛起的另一种力量。

如先前所介绍，以西方礼仪谒见外国公使的一桥庆喜极为豁达，甚至打动了身经百战的巴夏礼。“近代转折期的日本正受到外部极其强大压力的威胁”，“内外危机呈几何级数地增加”，这种“强烈的不安与恐惧”笼罩社会——这种强调由“内忧外患”的体制危机造成的“不安与恐惧”论，推动着我们以不自量力的“万国对峙”为国策，狂奔暴走。但这恐怕也只是此后的近代日本精英塑造并宣传的片面化印象。

终章

富贵繁昌

幕末的改造社会起义

幕长战争发生的庆应二年（1866），歉收连连，起义和捣毁频繁发生。如在持续七年之久的天保饥荒期间，起义每年就发生百次，庆应二年又远远超过百次。总之，起义次数与18世纪相差悬殊。

这些19世纪中前期起义的特征是，基本上都是以“贫民”为主的农民针对地方村吏和特定“富民”所进行的捣毁行为。如第二章所介绍的天保七年（1836）甲斐国郡内暴动便是19世纪前期捣毁起义的代表事例。同年发生的三河国加茂郡起义中，也发生了十分激烈的捣毁行为。起义群众中，赋予幕末明治初期起义以鲜明特征的“改造社会之神”、在农民世界中潜藏的“改造社会的观念”喷涌而出。

第六章介绍了长州藩讨幕派眼皮底下的捣毁起义，从中可以了解到百姓起义与奇兵队的关系，以及脱队暴动等多姿多彩、层次多样的长州藩民众动向。在本书的末尾，笔者将介绍19世纪中期在全国范围内开展的“改造社会起义”和“有何不可”运动[1]。

1“有何不可”运动，日语为“ええじゃないか”，关西方言，原意为“这不也挺好的嘛”或“谁在乎呢”，同时包含挑衅和宿命的意味。庆应三年八月至十二月，近畿、四国、东海等地发生骚动，民众举行狂热的宗教庆祝活动，跳着舞穿梭于城村之间，口中高喊“ええじゃないか”。

庆应二年的代表性捣毁运动恰好发生在幕长战争开战（六月七日）前后。庆应二年五月上旬，在幕府军队驻扎的摄津西宫等地，贫民的妻子聚集起来，要求低价买米，不久便演变为捣毁运动。贫民在十四日从难波村进入大坂，席卷西横堀、船场、上町，甚至天满等地，被捣毁的商铺有八百八十五家。

另一方面，在江户，继近郊的武州捣毁运动后，五月二十八日品川也发生了捣毁运动。第二天，起义波及江户府内，暴乱在芝浦一带开始，向四谷、早稻田、神田、内藤新宿、赤坂、本所等地的商铺蔓延，一直持续到六月五日。贫民在九月竖起写有“〇〇町贫民”的旗帜，向商家、大名家强行索要施舍，幕府（为了平息事态）进口了共计九十万袋的中国香港米和越南米。

让我们再把视线转移到农村地区。六月，武州爆发改造社会起义。十三日，山中的秩父郡上名栗村（今埼玉县饭能市）的贫苦农民掀起捣毁高丽郡饭能村粮店和酒家的起义，截至十九日被镇压，起义在关东西北部一带持续了七天，被捣毁的商家共五百二十户，遍布两百个村，参加者估计有十几万人。同在六月，由于幕府开始增收生丝和蚕种行业改换图章和营业的税金，陆奥国信夫和伊达两郡的生丝生产者掀起暴动，要求自由销售。就现有记录来看，从六月十五日晚到二十日的六天中，起义者捣毁了一百八十余户。

民众世界的“仁义”

武州的起义喊出了“看不惯不仁者，救济劳苦大众”“农民有农民的宗旨，惩戒不仁者，警示世人”的口号（“秩父领的饥渴起义”），攻击农民世界中的“不仁者”。另外，在信夫和伊达郡的起义中，起义被喻为“天魔、鬼神”和“阿修罗王”，豪农招呼着：“起义大人，起义大人，请喝酒，请吃饭团。”（《奥州信夫郡伊达郡之御百姓众一揆之次第》）地方上的社会秩序乾坤颠倒。

关于民众世界的“权利意识”，最近的研究不断取得进展。在武州起义之后，农民向当地豪农要求“归还本金”——用于典当巨额救济金的质地（担保的土地）。这一要求看似苛刻，但这种激进要求并非仅仅源于起义的高涨和威力。

江户时代民众史研究者白川部达夫等人最近发现了有趣的农民世界惯例，据说有“无年季，只要有金子，便可取回的惯例”，即无论年限，只要将借了的本钱归还，农民无论什么时候（不管过了多少年，哪怕是数十年）都可以将质押的土地赎回，这种惯例在江户时代初期被广泛作为习俗或乡法。不久之后到了江户时代中期，这一惯例逐渐衰微，“字据主义”普及开来，即按字据办事，一般是在二十年内仅限典当土地者的那一代可以要求赎回质地。农民世界的惯例衰退也是在预料之内。

但令人惊奇的是，到了19世纪，“无年季，只要有金子，便可取回的惯例”又卷土重来，农民世界的传统惯例在幕末复活。武州起义“归还本金”的要求背后包含着这种巨大的历史变迁。在19世纪，惯例之所以复活，一方面是因为豪农为了保护共同体、防止其解体而让步接收“归还本金”，另一方面则出于农民对农田丈量账簿上所记土地的“权利意识”的坚持。

前面介绍过，武州起义的爆发一般被视为贫农“看不惯不仁者，救济劳苦大众”，“农民有农民的宗旨，惩戒不仁者，警示世人”的运动。在郡内暴动中，起义首领在誓词中便写有“以仁义救贫民”。这反映出民众世界里“贫民”这一阶层登上了历史舞台。如第一章所述，因使用雇佣劳动者而导致的富农登场、“买米售棉”的农民，以及包括这些在内的经济循环的出现，使贫民这一巨大阶层应运而生。

捣毁便成为惩戒农民世界中“不仁”的行动，是民众世界的“仁义”，是领主不参与、依据“农民自己的宗旨”采取的行动。诚然，粮食的囤积不被领主视为非法，但迎合幕府改换图章的举措，便是参与幕府对生丝生产的统制和组织，这在农民眼里便是“不仁”，因此他们秉持“农民自己的宗旨”，发动有纪律的捣毁起义，惩戒特定“富农”的不仁，贯彻“农民之法”。

通过考察这种捣毁起义的思想和行动会发现，在饥荒和米价飞涨之中，解救贫民即守护人命的行动，在农民世界被视为“仁义”，是有德的行为。十多万农民因此参加武州改造社会起义，“富民”也加入其中。可见在当时19世纪中叶的农民世界中，已经广泛且强烈地流淌着与“不仁”相对的“抵抗权”和“人权意识”，毫不逊于今日。

这种贯彻“农民之法”、惩戒农民世界的“不仁”的运动，对富农也有利。与在乡商人主导的和泉、尾西不同，作为藩营而兴盛一时的越中新川棉布在开港后英国棉布涌入的形势下，因无法适应新形势而衰亡。学者谷本雅之便注意到在乡商人不同于藩营的灵活性。事实上，在民众世界，农民并不寻求藩营那样的富贵，相反，有不少富农参加了改造社会起义。

“起义的章法”的多姿多彩

如第二章所介绍，起义的章法在18世纪30年代形成，进入19世纪前后发生变化，此前写的神前祈祷文变成起义者自己的誓约书，即使不向神起誓人们也能聚集起来，章法不断深化成熟。另一方面，进入18世纪三四十年代，也有一些起义开始“脱离”章法。

起义群众一般都穿着象征农民身份的蓑笠，手拿日常使用的农具，不持损伤人命的工具，但是19世纪三四十年代出现了手持大刀和腰刀的起义群众。

天保二年（1831）的长州藩大起义和天保七年的甲斐国郡内暴动中，可以看到携带大刀和腰刀、面涂黑墨遮住脸庞、肩上挂着窄布条指挥起义（长州藩大起义）的起义农民形象，或者是携带长腰刀，身穿白色和服与绉绸、无袖外套加红色窄布条的（郡内暴动的）指挥者，形象稀奇古怪。

长州藩船木郡下中野村的铁匠武七“捣毁之时，面部涂黑，手持斧子，冲在前面”。美祢郡秋吉村的游方铁匠平助被“捣毁起义群众”称作“头领”，他用粗草席包裹腰刀背在身上，“威风凛凛”地指挥起义。

在郡内暴动中，巨摩郡江尻洼村的农民源八倅周吉开仓散粮，撕碎抵押品与和服，烧毁账本和字据。他穿着皮外褂，挂着红色窄布条，插着长腰刀，让手下打着纸幡指挥捣毁起义，用腰刀对抗代管的捕吏。周吉最终死于狱中，如果不死也会被处以磔刑。根据记录《甲斐国骚动一事御裁许书》所述，在郡内骚动中携带大刀和腰刀者至少有四十三名，这种起义群众经常被称为“恶党”。

窄布条和缠头巾被幕末庆应时期的起义所继承，武州起义的“蓑笠”形象已经不是主流，漂过的白色窄布条和白色缠头布成为基本的打扮，也十分有意思（顺便一提，朝鲜甲午农民战争的农民军是白色缠头布加白衣）。这一时期的起义中很少见到携带大刀和腰刀的，携带斧头、柴刀、救火钩、锯等利于捣毁的木工工具比较多。

由此看来，如保坂智指出的那样，改造社会起义并不是一味地通过大刀和腰刀等杀伤性武器制造混乱。既有使用大刀和腰刀较多的起义，也有使用木工工具较多的起义，也有白色窄布条和缠头巾的打扮等，农民起义的形象越来越多姿多彩，幕末民众“起义的章法”变得多姿多彩的佐证正在于此。

“有何不可”

改造社会起义激化的庆应二年（1866）次年，米价因丰收而下跌，政治上则发生了从大政奉还到王政复古的大变动。这一年，日本列岛中央地区流行“有何不可”群舞，民众以神符天降为契机群起而舞，这一风潮在不同的地区也被称为神符祭或丰年舞蹈。

近年来的研究发现，“有何不可”运动发端于七月十四日山河国吉田町附近的牟吕村（今爱知县丰桥市）的神符天降，之后沿东海道、中山道向东西扩展，东到横滨通商口岸和江户城下，西至京都与大坂，但这一风潮并未就此停止脚步，此后又沿山阳道波及安艺、广岛，在南面跨海到达淡路岛、阿波、土佐、赞岐，在北面则从丹波和但马蔓延到丹后，波及日本海侧。该运动因为新政府的禁止而逐渐平息，但有的地方一直持续到次年三月。

一开始是神符天降，人们在神佛降临之家举行祭祀典礼，男女老幼连日尽情跳舞，让村吏和豪商豪农提供酒饭。伊势神宫、静冈的秋叶社等诸国神社寺庙有神符天降，甚至还有佛像天降。人们在神符降临之家祭祀，开展敬神活动时，和着“有何不可”的号子男扮女装或女扮男装，以怪异的形象跳舞。神符降临之家的金钱负担有时会达到几百两的巨额数字。

最近的研究者注意到这场运动的积极意义。例如，江户时代有以青年为中心向领主和村吏要求“游乐日”和祭礼的运动，因此19世纪地方上的“游乐日”出现了增加的趋势。而当领主和村吏试图减少“游乐日”时，青年便会反抗。从古川贞雄等地方史研究者探明的这些事实来看，这是持续两天两夜或七天七夜的“游乐日”和祭祀活动，也是群舞，是实现贫苦民众愿望的积极的民众运动。有观点认为，这一运动中存在排外的国家主义，但事实真的如此吗？笔者对强调这点的观点表示怀疑。虽说其中确实存在这一个面向，但这种运动终究是扎根于民众世界中更深层的庆祝和祭祀活动。

萨道义曾在大坂难波新地的料理店目睹这一场景，留下了十分有趣的记录，读来如临其境。

在萨道义笔下，他们穿着“如火焰般燃烧的衣服”，一边跳舞一边反复叫着“有何不可”。人们沉迷于跳舞，排队打着灯笼，没有注意到萨道义一行。负责外国人警卫的别手组[1]武士粗暴地拨开人群之时也没有引起争执。萨道义等人到达料理店“TOKAKU”时发现那里已经被群舞的人占领，这时刚好

1 别手组，幕府设置的护卫外国公使的组织。

有一群狂舞的青年和孩子“抬着轿子摇摇晃晃地走进来，里头放着一个身着华丽服饰的人偶”。料理店的客人也全都拥到包间的门槛处，与他们一起狂舞一阵之后，这群人又不见踪影。(《明治维新亲历记》)

萨道义和英国外交官米特福德都遇到过几次这种群舞，但完全没有受到惊扰。那是民众发起、为自身请命的“社会改造”的大庆典。大坂民众跳着舞走进富民的家和店铺，精力充沛，陶醉其中，看上去十分快乐。在这个时候若对外国人表示敌意或中断庆典，反而是渎神。民众运动在此也展开了其多姿多彩的丰富面向。

优昙婆罗花

嘉永六年（1853）有两万五千余人参加的南部藩三闭伊起义领导者之一、来自闭伊郡大槌通栗林村（今岩手县釜石市栗林町）的三浦命助在安政四年（1857）被捕入狱，未经调查即被弃置不顾，在七年后四十五岁时死于狱中。安丸良夫和深谷克己等学者研究了三浦命助的思想和行动。

起义群众写给三浦命助等领导者和总代“四十五人众”的契约书还留存于世，其中记有：“为滨南部三闭伊通各村舍弃身命之事难料，如若发生上述不幸，由村方每年收取年金十两，持续十年，作为其子孙的养育费，交予其人。”这是起义群众写给领导者和总代的“委托书”，约定若是入狱便保证他们“子孙的养育费”。

另一方面，三浦命助从狱中给妻子和三儿三女写了数册《狱中记》，主题是江户时代后半期民众的愿望，即家庭的“富贵繁昌”。

三浦命助是低级村吏（老名役），也是大槌、釜石等地买卖海产品和内地农产品的在乡商人，正好迎上东北地区19世纪经济“日趋成熟”的潮头。

他反复对家人说：“人劳动赚得的钱，可以用在很多事情上，如今应该努力劳动，赚到不比别人少的钱。毫无疑问，在这世间，无论转世到哪里都离不开辛苦赚钱。还是要诚惶诚恐地劳动。”通过不逊色于别人的“劳动”来致富，这种想法对于近代社会形成时期的独立小生产者而言十分自然。三浦还说：“人与田地相比，人是三千年开一次的优昙婆罗花，田地则如同石川（河滩）。”优昙婆罗花是虚构的印度植物，据说三千年开一次花。由此，三浦留下了“以人为本”的宝贵思想。

他还说：“没有国守之惠泽，诸事难成。离开这一欲壑，前往松前吧。”这清楚表明了对“国守”，即南部藩主的不信任，劝说家人迁往松前。

三浦命助作为下级村吏和在乡商人，在三十四岁的盛年成为起义领导者。作为支撑一个三儿三女的家庭的顶梁柱，他接过了成为起义领导者的危险使命，这是当时的起义领导者——郡内暴动的兵助、加茂起义的辰藏等——身上普遍可以见到的情况。他们为了“金钱”（商品经济）“努力劳动”，一边衷心期望一家的“富贵繁昌”，一边参与策划起义，最后死于狱中。

三浦命助所说“人是三千年开一次的优昙婆罗花”这句话，可以作为19世纪中期江户时代民众的人权思想象征，因此笔者想在本书的末尾加以介绍。

附 录

年表

公历	年号	天皇	将军	日本	世界
1763	宝历十三年	后樱町	家治	长州藩设置越荷方。	朝鲜儒学者李瀷（82）去世。
1783	天明三年			发生天明大饥荒。	
1785	天明五年	光格		林子平绘制《虾夷国全图》。	阿克莱特发明水力织机。
1786	天明六年		家齐	八月，幕府罢免老中田沼意次。	
				九月，第十代将军德川家治（50）去世。家齐就任将军。	
1787	天明七年			七月，老中松平定信开始宽政改革。	
1788	天明八年			三月，幕府任命松平定信为将军辅佐。	
1789	宽政元年			五月，发生国后目梨之战。	法国大革命开始，颁布《人权宣言》。
1792	宽政四年			五月，林子平被命令蛰居，《海国兵谈》和《三国通览图说》绝版。	
				九月，俄国使节拉克斯曼在大黑屋光太夫等的陪同下来到根室。	
				十一月，朝廷因为幕府反对而收回授予尊号成命（尊号事件）。	
1793	宽政五年			二月，伊豫国吉田藩发生全藩武装起义（武左卫门起义）。	

续表

公历	年号	天皇	将军	日本	世界
				六月，拉克斯曼来到箱馆，从松平定信处获得进入长崎的许可。 七月，松平定信辞去老中（大御所时代开始）。	
1796	宽政八年			八月，英国人布劳顿为测量日本沿岸和滨海州而来到室兰。	
1797	宽政九年			七月，布劳顿再次来到室兰。 十一月，俄罗斯人登上择捉岛。	
1798	宽政十年			七月，近藤重藏等人在虾夷地探险，在择捉岛立起“大日本惠登吕府”的木柱。	
1799	宽政十一年			一月，东虾夷地成为幕府的临时直辖地。	俄美公司设立。
1800	宽政十二年			闰四月，伊能忠敬前往虾夷地测量。	朝鲜正祖去世，势道政治开始（西学被压制）。
1802	享和二年			二月，设置虾夷奉行。 五月，虾夷奉行改称箱馆奉行。 七月，幕府将东虾夷地设为永久直辖。	
1804	文化元年			六月，幕府决定在对马迎接朝鲜通信使。 九月，俄国使节列扎诺夫护送漂流民来到长崎要求通商。 十月，华冈青洲实施全身麻醉的乳腺癌手术。	拿破仑加冕法国皇帝。
1805	文化二年			三月，幕府向列扎诺夫传达拒绝通商的决定。	

续表

公历	年号	天皇	将军	日本	世界
1806	文化三年			一月，幕府指派俄国船只事务官。	
				九月，俄国人赫沃斯托夫攻打桦太岛。	
1807	文化四年			三月，幕府将西虾夷地设为直辖。	
				四月，赫沃斯托夫攻打桦太岛。	
				五月，幕府命令南部津轻藩增兵，命令秋田与庄内藩出兵。	
				十月，幕府废除箱馆奉行，新设松前奉行。	
1808	文化五年			一月，仙台和会津藩受命负责东西虾夷地的警卫。	
				四月，松田传十郎、间宫林藏为探索桦太，从宗谷出发，到达间宫海峡入口。	
				八月，英国船费顿号入侵长崎，要求补给燃料和淡水。长崎奉行松平康英切腹自杀。	
1809	文化六年			七月，间宫林藏确认桦太是一个岛，到达德楞。	
1811	文化八年			五月，幕府在对马迎接朝鲜通信使（这是通信使最后一次来日本）。	朝鲜发生洪景来兵乱。
				六月，俄国人戈洛夫宁等八人在国后岛被捕。	
1812	文化九年			八月，高田屋嘉兵卫在国后岛被俄国人里科尔德逮捕。	拿破仑远征俄国。
1813	文化十年			五月，里科尔德在国后岛通过高田屋嘉兵卫开始交涉释放戈洛夫宁事宜。	

续表

公历	年号	天皇	将军	日本	世界
				九月，幕府将戈洛夫宁交给里科尔德。	
1814	文化十一年			十月，幕府撤去箱馆、松前以外的虾夷地守备兵。	维也纳会议召开（至1815），维也纳体系确立。
1816	文化十三年				戈洛夫宁发表《日本幽囚记》。
1818	文政元年	仁孝		四月，伊能忠敬（74）去世。文政货币改铸开始。	朝鲜学者丁若镛写作《牧民心书》。
1821	文政四年			四月，伊能忠敬的《大日本沿海舆地全图》完稿。	
				十月，发生川越藩前桥领分门诉起义。	
				十二月，幕府将东西虾夷地归还松前藩。	
1822	文政五年			闰一月，因川越藩前桥领分门诉起义，东善养寺村林八右卫门被判终身监禁。	
				四月，英国捕鲸船进入浦贺港，要求补给燃料和淡水。	
1823	文政六年			五月，摄津、河内两国一千零七个村庄发起与棉花有关的国诉。纪州藩发生小渊骚动。	
				七月，西博尔德到任长崎。	
1824	文政七年			五月，英国捕鲸船在常陆国大津滨登陆，要求补给燃料和淡水。	
1825	文政八年			二月，幕府发布针对外国船只的“无二念驱逐令”。	

续表

公历	年号	天皇	将军	日本	世界
1826	文政九年			三月，西博尔德随行前往江户参府。 四月，幕府天文方高桥景保拜访西博尔德，约定以《大日本沿海舆地全图》等交换外国书籍。 该年，因门诉起义被判终身监禁的东善养寺村八右卫门写作《劝农教训录》三卷。	
1827	文政十年			萨摩藩的调所广乡着手进行藩政改革。	
1828	文政十一年			八月，计划回国的西博尔德的行李中被发现许多违禁品。 十月，高桥景保因为将违禁品送给西博尔德而被连坐。 十二月，幕府将西博尔德幽闭于出岛，高桥景保等三十八人入狱（西博尔德事件）。	
1829	文政十二年			二月，高桥景保（45）死于狱中。 九月，幕府命令西博尔德回国并禁止其再次入境。 十二月，西博尔德离开日本。 该年，纪州藩设置物产会所。	
1830	天保元年			八月，因门诉起义被判终身监禁的八右卫门（64）死于狱中。 该年，萨摩藩开始进行三岛黑糖总购。	法国爆发七月革命。

续表

公历	年号	天皇	将军	日本	世界
1831	天保二年			七月，长州藩天保二年大起义爆发。	
				十一月，长州藩起义被镇压。	
1833	天保四年			九月，播磨国发生播州起义。	
				该年，天保大饥荒开始（至1839）。全国爆发百姓起义和捣毁运动。	
1834	天保五年			三月，水野忠邦就任老中。	
1835	天保六年			十月，华冈青洲（76）去世。	
1836	天保七年			八月，发生甲斐国郡内起义（郡内骚动）。	
				九月，爆发三河国加茂起义。	
				该年，东北地方饥荒严重，死者达十万。	
1837	天保八年		家庆	二月，原大坂町奉行与力大盐平八郎在大坂发动起义（大盐平八郎起义）。	英国维多利亚女王即位。
				四月，德川家庆就任第十二代将军。	
				六月，美国船莫里森号停泊在浦贺，遭浦贺奉行炮击。	
				七月，莫里森号停泊在山川港，遭萨摩藩炮击。	
				该年，郡内骚动的领导者犬目宿兵助逃走，在四国等地巡礼，写作逃走记《兵助日记》。	
1838	天保九年			长州藩的村田清风着手藩政改革。	

续表

公历	年号	天皇	将军	日本	世界
1839	天保十年			五月，幕府逮捕田原藩家老渡边华山、江户町医高野长英等（蛮社之狱）。 十二月，水野忠邦成为老中首座。	穿鼻海战发生。朝鲜的天主教徒遭受己亥迫害。
1840	天保十一年			七月，荷兰船传来鸦片战争的消息。 九月，长崎町年寄高岛秋帆建议幕府引入西洋炮术。 十一月，庄内藩发生反对三方领地交换的起义。	
1841	天保十二年			闰一月，德川家齐（69）去世。 五月，水野忠邦开始天保改革。高岛秋帆在武藏国德丸之原演习西洋炮术。 六月，中滨万次郎在漂流中被美国船救起。 七月，幕府撤回三方领地交换令。 十月，渡边华山（49）自杀。 十二月，幕府发布节俭令。江户南町奉行矢部定谦被罢免，目付鸟居耀藏继任。幕府命令将歌舞伎戏剧的江户三座迁往浅草猿若町，禁止问屋仲间（株仲间禁止令），命令鸟居耀藏和幕臣江川英龙巡视江户湾沿岸。	
1842	天保十三年			二月，幕府将寄席（曲艺场）限定为十五栋。 三月，禁止问屋（批发商）的称号。	清政府与英国签订《南京条约》。魏源著《海国图志》。

续表

公历	年号	天皇	将军	日本	世界
				五月，宣布降低物价令。	
				六月，宣布取缔出版。柳亭种彦、为永春水的著作和书版被没收并烧毁。	
				七月，发布天保薪水给与令。	
				八月，命令忍与川越两藩戒备江户湾一带。	
				十月，近江国三上山发生起义。幕府宣布禁止各藩处置物产。	
1843	天保十四年			三月，幕府宣布返乡法。	
				四月，家庆参拜日光社。	
				六月，鸟居耀藏等人受命开展印幡沼沟渠工程。幕府发布上知令。	
				七月，幕府向大坂、兵库、西宫的商人课税。	
				闰九月，上知令被撤回。水野中邦被罢免老中职务，阿部正弘成为老中。	
1844	弘化元年			三月，法国船只来到琉球，要求通商。	
				六月，印幡沼沟渠工程被终止。	
				七月，荷兰国王威廉二世劝说幕府开国的国书抵达日本。	
1845	弘化二年			三月，美国捕鲸船带着漂流民来到浦贺，幕府接收。	上海设立英租界。

续表

公历	年号	天皇	将军	日本	世界
				五月，英国船只来到琉球，要求通商。 六月，幕府谢绝荷兰开国的劝说。	
1846	弘化三年	孝明		四月，英法船只来到琉球，要求通商。 闰五月，美国东印度舰队司令詹姆斯·比德尔来到浦贺要求建立外交关系。	美墨战争开始（至 1848）。
1847	弘化四年			八月，幕府宣布在大坂与朝鲜通信使交涉。 十一月，陆奥国南部藩三闭伊发生起义（弘化三闭伊起义）。 该年，天花流行。	
1848	嘉永元年			十二月，萨摩藩的调所广乡（73）因承担走私贸易的责任而自杀。	美国加利福尼亚发现金矿（淘金热）。美国从墨西哥获取加利福尼亚等领土。法国爆发二月革命。
1850	嘉永三年			六月，荷兰船来航长崎，通报美英两国的通商意向。 十月，肥前藩着手建造反射炉。高野长英（47）自杀。	
1851	嘉永四年			一月，美国船只护送中滨万次郎来到琉球。 八月，萨摩藩主岛津齐彬在鹿儿岛海边设立冶炼厂。	太平天国起义开始（至 1864）。 伦敦举办世界博览会。

续表

公历	年号	天皇	将军	日本	世界
1852	嘉永五年			六月，荷兰商馆馆长通告美国来航计划。 十月，幕府推迟朝鲜通信使来访。	西博尔德的《日本》出版，间宫林藏等人绘制的桦太地图公之于世。法兰西第二帝国开始，拿破仑三世即位。
1853	嘉永六年		家定	五月，陆奥国南部藩发生三闭伊起义。 六月，美国佩里提督来到浦贺要求开国，递交总统国书。第十二代将军家庆（61）去世。 七月，幕府任命德川齐昭为海防参与。俄国使节普提雅廷来到长崎。 八月，俄国在桦太岛的久春古丹建造兵营。 十二月，普提雅廷再度来到长崎。 该年，长州藩启用周布政之助。	土耳其向俄国宣战。太平天国军队占领南京。克里米亚战争开始（至1856）。
1854	安政元年			一月，佩里再度来到神奈川海面。 三月，《日美亲善条约》签订，开放下田、箱馆两个港口为通商口岸。 闰七月，英法联合舰队攻击堪察加半岛的彼得罗巴甫洛夫斯克要塞，被俄军击退。英国东印度舰队司令斯特林进入长崎，向俄国通报开战，要求迎战。	英法联合向俄国宣战，参加克里米亚战争。

续表

公历	年号	天皇	将军	日本	世界
				八月，幕府签订《日英亲善条约》。 十一月，东海大地震发生，大海啸导致俄国舰队大败。 十二月，幕府签订《日俄和亲通好条约》。	
1855	安政二年			二月，幕府再度将虾夷地设为直辖。 三月，法国舰队来到下田，幕府提议订约。 六月，摄津、河内一千二百六十三个村庄的百姓发起关于油菜、油、油糟的国诉。 七月，幕府在长崎设立海军传习所。 十月，江户大地震。堀田正睦成为老中首座。 十二月，幕府签订《日兰亲善条约》。 该年，英法舰队频繁进入箱馆。长州藩坪井派重新掌握藩政。	巴拿马运河铁路开通。
1856	安政三年			六月，备前国发生涩染起义。 七月，美国总领事哈里斯到来。 八月，鹰司政通辞去关白一职，九条尚忠就任关白。鹰司政通破例就任太阁。 该年，长州藩开始物产交易。	《巴黎条约》签订。克里米亚战争结束。第二次鸦片战争开始（至 1860）。
1857	安政四年			五月，幕府与哈里斯签订《下关条约》九条。	印度民族大起义发生，莫卧儿帝国灭亡。俄国设立滨海州。

续表

公历	年号	天皇	将军	日本	世界
				六月，阿部正弘（39）去世。 七月，陆奥匡三闭伊起义的领导者三浦命助在南部藩被捕。 十月，哈里斯面见将军，向幕府陈述交易的必要性。 十二月，日美开始就通商条约开展谈判。	
1858	安政五年		家茂	一月，堀田正睦为了通商条约获得批准前往京都。 三月，平公家八十八人列参，朝廷不同意签订条约。 四月，井伊直弼就任大老。 五月，长州藩确定“藩是三大纲”。 六月，幕府签订《日美友好通商条约》。一条庆喜、德川齐昭实行“不时登城”，议论不可签订条约。德川庆福（家茂）被确定为下任将军。 七月，第十三代将军家定（35）去世。幕府签订日兰、日俄、日英友好通商条约。岛津齐彬（50）去世。 八月，天皇颁布戊午密诏。 九月，幕府签订《日法友好通商条约》。小滨藩士梅田云滨等被捕入狱（安政大狱开始）。 十一月，西乡隆盛与僧人月照投水自杀，前者获救。 该年，霍乱流行。	清朝与列国签订《天津条约》。英国直接统治印度。《瑷珲条约》签订，俄国获得阿穆尔河以北领土，设立阿穆尔河沿岸总督区。

续表

公历	年号	天皇	将军	日本	世界
1859	安政六年			四月，幕府处罚太阁鹰司政通、左大臣近卫忠熙、右大臣鹰司辅熙、前内大臣三条实万等人。 五月，幕府批准与俄国、英国、法国、荷兰、美国的贸易。英国驻日总领事阿尔科克到任。 八月，幕府处罚德川齐昭、一条庆喜等人。 十月，幕府处死越前藩士桥本左内（26）。 十二月，信浓国伊那郡发生南山骚动。 该年，大藏永常写成《广益国产考》。三闭伊起义领导者三浦命助开始写作《狱中记》（至 1861）。	
1860	万延元年			三月，井伊直弼（46）在江户城樱田门外被杀害（樱田门外之变）。 闰三月，幕府发布“五品经由江户令”。 八月，朝廷向幕府内部通报批准和宫下嫁。	英法联军进入北京。清政府与英国、法国、俄国签订《北京条约》。朝鲜的崔济愚创始东学。
1861	文久元年			二月，俄国波萨得尼柯号在对马停泊，建造设施。 四月，幕府在上海开展贸易。 五月，长州藩长井雅乐向朝廷陈述航海远略策。高轮东禅寺的英国公使馆被浪士袭击。 八月，俄国军舰从对马撤退。 十月，和宫前往江户。	美国南北战争开始（至 1865）。

续表

公历	年号	天皇	将军	日本	世界
1862	文久二年			一月，老中安藤信正在江户城坂下门外遇袭负伤（坂下门外之变）。 二月，和宫与将军家茂结婚。 四月，萨摩藩岛津久光到达京都，在寺田屋镇压尊攘派志士（寺田屋事件）。 六月，岛津久光在敕使大原重德等的陪同下到达江户。近卫忠熙就任关白。 七月，幕府任命一桥庆喜为将军辅佐，任命前越前藩主松平庆永为政事总裁（文久改革开始）。 八月，朝廷命令岩仓具视辞官落饰。在东海道生麦村，岛津久光的随从杀害英国人（生麦事件）。长州藩将藩政纲领转为尊王攘夷。 闰八月，幕府任命会津藩主松平容保为京都守护职务。 九月，留学荷兰的西周等出发。 十一月，朝廷将敕使三条实美、姊小路公知等派往江户，传达实行攘夷的圣旨。 十二月，朝廷设置国事御用挂。高杉晋作等长州藩士火攻英国公使馆。	越南将南部三省割让给法国（《第一次西贡条约》）。朝鲜各地发生农民起义（壬戌农民起义）。

续表

公历	年号	天皇	将军	日本	世界
1863	文久三年			一月，近卫忠熙辞去关白一职，鹰司辅熙接任。 二月，朝廷设置国事参政、国事寄人职位。 三月，家茂到达京都。 四月，幕府向朝廷表示攘夷期限为五月十日。 五月，长州藩炮击经过下关的美国商船。 六月，高杉晋作组成奇兵队。 七月，英国舰队攻击鹿儿岛（萨英战争）。 八月，朝廷宣布进行大和行幸。发生天诛组之变。朝廷宣布停止大和行幸。长州藩等的尊攘派志士、朝臣被赶出京都（八月十八日政变）。 十月，发生生野之变。 十二月，鹰司辅熙辞去关白一职，二条齐敬接任。	美国发布《解放奴隶宣言》。 在朝鲜，大院君开始执政。 法国将柬埔寨作为保护国。
1864	元治元年			一月，朝廷任命一桥庆喜、松平容保、松平庆永、岛津久光、前土佐藩主山内丰信、前宇和岛藩主伊达宗城为参予（参予会议开始）。 三月，参予会议实质上瓦解。三闭伊起义领导者三浦命助（45）在狱中死去。法国公使罗什到任。	太平天国的天京陷落。

续表

公历	年号	天皇	将军	日本	世界
				五月，幕府在神户设立海军操练所，负责人为胜海舟。摄津、河内两国一千二百六十二个村庄的村民发起关于油菜的国诉。 六月，新选组在京都池田屋袭击尊攘派。 七月，长州藩在京都举兵，败于萨摩藩、会津藩（禁门之变、蛤御门之变）。幕府命令征讨长州（第一次长州征讨开始）。 八月，英法荷美四国联合舰队炮击下关。长州藩三田尻发生捣毁起义。 九月，周布政之助（42）自杀。 十月，长州藩奇兵队等被命令解散。 十一月，长州藩向幕府表达恭顺之意。 十二月，高杉晋作等在下关举兵，以图再次转变藩论。	
1865	庆应元年			二月，高杉晋作等人夺回长州藩实权。 四月，幕府宣布再次征讨长州。 五月，将军家茂为征讨长州到达京都。 闰五月，英国公使巴夏礼到任。 七月，长州藩通过萨摩藩斡旋在长崎购入步枪。	美国南北战争结束，废除奴隶制。

续表

公历	年号	天皇	将军	日本	世界
				九月，四国公使率军舰来到兵库海面，要求兵库开港、批准条约。 十月，朝廷以兵库不开港为前提批准条约。	
1866	庆应二年		庆喜	一月，萨长结成同盟。 二月，长州藩奥阿武郡弥富村爆发百姓起义。 四月，发生长州藩第二奇兵队脱队事件。 五月，幕府与英法荷美签订改税条约。 六月，幕长战争开始（第二次征长讨伐）。江户和大坂发生大规模捣毁运动。 七月，第十四代将军家茂（21）去世。小仓城陷落。二十二名朝臣要求赦免被处罢免或幽闭的朝臣而举行列参。 九月，幕府解散征长军。 十一月，长州藩大岛郡远崎村发生百姓起义。 十二月，一桥庆喜就任将军（庆应幕政改革开始）。孝明天皇（36）去世。 该年，全国发生多起捣毁起义（改造社会起义）。	朝鲜击退美国船和法国船（丙寅洋扰），天主教受到大镇压（丙寅迫害）。
1867	庆应三年	（明治）		一月，祐宫（明治天皇）继位。二条齐敬成为摄政。朝廷赦免岩仓具视。	法国开始侵略交趾支那西部。

续表

公历	年号	天皇	将军	日本	世界
				二月，郡内骚动中逃走的领导人犬目宿兵卫（71）在犬目村去世。 三月，将军庆喜会见英国、法国、荷兰的代表，表明兵库开港。 四月，高杉晋作（29）去世。 五月，岛津久光、松平庆永、伊达宗城、山内丰信上京，与庆喜商议兵库开港敕命与长州藩的处分问题。朝廷同意兵库开港。 六月，萨长约定讨幕。萨土结成同盟。 七月，“有何不可”运动发端于三河国牟吕村，于次月扩散至东海道、江户、近畿、山阳道、四国。 九月，萨长艺三藩约定举兵讨幕。 十月，山内丰信建议庆喜实行大政奉还，得到同意。庆喜提出辞去将军职位。讨幕密诏发布。 十一月，坂本龙马（33）与中冈慎太郎（30）被暗杀。萨摩藩兵到达京都，长州藩兵到达西宫。 十二月，兵库开港。岩仓具视等人发布王政复古大号令，废除摄政、关白、将军等官职，设置三职。同日，召开小御所会议。	

参考文献

（为方便读者检索，本书对原书参考文献各条目均予保留，作者名、书名、论文名、刊物名及出版社名等均按原文照录。）

序章

秋月俊幸『日本北辺の探検と地図の歴史』（北海道大学図書刊行会、一九九九年）

秋月俊幸『日露関係とサハリン島—幕末明治初年の領土問題—』（筑摩書房、一九九四年）

上村英明『北の海の交易者たち』（同文舘出版、一九九〇年）

海保嶺夫『幕藩制国家と北海道』（三一書房、一九七八年）

海保嶺夫『近世の北海道』（教育社歴史新書、一九九九年）

中西聡『近世·近代日本の市場構造—「松前鯡」肥料取引の研究—』（東京大学出版会、一九九八年）

萱野茂『アイヌの碑』（朝日新聞社、一九八〇年）

根室シンポジウム実行委員会編『三十七本のイナウ　寛政アイヌの蜂起二百年』（北海道出版企画センター、一九九〇年）

萱野茂·田中宏編『アイヌ民族ドン叛乱　二風谷ダム裁判の記録』（三省堂、一九九九年）

榎森進『日本民衆の歴史·地域編8　アイヌの歴史』（三省堂、一九八七年）

北海道·東北史研究会編『場所請負制とアイヌ—近世蝦夷地史の構築をめざして—』（北海道出版企画センター、一九九八年）

小林真人「場所請負制下の余市アイヌの生活と社会」『北海道開拓記念館研究報告』一三（一九九三年）

田島佳也「場所請負制後期のアイヌの漁業とその特質」田中健夫編『前近代の日本と東アジア』（吉川弘文館、一九九五年）

佐藤宥紹「『自分稼』について」『釧路市立郷土博物館紀要』五（一九七八年）

岩崎奈緒子「蝦夷地場所請負制研究の新たな展開のために」前掲『場所請負制とアイヌ』（一九九八年）

小林真人「余市アイヌのイケシュイ」『道史協支部交流会報　北の青嵐』三九（一九九六年）

田端宏「幕末期の松前·蝦夷地」田端他編『北海道の歴史』（山川出版社、二〇〇〇年）

麓慎一「蝦夷地第二次直轄期のアイヌ政策」『北大史学』三八号（一九九八年）、『幕末維新論集2　開国』（吉川弘文館、二〇〇一年）に再録

砂沢クラ『ク　スクップ　オルシペ　私の一代の話』（北海道新聞社、一九八三年）

花崎皋平『静かな大地　松浦武四郎とアイヌ民族』（岩波書店、一九八八年）

テッサ·モーリス＝鈴木、大川正彦訳『辺境から眺める』（みすず書房、二〇〇〇年）

原直史「北前船と北国·大坂魚肥市場」『北前船と日本海の時代』（日本福祉大学知多半島総合研究所、一九九七年）

西山克典「寛政アイヌの蜂起と『少数民族』問題によせて」前掲『三十七本のイナウ』(一九九〇年)
榎森進『アイヌ民族の歴史』(草風館、二〇〇七年)
菊池勇夫編『日本の時代史19　蝦夷島と北方世界』(吉川弘文館、二〇〇三年)

第一章

速水融·鬼頭宏「庶民の歴史民勢学」新保博·斎藤修編『日本経済史2　近代成長の胎動』(岩波書店、一九八九年)
大口勇次郎「寛政—文化期の幕府財政—」尾藤正英先生還暦記念会編『日本近世史論叢』下巻(吉川弘文館、一九八四年)
古島敏雄「幕府財政収入の動向と農民収奪の画期」『日本経済史大系4·近世下』(東京大学出版会、一九六五年)
大口勇次郎「天保期の幕府財政」『お茶の水女子大学人文科学紀要』二二(一九六九年)
大野瑞男『江戸幕府財政史論』(吉川弘文館、一九九六年)
武部善人『綿と木綿の歴史』(御茶の水書房、新装版、一九九七年)
E·J·ホブズボーム·浜林正夫他訳『産業と帝国』(未来社、新装版、一九九六年)
山崎隆三『地主制成立期の農業構造』(青木書店、一九六一年)
鶴岡実枝子「近世近江地方の魚肥流入事情」『史料館研究紀要』三号(一九七〇年)
中村哲『日本初期資本主義史論』(ミネルヴァ書房、一九九一年)
塩沢君夫·川浦康次『寄生地主制論』(御茶の水書房、一九五七年)
中村哲『明治維新の基礎構造—日本資本主義形成の起点—』(未来社、

一九六八年)
谷本雅之『日本における在来的経済発展と織物業—市場形成と家族経済—』(名古屋大学出版会、一九九八年)
本城正徳『幕藩制社会の展開と米穀市場』(大阪大学出版会、一九九四年)
林玲子「天保期における新興江戸問屋」北島正元編著『幕藩制国家解体過程の研究』(吉川弘文館、一九七八年)
近江商人郷土館丁吟史研究会編『変革期の商人資本』(吉川弘文館、一九八四年)
林玲子『日本の近世5　商人の活動』(中央公論社、一九九二年)
井上勝生「幕藩制解体過程と全国市場」『歴史学研究』別冊特集号(一九七五年)、同『幕末維新政治史の研究』(塙書房、一九九四年)に収録
原直史『日本近世の地域と流通』(山川出版社、一九九六年)
新保博·斎藤修編『日本経済史2　近代成長の胎動』(岩波書店、一九八九年)
石井寛治『日本経済史(第二版)』(東京大学出版会、一九九一年)
石井寛治·原朗·武田晴人編『日本経済史1　幕末維新期』(東京大学出版会、二〇〇〇年)
菊池勇夫『近世の飢饉』(日本歴史叢書、吉川弘文館、一九九七年)
小山幸伸『幕末維新期長崎の市場構造』(御茶の水書房、二〇〇六年)

第二章

津田秀夫『近世民衆運動の研究』(三省堂、一九七九年)
藪田貫『国訴と百姓一揆の研究』(校倉書房、一九九二年)
熊谷光子「畿内·近国の旗本知行所と在地代官」『日本史研究』四二八号(一九九八年)

岩城卓二「御用宿」『シリーズ近世の身分的周縁5　支配をささえる人々』（吉川弘文館、二〇〇〇年）
谷山正道『近世民衆運動の展開』（高科書店、一九九四年）
オットー・ヒンツェ、成瀬治訳『身分制議会の起源と発展』（創文社、一九七五年）
斎藤洋一「武州世直し一揆のいでたちと得物」『学習院大学史料館紀要』創刊号（一九八三年）
保坂智「百姓一揆の作法―その成立と変質―」『民衆運動史1　一揆と周縁』（青木書店、二〇〇〇年）
青木虹二・保坂智編『編年百姓一揆史料集成』一～一九（三一書房、一九七九～一九九七年）
国立歴史民俗博物館編『地鳴り　山鳴り―民衆のたたかい三〇〇年―』（解説・久留島浩）（同博物館、二〇〇〇年）
岩淵令治「公事宿―駕籠訴の仕掛け人―」（同前、所収）
保坂智「百姓一揆―その虚像と実像―」『日本の近世10　近代への胎動』（中央公論社、一九九三年）
乾宏巳・井上勝生「長州藩と水戸藩」『岩波講座　日本歴史12　近世四』（岩波書店、一九七六年）
深谷克己『八右衛門・兵助・伴助』朝日評伝選20（朝日新聞社、一九七八年）
安丸良夫「民衆運動の思想」『日本思想体系58　民衆運動の思想』（岩波書店、一九七〇年）
歴史教育者協議会編・斎藤純監修『図説　日本の百姓一揆』（民衆社、一九九九年）
鶴園裕「朝鮮王朝後期の反乱」『民衆運動史5』（青木書店、二〇〇〇年）
趙景達「開国前夜における朝鮮の民乱」（同前、所収）

趙景達「李朝末期の民乱」『朝鮮史研究会論文集』三三（一九九五年）
姜萬吉『韓国近代史』（高麗書林、一九八六年）
金洋植『近代韓国의社会変動과農民戦争』（新書院·ソウル、一九九六年）
朴廣成「高宗朝의民乱研究」『伝統時代의民衆運動』下（풀빛·ソウル、一九八一年）
原田伴彦『被差別部落の歴史』朝日選書 34（一九七五年）
部落解放研究所編『近世部落の史的研究』上·下（解放出版社、一九七九年）
布引敏雄『長州藩部落解放史研究』（三一書房、一九八〇年）
斎藤洋一「『えた』身分と一揆」『民衆運動史 1』（青木書店、二〇〇〇年）
部落問題研究所編『部落の歴史』西日本編·近畿編·東日本編（部落問題研究所、一九八三年）
部落問題研究所編『部落の歴史と解放運動』前近代編（部落問題研究所、一九八五年）
部落解放研究所編『部落解放史』上巻（部落解放研究所、一九九〇年）
高橋敏『近世村落生活文化史序説—上野国原之郷村の研究—』（未来社、一九九〇年）
平川新『紛争と世論—近世民衆の政治参加—』（東京大学出版会、一九九六年）
久留島浩『近世幕領の行政と組合村』（東京大学出版会、二〇〇二年）
保坂智『百姓一揆とその作法』（吉川弘文館、歴史文化ライブラリー 137、二〇〇二年）
渡部尚志編『幕末維新期萩藩村落社会の変動』（岩田書院、二〇〇二年）
須田努『「悪党」の一九世紀』（青木書店、二〇〇二年）
青木美智男『近世非領国地域の民衆運動と郡中議定』（ゆまに書房、二〇〇

四年）
深谷克己監修・斎藤純・保坂智『百姓一揆事典』（民衆社、二〇〇四年）
渡部尚志『百姓の力—江戸時代から見える日本』（柏書房、二〇〇八年）
高橋敏『江戸の教育力』（ちくま新書、二〇〇七年）
趙景達『朝鮮民衆運動の展開—士の論理と救済思想』（岩波書店、二〇〇二年）

第三章

津田秀夫『日本の歴史 22　天保改革』（小学館、一九七五年）
青木美智男『大系日本の歴史 11　近代の予兆』（小学館、一九八九年）
ファインベルク、小川政邦訳『ロシアと日本　その交流の歴史』（新時代社、一九七三年）
藤田覚『近世政治史と天皇』（吉川弘文館、一九九九年）
菊池勇夫『エトロフ島　つくられた国境』（吉川弘文館、一九九九年）
西村三郎『文明のなかの博物学—西欧と日本—』上・下（紀伊国屋書店、一九九九年）
田崎哲郎『在村の蘭学』（名著出版、一九八五年）
青木歳幸『在村蘭学の研究』（思文閣出版、一九九八年）
青木歳幸「科学的思考の発達と蘭学」『日本の近世 13　儒学・国学・洋学』（中央公論社、一九九三年）
岸武雄『幕末の科学者　飯沼慾斎』（小峰書店、一九八五年）
佐藤昌介『洋学史研究序説—洋学と封建権力—』（岩波書店、一九六四年）
藤田覚『幕藩制国家の政治史的研究—天保期の秩序・軍事・外交』（校倉書房、一九八七年）
陳舜臣『実録アヘン戦争』（中公新書、一九七一年）

上原兼善『鎖国と藩貿易』（八重岳書房、一九八一年）
長野暹『佐賀藩と反射炉』（新日本新書、二〇〇〇年）
木原溥幸『幕末期佐賀藩の藩政史研究』（九州大学出版会、一九九七年）
田中彰『幕末の藩政改革』（塙書房、一九六五年）
田中誠二『近世の検地と年貢』（塙書房、一九九六年）
孫承喆、山里澄江·梅村雅英訳『近世の朝鮮と日本—交隣関係の虚と実—』（明石書店、一九九八年）
池内敏「朝鮮信使大坂易地聘礼計画をめぐって」『日本史研究』三三六号（一九九〇年）、『幕末維新論集2　開国』（吉川弘文館、二〇〇一年）に再録
河宇鳳、井上厚史訳『朝鮮実学者の見た近世日本』（ぺりかん社、二〇〇一年）
池内敏『近世日本と朝鮮漂流民』（臨川書店、一九九八年）
鳥取県立博物館編『鳥取に流れ着いた朝鮮人—文政二年伯耆国赤崎沖漂流一件史料集—』（鳥取県立博物館、一九九八年）
池内敏『大君外交と「武威」—近世日本の国際秩序と朝鮮観—』（名古屋大学出版会、二〇〇六年）
姜徳相編著『錦絵の中の朝鮮と中国—幕末·明治の日本人のまなざし—』（岩波書店、二〇〇七年）
藤田覚『近世後期政治史と対外関係』（東京大学出版会、二〇〇五年）

第四章

石井孝『日本開国史』（吉川弘文館、一九七二年）
横浜市編『横浜市史　第二巻』（有隣堂、一九五九年）
加藤祐三『黒船前後の世界』（岩波書店、一九八五年）

平尾信子『黒船前夜の出会い—捕鯨船長クーパーの来航—』（NHKブックス、一九九四年）
山口啓二『日本歴史叢書　鎖国と開国』（岩波書店、一九九三年）
渡辺京二『逝きし世の面影　日本近代素描一』（葦書房、一九九八年）
田中彰編『日本近代思想大系1　開国』（岩波書店、一九九一年）
呂万和『東アジアのなかの日本歴史6　明治維新と中国』（六興出版、一九八八年）
山内進『掠奪の法観念史—中・近世ヨーロッパの人・戦争・法—』（東京大学出版会、一九九三年）
井上勝生「『万国公法』と幕末の国際関係」『日本の近世18』（中央公論社、一九九四年）
井上勝生「日本開国と『北方水域』」『北方史の新視座』（雄山閣、一九九四年）
井上勝生「日本開国期の『文明』と『未開』」『日本国家の史的特質　近世・近代』（思文閣出版、一九九五年）、『幕末維新論集2　開国』（吉川弘文館、二〇〇一年）に再録
青木美智男・河内八郎編『講座日本近世史7　開国』（有斐閣、一九八五年）
井上勝生『幕末・維新　シリーズ日本近現代史①』（岩波新書、二〇〇六年）
眞壁仁『徳川後期の学問と政治—昌平坂学問所儒者と幕末外交変容—』（名古屋大学出版会、二〇〇七年）

第五章

大久保利謙『岩倉具視』（中公新書、一九七三年）
高埜利彦「江戸幕府の朝廷支配」『日本史研究』三一九号（一九八九年）
高埜利彦『江戸幕府と朝廷』（山川出版社、日本史リブレット、二〇〇

一年）
藤田覚『幕末の天皇』（講談社選書メチエ、一九九四年）
尾佐竹猛『明治維新』上の二（白揚社、一九四六年）
田中彰「幕末薩長交易の研究」『史学雑誌』六九ノ三・四（一九六〇年）、同『幕末維新史の研究』（吉川弘文館、一九九六年）に収録
井上勝生「幕末長州藩と武州豪農—民族的自立の基盤について—」『日本歴史』四三三号（一九八四年）、同『幕末維新政治史の研究』（塙書房、一九九四年）に収録
沼田哲「慶応二年の武州一揆と豪農—大里郡冑山村根岸友山の場合—」『歴史公論』三の五（一九七七年）
井上勝生「幕末における御前会議と『有司』—日本絶対主義形成の特質について—」『史林』六六の五（一九八三年）、同『幕末維新政治史の研究』に収録
田中彰『明治維新政治史研究—維新変革の政治的主体の形成過程—』青木書店、一九六三年）
三宅紹宣『幕末・維新期長州藩の政治構造』（校倉書房、一九九三年）
池田敬正『坂本龍馬』（中公新書、一九六五年）
芝原拓自『明治維新の権力基盤』（御茶の水書房、一九六五年）
宮地正人『天皇制の政治史的研究』（校倉書房、一九八一年）
宮地正人『幕末維新期の社会的政治史研究』（岩波書店、一九九九年）
三谷博『明治維新とナショナリズム—幕末の外交と政治変動—』（山川出版社、一九九七年）
井上勝生「幕末政治史のなかの天皇—安政期の天皇・朝廷の浮上について—」『講座前近代の天皇』二（青木書店、一九九三年）、同『幕末維新政治史の研究』に収録

井上勝生「幕末公家の政治空間—縁家を中心に—」『公家と武家2 「家」の比較文明史的考察』（思文閣出版、一九九九年）
田中彰『長州藩と明治維新』（吉川弘文館、一九九八年）
高橋秀直『幕末維新の政治と天皇』（吉川弘文館、二〇〇七年）

第六章

石井孝『港都横浜の誕生』（有隣新書、一九七六年）
横浜開港資料館編『横浜商人とその時代』（有隣新書、一九九四年）
オールコック、山口光朔訳『大君の都　幕末日本滞在記』上·中·下（岩波文庫、一九六二年）
石井寛治『近代日本とイギリス資本—ジャーディン·マセソン商会を中心に—』（東京大学出版会、一九八四年）
石井寛治「維新変革の基礎過程—対外的契機と『編成替』—」『歴史学研究』五六〇号増刊号（一九八六年）
芝原拓自『日本近代化の世界史的位置—その方法論的研究—』（岩波書店、一九八一年）
西川武臣「『生糸売込商体制』の確立過程—吉村屋幸兵衛を中心として—」『内陸の生活と文化』（雄山閣、一九八六年）
石井孝「初期横浜貿易商人の存在形態」『横浜市立大学紀要』八五号（一九五八年）
石井寛治·関口尚志編『世界市場と幕末開港』（東京大学出版会、一九八二年）
サトウ、坂口精一訳『一外交官の見た明治維新』上·下（岩波文庫、一九六〇年）
萩原延壽『遠い崖』一〜十四（朝日新聞社、一九九八〜二〇〇一年）

玄明喆「幕末対馬藩政治史の研究」(北海道大学文学部、文学博士学位論文、一九九五年提出)

広瀬靖子「幕末における外国軍隊日本駐留の端緒」『御茶の水史学』一五号(一九七三年)、『幕末維新論集7　幕末維新と外交』(吉川弘文館、二〇〇一年)に再録

石井孝『増訂明治維新の国際的環境』(吉川弘文館、一九六六年)

高木俊輔『明治維新草莽運動史』(勁草書房、一九七四年)

鹿野政直·高木俊輔編著『維新変革における在村的諸潮流』(三一書房、一九七二年)

澤宣一·望月茂『生野義挙と其同志』復刻版(マツノ書店、二〇〇二年)

布引敏雄「長州藩天保二年一揆の一断面—エタ騒動に見る民衆の意識状況—」『長州藩部落解放史研究』(前掲)

布引敏雄「時政亀造と一新組」『長州藩部落解放史研究』(同前)

北川健「部落民軍団『維新団』の基本像」『山口県地方史研究』六五号(一九九一年)

三宅紹宣「幕長戦争における良城隊の戦闘状況」『山口県地方史研究』八六号(二〇〇一年)

井上勝生「奇兵隊は革命軍だったのか」『日本近代史の虚像と実像1』(大月書店、一九九〇年)

井上勝生「志士と民衆—長州藩諸隊と招魂場—」『岩波講座　日本通史　第一六巻　近代一』(岩波書店、一九九四年)

H·ノーマン、大窪愿二訳『ハーバート·ノーマン全集』第四巻(岩波書店、一九七八年)

国広哲也編『長州藩第二奇兵隊脱隊暴動史料集』(光市立図書館内、光地方史研究会、一九七七年)

井上勝生「幕末における民衆支配思想の特質―日本的マキャベリズムについて―」『歴史学研究』五〇二号（一九八二年）、同『幕末維新政治史の研究』（塙書房、一九九四年）に収録
柴田三千雄・柴田朝子「幕末におけるフランスの対日政策―『フランス輸出入会社』の設立計画をめぐって―」『史学雑誌』七六ノ八（一九六七年）
高村直助「維新前後の『外圧』をめぐる一、二の問題」『（東京大学）社会科学研究』三九―四号（一九八七年）、『幕末維新論集2　開国』に再録
原口清「孝明天皇は毒殺されたのか」『日本近代史の虚像と実像1』（大月書店、一九九〇年）
佐々木克『大久保利通と明治維新』（吉川弘文館、一九九八年）
井上勲『王政復古』（中公新書、一九九一年）
高木博志「近世の内裏空間・近代の京都御苑」『岩波講座　近代日本の文化史2』（岩波書店、二〇〇一年）
小野正雄『幕藩権力解体過程の研究』（校倉書房、一九九三年）
熊澤（保谷）徹『幕末の鎖港問題と英国の軍事戦略――八六四年の対日戦争計画について―』『歴史学研究』七〇〇号（一九九七年）
家近良樹『孝明天皇と「一会桑」』（文春新書、二〇〇二年）
佐々木克『幕末政治と薩摩藩』（吉川弘文館、二〇〇四年）
保谷徹「オールコックは対馬占領を言わなかったか――八六一年ポサドニック号事件における英国の対応について―」『歴史学研究』七九六号（二〇〇四年）

終章

落合延孝「世直しと村落共同体」『歴史学研究』別冊特集（一九八二年）
佐々木潤之介編『日本民衆の歴史5　世直し』（三省堂、一九七四年）

白川部達夫『日本近世の村と百姓的世界』(校倉書房、一九九四年)

大塚英二「質地請戻し·土地取戻しと『家』·村共同体」『民衆運動史3　社会と秩序』(青木書店、二〇〇〇年)

田村貞雄『ええじゃないか始まる』(青木書店、一九八七年)

伊藤忠士『「ええじゃないか」と近世社会』(校倉書房、一九九五年)

深谷克己『南部百姓命助の生涯』(朝日新聞社、一九八三年)

深谷克己『増補改訂版　百姓一揆の歴史的構造』(校倉書房、一九八六年)

古川貞雄『村の遊び日—休日と若者組の社会史—』(平凡社選書、一九八六年)

出版说明

“讲谈社·日本的历史”是日本讲谈社出版的日本通史系列丛书，由日本史学家网野善彦领衔撰写，邀请各领域的一流学者，讲述日本从旧石器时代到平成年间的历史，共二十六卷。

在日本出版界，各大出版社都曾在不同时期出版过日本通史系列。“讲谈社·日本的历史”问世前，中央公论社于 1965 年至 1967 年出版的“日本的历史”系列二十六卷本，是日本通史系列丛书中的权威作品。对于这些日本通史读物，文艺评论家三浦雅士曾指出，若以时间为基轴阅读，即可窥见历史观随时代迁移呈现出的变化。中央公论社的“日本的历史”代表着战后二三十年的研究结晶，“讲谈社·日本的历史”呈现的则是直至当代的研究动向，在承袭前人的基础之上，还有新时代独有的创新之处，兼具权威性与前沿性。

整体而言，该丛书呈现了日本历史发展的主要脉络，也涉及各个时期的学术性问题和专题性问题。考虑到完全引进的工程量与中国市场的实际情况以及中国读者的阅读偏好，此次出版的中文版主要选择呈现历史脉络的卷册，剔除了部分学术性或专题性较强的卷册。选取的十卷本既呈现了日本学者从内部看待自身的独特切入点，涉及的内容亦包罗万象，读者可从中获得对特定时代的全景式了解。

因编者和译者能力有限，本书难免出现各种错误，敬请广大读者提出指正。

图书在版编目（CIP）数据

开国与幕末变革：江户时代后期 /（日）井上胜生著；
杨延峰译 . -- 上海：文汇出版社，2021.5
（讲谈社·日本的历史）
ISBN 978-7-5496-3443-9

Ⅰ . ①开… Ⅱ . ①井… ②杨… Ⅲ . ①日本 - 中世纪史 -
江户时代 Ⅳ . ① K313.36

中国版本图书馆 CIP 数据核字 (2021) 第 030651 号

开国与幕末变革：江户时代后期

作　　者／〔日〕井上胜生
译　　者／杨延峰
责任编辑／苏　菲
特邀编辑／欧阳钰芳
装帧设计／尚燕平
内文制作／张　典
出　　版／文匯出版社
上海市威海路 755 号
（邮政编码 200041）
发　　行／新经典发行有限公司
电　　话／010-68423599　邮　　箱／editor@readinglife.com
印刷装订／山东韵杰文化科技有限公司
版　　次／2021 年 5 月第 1 版
印　　次／2021 年 5 月第 1 次印刷
开　　本／787×1092　1/32
字　　数／220 千
印　　张／12.5

ISBN 978-7-5496-3443-9
定　　价／78.00 元

版权登记图字 09-2021-0093